中国乡村振兴百村千户调查研究系列丛书

华中科技大学张培刚发展研究院文库

乡村振兴

与中国式现代化道路探索（2022）

Rural revitalization

and exploration of the road of Chinese modernization (2022)

张建华 主编

中国财经出版传媒集团

经济科学出版社

Economic Science Press

图书在版编目（CIP）数据

乡村振兴与中国式现代化道路探索.2022／张建华
主编. －－北京：经济科学出版社，2023.6
（中国乡村振兴百村千户调查研究系列丛书）
ISBN 978－7－5218－4825－0

Ⅰ.①乡…　Ⅱ.①张…　Ⅲ.①农村－社会主义建设－
研究－中国－2022②农业现代化－研究－中国－2022③农
村现代化－研究－中国－2022　Ⅳ.①F320.3②F320.1

中国国家版本馆 CIP 数据核字（2023）第 101041 号

责任编辑：杨　洋　卢玥丞
责任校对：蒋子明
责任印制：范　艳

中国乡村振兴百村千户调查研究系列丛书
乡村振兴与中国式现代化道路探索（2022）
张建华　主编
经济科学出版社出版、发行　新华书店经销
社址：北京市海淀区阜成路甲 28 号　邮编：100142
总编部电话：010－88191217　发行部电话：010－88191522
网址：www. esp. com. cn
电子邮箱：esp@ esp. com. cn
天猫网店：经济科学出版社旗舰店
网址：http://jjkxcbs. tmall. com
北京季蜂印刷有限公司印装
710×1000　16 开　17.25 印张　270000 字
2023 年 9 月第 1 版　2023 年 9 月第 1 次印刷
ISBN 978－7－5218－4825－0　定价：66.00 元
（图书出现印装问题，本社负责调换。电话：010－88191545）
（版权所有　侵权必究　打击盗版　举报热线：010－88191661
QQ：2242791300　营销中心电话：010－88191537
电子邮箱：dbts@ esp. com. cn）

推 荐 语

　　全面建设社会主义现代化国家，最艰巨最繁重的任务仍然在农村。实施乡村振兴战略是党和国家的重大决策部署，是加快实现农业农村现代化的重大战略。

　　本书基于中国乡村百村千户调查研究而形成，呈现了中国在农业农村现代化发展过程的鲜活现状，初步评估了国家脱贫攻坚、支农惠农和乡村振兴政策的阶段性成效，所形成的研究成果，可供国家相关部门决策参考，也为深化中国式现代化道路探索提供了研究支撑。

北京大学现代农学院教授，新农村发展研究院院长，发展中国家科学院院士
黄季焜

～～～～～～～～～～～～～～～～～～～～～～～～～～～～～～～

　　本书通过深入农户家庭和乡村建设实地调研，研判辨识乡村振兴的新进展新趋势，深入思考探究共同富裕的实现路径，是华中科技大学经济学院多年来坚持以"小调研、大学问、真问题、大视野"和"问题导向、服务社会、立德树人、共同发展"为基本遵循，注重实践育人与理论研究相结合，持续开展百村千户调查活动的最新成果。

　　本书调研范围广泛，调研数据丰富，不仅是一本调研报告，更是一本理论与实践相结合的著作，既对政策制定具有重要参考价值，对于学术研究也具有重要的指导意义。

中国人民大学"杰出学者"特聘教授，中央农办、国家农业农村部
"乡村振兴专家咨询委员会"委员
程国强

～～～～～～～～～～～～～～～～～～～～～～～～～～～～～～～

摆在读者面前的无疑是一部扎实而厚重的著作，非常值得关心"三农"和现代化问题的人一读。中国式现代化的关键和难点在农村，乡村振兴是农村现代化的必由之路。对百村千户的乡村进行持续深入的实地调研，不仅是对乡村振兴过程的真实记录，而且是对中国式现代化道路的真切思考，更是对党中央"大兴调查研究之风"方针的认真践行。

国务院发展研究中心公共管理与人力资源研究所所长、研究员

李佐军

2017 年党的十九大首次提出农业农村现代化，这个概念是中国的独创。发展经济学只提农业现代化，而不提农村现代化；实际上，它是把农业现代化等同于农村现代化，把农业发展等同于农村发展，显然这个观点不符合中国实际，其实也不符合其他发展中国家实际。根据中国实践，中国农业现代化是"四化"中的短板，而农村现代化又落后于农业现代化，是短板中的短板。如何同步推进农业现代化与农村现代化，必须以乡村振兴为抓手，通过五个振兴来加快农业农村现代化步伐，尤其是农村现代化步伐。张建华教授主编的这部丛书，通过百村千户实地调查来深入透视和考察中国乡村发展的现状和问题，并提出了独到的见解，为决策者和学者深入了解中国农村发展取得的成就和存在的问题提供了一个非常宝贵的研究成果，具有重要的现实意义和学术价值。

武汉大学经济发展研究中心学术委员会主任，国家教材委高校哲学社会科学专家

委员会学科专家组成员，中华外国经济学说研究会发展经济学研究分会会长

郭熙保

追求利润或效用最大化是人类社会发展的根本目标与动力。实现目标的核心手段或方法来自基层。调研是策略形成的基础，也是支撑策略良好实施的核心。

无论是乡村振兴，还是城乡融合；无论是全面脱贫，还是共同富裕，能干者的环境创造是关键中的关键。在人群中，不缺能干者，缺的是发现能干者。调研的目标就是要寻找制约能干者出彩的问题所在。

所有的问题均在发展中形成，解决的方式也需要用发展的眼光去处理。没有一劳永逸的对策，但有永恒的方法——调研。好的制度变迁就是在调研后形成。

社会变革的出发点是调研。改革成功与否也来自调研的深度与同理心的高度。农村调研成功与否，首看你是否吃了农家饭，次看你是否住了农家屋。张建华教授依托百村千户的扎实调研，写就的这本专著，具备了上述特点，相信这一调研结论将会成为决策者形成决策的重要参考。

上海交通大学特聘教授，安泰经济与管理学院教授，

"华村一家"科研创新团队负责人

史清华

编委会成员

没有调查就没有发言权（代序）*

　　今天我们共同举办"乡村振兴与共同富裕"百村千户调查成果发布与分享会，旨在提供一个交流平台，总结寒假期间参与调研的成果和心得，并表彰在本次社会实践过程中涌现的先进个人。在此，我谨代表经济学院和项目组向各位莅临指导的老师表示热烈欢迎！向项目组织过程中付出辛勤劳动的各位老师同学表示衷心感谢！向圆满完成社会实践并取得突出成绩的同学表示衷心祝贺！

　　借此机会，我想就发起本次"乡村振兴与共同富裕"百村千户调查活动的缘由谈一些认识和看法，跟大家做一些交流。众所周知，今年是全面建设社会主义现代化国家、向第二个百年奋斗目标进军新征程的重要一年。我们党即将召开二十大，加上百年未有之大变局有了新变数，加大了三重压力对中国宏观经济稳定及高质量发展的影响。在此背景下，如何稳住农业基本盘，守好"三农"基础，更好发挥"三农"压舱石作用，对于确保农业稳产增产、农民稳步增收、农村稳定安宁具有重要的战略意义。而促进共同富裕，最艰巨最繁重的任务仍然在农村，乡村振兴战略是新时代解决"三农"问题、追求共同富裕的总抓手，也是全面建设社会主义现代化国家的内在要求。那么，如何做好脱贫攻坚与乡村振兴有机衔接，如何破解乡村

　　* 本文为笔者在 2022 年 4 月 28 日举行的"乡村振兴与共同富裕"百村千户调查第一次成果分享会上的讲话。

振兴面临的困境，如何以乡村振兴推进共同富裕？作为经济学的研究者和学习者，当以中国之问、世界之问、人民之问、时代之问为学术己任，理应义不容辞地担负起乡村振兴发展的历史使命并有所作为。因此，在2021年底、2022年春节前，我们在全国有代表性的地区系统策划并开展了百村千户调查活动，我们组织广大师生深入到广大农村、了解农村最基础性的现状，全面收集和掌握一手材料、力争找准问题根源。我们希望将农村调查作为实施乡村振兴战略的有力抓手，做出有深度、有厚度、有时代感、应用性强的科研成果，服务于党和国家战略决策、推进乡村全面振兴。

其实，开展百村千户调查研究，也正是推进中国发展经济学理论创新的基本要求和现实基础。习近平总书记在2022年4月25日考察中国人民大学时强调，"加快构建中国特色哲学社会科学，归根结底是建构中国自主的知识体系。要以中国为观照、以时代为观照，立足中国实际，解决中国问题，不断推动中华优秀传统文化创造性转化、创新性发展，不断推进知识创新、理论创新、方法创新，使中国特色哲学社会科学真正屹立于世界学术之林。"① 这是习近平总书记给予我们广大青年发出的一个非常好的号召，我们作为社会科学工作者，作为经济学者，应如何看待？当前传统的发展经济学理论已经难以回答当代中国之问，难以解答中国发展之惑，中国式现代化发展迫切需要新的理论指引，那么应如何进行理论创新？其中最为有效的方法就是扎根中国土地，深入实地调查，在调查中全面总结中国经济发展的基本经验和问题，并有可能将其原理化，提升至规律层面加以认识，从而推动中国特色经济学理论体系的建构。纵观历史，每一次经济理论的创新都离不开实践调查与总结。"没有调查就没有发言权。做学术，一定要有自己的观点，而且要持之有据。不要做没有调查和思考的判断。"这是我们的前辈、华中大经济学科开创者、世界发展经济学奠基人，也是我的导师——张培刚先生在指导学生时常常强调的话。张培刚先生一贯注重社会调查研究。

---

① 习近平在中国人民大学考察时强调 坚持党的领导传承红色基因扎根中国大地 走出一条建设中国特色世界一流大学新路［EB/OL］. 央视网，2022－4－25.

早在 20 世纪 30 年代，他在前中央研究院社会科学研究所工作期间，从事农村经济调查研究工作达 6 年之久，走访河北、浙江、广西、湖北等地的乡镇和农村，积累了大量的第一手资料，相继撰写了由商务印书馆出版的《清苑的农家经济》（1936 年）、《广西粮食问题》（1938 年）、《浙江省食粮之运销》（1940 年）和《中国粮食经济》（手稿，1940～1941 年）等著作，发表了 40 多篇论文。这些都为他在哈佛大学求学期间完成博士论文《农业与工业化》这部发展经济学奠基之作打下了坚实的基础。应该说，如果没有前期的调查积累，很难形成独树一帜的农业与工业化理论，而这些理论实际比西方在发展经济学领域中被大多推崇的经济学大师的理论要早 10～15 年。比如，最基本的交易费用和需求弹性的概念，张培刚先生就是通过调研进行深刻体会的。举个例子，张先生当时在观察为什么会出现"洋米"。他发现，国外进口的米比较便宜，而国内粮产区的粮食更贵，如果不是来自粮食主产区则更贵。这是为什么呢？主要的原因在于军阀割据的地方没有统一的大市场，导致中间的盘存费非常高，这就是交易费用。而"洋米"之所以相对比较便宜是因为各个国家在国际贸易中是不平等的，它的国际市场价格比国内要低，所以反过来挤占我们的市场。张培刚先生观察到的另一个现象是南方人和北方人在生活习性上有一些差异，如南方人的主食以米饭为主，面食作为补充，所以面食显得金贵，北方则相反。如果我们简单根据经济学原理中的收入弹性、需求弹性等去推测价格变化，结论就很容易与事实相悖，这就要求我们在学术研究中要积极开展田野调查，做好调研实践。我认为，这是当代大学生应该必备的本领和一种现代的学习方式，不能仅满足书本所学。

经济学院一贯坚持"小调研、大学问、真问题、大视野"的理念，以"问题导向、服务社会、立德树人、共同发展"作为基本遵循，以书本所学引导学生观察社会生活，以社会实践成果引领学生成长成才。学院每年都会组织开展"返家乡"寒假社会实践和"三下乡"暑期社会实践活动，去往湖北省多个市、四川省红原县、广西上林县、安徽省滁州市及江浙沪地区等，经济学院学子的足迹已经遍布了祖国的大江南北。多年来，一批又一批本院学子在实践中检验所学、砥砺品格、磨炼意志，取得了可喜的成绩。而本次百村千户调查相比以往的社会实践来说，要更上一个台阶，规模更大、范围更广、更具专业性和系统性，尤其是更加注重实践育人与理论研究相结合，服务国家重大战略和经济理论创新。

在本次百村千户调查活动开展之前，项目组做了大量准备工作，首先基于中国乡村振兴和共同富裕的重大课题系统梳理、设计出一套问卷，并且进行反复打磨。调研内容主要涉及以下几个重点和热点，包括农业生产、脱贫巩固、收入分配、就业创业、高质量发展、数字乡村建设、环境保护与绿色发展等。调研方案发布后，共有近 200 位同学报名，本着科学性和可实施的原则，项目组根据调研需要挑选了 110 余名参与培训，最终实际有效参与调研的同学共 98 位，其中，经济学院有 47 位，其他院校有 51 位。校内其他学院包括管理学院、公共管理学院、计算机学院、能源学院、电气学院等，校外学生主要来自四川大学、华中农业大学、中国地质大学、苏州大学等。项目调查工作本着积极进取、逐步推进的方针，地域上选取了湖北、湖南、河南、四川、江苏五个省份、涉及 140 多个县区的村庄，有效问卷达 1400 多个农户家庭。应该说，本次活动举办得非常成功，达到了预期目标，取得了较为丰富的成果。各位访员克服春节期间的各种困难，走近基层、深入农村、保质保量地完成调研任务，收集到了第一手数据材料，能够为乡村振兴提供很多现实依据。在本次调研过程中，学生们将课堂所学的理论知识运用到实践中，丰富社会阅历、锻炼实践能力，还有很多同学能够对调研进行总结与思考。我相信，不久的将来，本调研成果将会陆续转化，无论对于政策制定还是学术研究都将具有重要参考价值。因此，开展"乡村振兴与共同富裕"百村千户调研社会实践活动，为广大师生感知真实的农村变迁打开了一扇窗户，在理论知识与社会实践之间构建起了一座桥梁。

老师们、同学们，本次活动是开展教学科研的一次新探索，也是培育人才工作的一次新尝试。今后，我们还要更多依托张培刚发展研究院、湖北省重点研究基地创新发展研究中心及去年刚成立的几个新平台：乡村振兴研究中心、数字经济研究中心、碳中和经济研究中心、共同富裕研究中心，将这个活动更好地坚持、拓展和深化，将这个社会调查逐渐上升到对中国转型发展政策的摸底，形成一批有价值、高质量的资政建言成果，向党和政府提供决策咨询建议。为此，我们计划在一些特色乡村设立"百村千户调查研究基地"，深入、持续开展乡村振兴调查，为理论研究和创新建立试验田，打通理论与实践的"最后一公里"。还要建立相应的追踪调查数据信息库，为教学科研积累典型案例和鲜活素材。同时注重多学科交叉融合，运用多学科视角观察和研究问题，有效地推动社会经济发展理论创新和学术创新。我们也将把百村千户调查项目打造成集社会实践、专业学习、科学研究、创新能力为一体的人才培育平台，通过这个平台引导教师和学生走向社会、深入社会、了解社会，培养认知社会、洞察现实和理论联系实践的能力，从而回答好"为谁培养人、培养什么人、怎样培养人"的教育根本问题。

未来，我们还要进一步完善调研实践活动的运行体制机制，充分调动师生的参与积极性，全方位做好 2022 年暑期调研的组织工作，在此也特别欢迎新老学员来参与我们的活动。我相信，在各位领导老师的关心与支持下，在全体师生的共同努力下，我们的活动一定会越办越好！

最后，我想以习近平总书记的话来与各位青年学子共勉，我们要用脚步丈量祖国大地，用眼睛发现中国精神，用耳朵倾听人民呼声，用内心感应时代脉搏，把对祖国血浓于水、与人民同呼吸共命运的情感贯穿学业全过程、融汇在事业追求中！努力成为知行合一的实干家、勇担历史重任的时代新人！

张建华

华中科技大学经济学院与张培刚发展研究院

2022 年 4 月 28 日

前　言

党的二十大报告指出①，当前党和国家的中心任务是以中国式现代化全面推进中华民族伟大复兴。全面建设社会主义现代化国家，最艰巨最繁重的任务仍然在农村。乡村振兴战略是实现农业农村现代化的关键举措，是经济高质量发展的"压舱石"，也是全面建设社会主义现代化国家的重要抓手。

中国"乡村振兴与共同富裕"百村千户调查项目是由华中科技大学经济学院、张培刚发展研究院和华中科技大学学生工作部研究生工作办公室负责组织，以乡村振兴与共同富裕问题为研究对象的大型社会调查和实践研究项目，旨在通过专业的社会调查获得"三农"问题和农业农村现代化发展的一手数据资料，了解农业、农村发展和农民生活现状，科学评估国家支农惠农、乡村振兴等政策的初步效果，形成调查研究报告和决策咨询报告，供国家相关部门决策参考。

2022 年度调研报告是基于两轮调查结果撰写的。两轮调查采用分层抽样和随机抽样相结合的方法，第一轮调研（2022 年 1~2 月）范围涉及五个省份（湖北、湖南、河南、四川、江苏）、1400 多个农户家庭。第二轮调研（2022 年 7~8 月）范围覆盖全国 15 个省、自治区（市），涉及西部、中部、东北和东部四个地区 100 多个乡镇、200 多个村庄和 3000 多个农户家庭，调研对象包括乡镇干部、村干部和农户。

---

① 习近平. 高举中国特色社会主义伟大旗帜 为全面建设社会主义现代化国家而团结奋斗 [N]. 人民日报，2022 – 10 – 26（001）.

目 录 Contents

主 报 告

主报告

第 1 章

导　论

1.1　调查背景与研究问题

习近平总书记在党的二十大报告中指出："从现在起，中国共产党的中心任务就是团结带领全国各族人民全面建成社会主义现代化强国、实现第二个百年奋斗目标，以中国式现代化全面推进中华民族伟大复兴。"① 而全面建设社会主义现代化国家，最艰巨最繁重的任务仍然在农村②。一方面，农村存在规模较大的低收入群体，基于全国居民收入中位数40%的相对贫困标准下，农村的相对贫困发生率在不断上升③；另一方面，我国农业农村的发展仍然存在结构性问题，缺乏现代化农业的生产方式，仍然有较多的劳动力在从事小规模的农业经营，农业劳动的收益偏低。可见，在推进乡村振兴战略过程中，我国仍面临城镇和乡村内部收入差距明显、现代乡村产业体系建设不完善、基础设施和公共服务供给不充足、乡村治理不完善等问题。

《中共中央 国务院关于做好2022年全面推进乡村振兴重点工作的意

---

① ②　习近平. 高举中国特色社会主义伟大旗帜 为全面建设社会主义现代化国家而团结奋斗 [N]. 人民日报，2022－10－26（1）.

③　李实，陈基平，滕阳川. 共同富裕路上的乡村振兴：问题、挑战与建议 [J]. 兰州大学学报（社会科学版），2021，49（3）：37－46.

见》（以下简称"2022 年中央一号文件"）为接下来全面推进乡村振兴指明了四方面重点工作。一是要守住保障国家粮食安全和不发生规模性返贫两条底线。二是要扎实推进乡村发展。重点是发展乡村产业，以农产品加工业为重点，打造农业全产业链；以休闲旅游为重点，拓展农业多种功能和乡村多元价值；以农村电商为重点，畅通农产品商贸流通渠道，推动乡村产业发展稳基础、提效益。三是扎实推进乡村建设。持续改善农村人居环境，深入推进农业农村绿色发展，打造数字乡村，实现乡村建设稳步伐、提质量。四是扎实推进乡村治理。加强农村精神文明建设，提升乡村治理水平，推进新阶段农村改革，促进农村社会稳定安宁，农民收入稳步增长。

那么，如何守住乡村振兴两条底线？如何以农产品加工业、休闲旅游、农村电商为重点，大力发展乡村产业？如何扎实推进乡村建设，建设美丽乡村和数字乡村？怎样扎实推进乡村治理，加强农村精神文明建设，推进新阶段农村改革？这些都是实施乡村振兴战略，促进共同富裕亟须关注和回答的问题，这就需要我们走进乡村深入考察，才能抓住重点、精准施策。

秉承"小调研、大学问、真问题、大视野"的理念，华中科技大学经济学院"乡村振兴与共同富裕"百村千户调研项目于 2021 年底开始启动。尽管受到新冠疫情影响，我们在 2022 年度仍然完成了两轮大规模调研工作。第一轮调研在 2022 年 1～2 月开展，主要对国内五个重点省份进行调研，分别是湖北、湖南、河南、四川、江苏，本轮调研涉及 147 个村庄，共计 1400 多个农户家庭。第二轮调研在 2022 年 7～8 月期间开展。相比第一轮调研，第二轮调研范围更广、调研内容更丰富、更全面。这一轮范围涵盖了我国的四个区域，具体包括：西部地区（重庆、宁夏、云南、新疆、山西）、中部地区（湖北、湖南、河南、江西、安徽）、东北地区（黑龙江）、东部地区（江苏、浙江、广东、福建）。第二轮调研的对象除了农户之外，还有乡镇干部和村干部，共计走访 100 多个乡镇、200 多个村庄和 3000 多个农户家庭。在调研内容方面，不仅聚焦农民个体生产生活，还特别关注了各个村庄整体概貌及乡镇在乡村振兴中发挥的作用，如治理乡村、提供公共服务等，试图从"乡镇—村庄—村户"三个层面全面了解乡村振兴实施现状，试图找准制约乡村振兴的问题根源，科学评估国家支农惠农、乡村振兴等政策的初步效果，进而探索实现乡村振兴与共同富裕的实现路径。

"乡村振兴与共同富裕"百村千户调研以全面推进乡村振兴重点工作为抓手，聚焦十大重点问题：（1）怎样确保粮食等重要农产品稳产保供？（2）如何通过帮扶产业弥补技术、设施、营销等短板，促进广大农民，尤其是脱贫人口稳定就业、持续增收？（3）如何推动小农户与现代农业有机衔接，促进农业现代化？（4）如何以乡村休闲旅游业发展为抓手，加快形成"农业＋"文化、旅游等新兴产业？（5）如何深入推进电子商务进农村和农产品出村进城，推进数字乡村建设？（6）如何推进农业农村低碳化绿色化发展？（7）从哪些方面加强农村基础性、普惠性、兜底性民生建设？（8）如何持续推进城乡教育、医疗等基本公共服务均等化？（9）如何使乡村治理更加有效？（10）如何有效发挥地方政府作用，落实支农惠农政策？本报告将从农村生产生活的总体情况和乡村振兴的重点推进领域两个方面，全面深入分析乡村振兴的现状和存在的问题，并在此基础上提出相应的对策建议。

1.2 调查方法与调查地点

1.2.1 调查方法

1. 调研前期和中期

（1）问卷调查法。本调研遵循科学规范的抽样方式产生调研样本，具体而言，采用分层抽样和随机抽样相结合的方法。首先，根据不同地区的经济发展水平、区域位置及农业发展情况，在第一轮（寒假）调研中选择四川、湖北、湖南、河南、江苏，主要集中在中部地区；在第二轮（暑期）选择15个省（区、市）进行调研，剔除了样本量过少的重庆、福建、山西、浙江、广东等地区的数据，本调研报告分析的省份为江苏、湖北、湖南、河南、江西、安徽、新疆、宁夏、云南、黑龙江，这些省份分布在东部、中部、西部、东北四个地区，并且兼顾了南北地理差异，具有较好的代表性。其次，两次调研均结合所在区县地理位置和经济发展水平，在每省内随机选择 15 个左右县（区）。再次，每个县（区）随机选择 1~2 个乡镇中的 1~2 个村。最后，在选定的村内随机调查 15~25 个农户。寒假调研的对象为农户，暑期调研的层次则为乡镇—村庄—农户，其中乡镇问卷的调研对象是乡镇干部，村庄问卷的调研对象为村干部，农户问卷主要是对户主或者熟悉自家情况的居民进行调查，均采用一对一的访谈形式。为保证调研问卷质量，在正式调研之前，我们对每个调查访员进行了线上培训，培训以调研问卷的讲解和调研技巧为主，帮助访员理解问卷的内容与逻辑。在入户调研过程中，项目组工作人员会及时对访员遇到的问题进行解答。同时，课题组在问卷回收后，进行了严格的数据审核。删除无效问卷和关键信息缺失的问卷后，寒假调研获得 1501 份农户问卷，暑期调研则最终获得 129 份乡镇问卷，157 份村庄问卷，3038 份农户问卷。

（2）实地观察法。两轮调研共有 300 余名调查访员参与。访员在走村入户过程中，通过观察遇到的如农村教育、农村养老、农村环境等具体现象和典型案例，记录其所见、所闻、所思、所感，并分析现象中的原因，从而获得关于乡村振兴现状直接的、生动的感性认识和真实可靠的一手资料。

2. 调查后期

根据收集整理后的问卷数据与访员手记，在前期文献资料和政策文件的基础上，采用多种统计方法对数据进行统计分析，如实证分析法、词云分析法等，同时通过对比分析法，对调研省份、调研村的农村经济发展水平、农业生产经营情况和农民生活环境与生活水平进行对比分析，找到不同区域在推进乡村振兴战略过程中的共同点与独特之处。

1.2.2　调查地点

本章节分别介绍第一轮（寒假）调研地点概况与第二轮（暑期）调研地点概况。

1. 第一轮（寒假）调研地点概况

本次调研的地区主要选择为分布在四川、湖北、湖南、河南、江苏141个村。从地理特征来看，本次调研的地区涉及平原、盆地、丘陵等多种地貌类型，具体为长江中下游平原、华北平原、四川盆地及江南丘陵等地区。从经济发展来看，根据2019年统计年鉴数据，全国地区人均生产总值约为7万元/人，调研县的平均人均生产总值近6万元/人，和全国水平相比相差不大，说明调研地区经济发展水平在全国范围内具有代表性。

世界银行按图表集法计算各经济体人均国民总收入（GNI），对世界各经济体经济发展水平进行分组。按世界银行公布的数据，2019年的人均国民总收入低于1035美元为低收入水平，在1036美元～4045美元之间为中等偏下收入水平，在4046美元～12535美元之间为中等偏上收入水平，高于12536美元为高收入水平。[①] 根据国家统计局网站数据，2019年我国GNI与GDP的差率为0.2%。因此本书结合世界银行的规则，使用人均GDP划定各区县发展水平。从经济特征来看，本次调研的地区涉及较低中等偏下收入地区、中等偏上收入地区和高收入地区，其中属于中等偏下收入地区占比约为5%，分布在中西部地区；属于中等偏上收入地区占比约为76%，东中西部地区均有分布；属于高收入地区占比约为19%，主要集中在中西部的省会城市及江苏南部地区。

2. 第二轮（暑期）调研地点概况

本次调研的地区主要为分布在湖北、湖南、河南、江西、安徽、新疆、宁夏、云南、黑龙江和江苏等地区的200多个村。从地理特征来看，本次调研的地区涉及高原、平原、盆地、丘陵等多种地貌类型，具体为准噶尔盆地、伊犁谷地、塔里木盆地、吐鲁番盆地、哈密盆地、鄂尔多斯高原、黄土高原、云贵高原、长江中下游平原、华北平原、江南丘陵及东北平原等地区。从区位特征来看，中部地区包括湖北、湖南、河南、江西、安徽，西部地区包括新疆、宁夏、云南，东北地区包括黑龙江，东部地区包括江苏。从

---

① 世界银行如何划分各经济体收入水平［EB/OL］. 国家统计局网站，2023 – 01 – 01.

经济发展来看，调研区县的人均生产总值约 5 万元/人，其中中部地区调研区县、西部地区调研区县、东北地区调研区县、东部调研区县的人均生产总值分别为 5.22 万元/人、3.50 万元/人、4.88 万元/人、13.38 万元/人。

参考 2019 年世界银行的规则，从经济特征来看，本次调研的地区涉及较低中等偏下收入地区、中等偏上收入地区和高收入地区，其中属于中等偏下收入地区占比约为 17%，分布在中部、西部及东北地区；属于中等偏上收入地区占比约为 62%，东部、中部、西部与东北地区均有分布；属于高收入地区占比约为 22%，主要集中在中部的省会城市及东部地区。

1.3　调查内容

结合全面推进乡村振兴重点工作，第一轮（寒假）调研内容主要为农户情况，包括受访者及家庭基本情况、农业生产情况、居民生活情况、农户个人感知与地理位置，农村人力资本、农民就业创业、农业高质量发展、乡村建设、数字乡村建设等方面。具体涵盖了土地确权与土地利用、农户生产经营投入与产出、农业机械使用、新技术采用、生产经营风险、能源消费与废弃物处理、村户的农业绿色生产、低碳生活、脱贫巩固、就业、创业、教育、农村信贷、基础设施距离等多个细分问题。

第二轮（暑期）调研则在上一轮调研的基础上，对调查内容进行了调整，调研内容分为乡镇、村庄与农户三大部分。乡镇问卷包括地理相对位置等基本画像、经济概况、特色产业、经营主体情况、公共服务、乡村治理与基础设施、政策扶持重点等方面。村庄问卷包括经济、地理相对位置、针对低收入人群的扶持问题、特色产业、经营主体、公共服务、基础设施和乡村治理、政策扶持重点、政策效果方面。农户问卷则在第一轮调研内容的基础上增加了养老与医疗保障、城镇化、农业社会化服务组织、农业技术服务等内容。

主调研报告共 8 章，内容结构如图 1.1 所示。第 1 章为调研总体概况，介绍了调研背景与研究问题、调研方案设计以及调研的乡镇、村庄、村户基本情况。第 2 章为农村总体生产生活情况，包括农民收支与就业、农业生产经营、农民生活等方面。第3～第7章深入研究乡村振兴的五个重点领域：一是巩固脱贫成效和确保粮食安全，分别从防止规模性返贫和保障国家粮食安全两方面进行解读；二是乡村产业发展，主要从农村特色产业发展、农业生产与经营体系现代化和一二三产融合情况展开分析；三是乡村技术进步与人才支撑，分别从农业技术、农民健康水平、农村教育与农民创业等方面进行描述；四是乡村建设，分别从美丽乡村建设、数字乡村建设、公共服务建设等方面进行深入剖析；五是乡村治理与支农惠农政策，具体分析了基层组织建设、管理与支农惠农政策。第8章则为调研总结与政策建议，该章总结了乡村振兴的发展成效和面临的问题与挑战，并在此基础上提出了相应的政策建议。

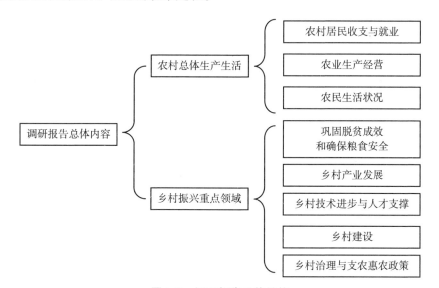

图1.1 调研报告总体结构

1.4　调查对象

第一轮（寒假）调研的对象为农户，第二轮（暑期）调研对象为乡镇干部、村干部和农户，从"乡镇—村庄—村户"三个层面全面了解乡村振兴实施现状。

1.4.1　调研乡镇概况

第二轮（暑期）调研中，受访乡镇地貌以平原与丘陵为主。受访乡镇距离县政府的平均距离为 22.77 千米，其中与县城相邻的乡镇占比为 43%，处于中间位置的乡镇占比为 18%，处于邻县交界处的乡镇占比 39%，位于大中等城市郊区的乡镇占比为 10%。平均每个乡镇人口为 6.09 万人，东部地区乡镇人口规模最大，东北地区乡镇人口规模最小。受访乡镇第一产业、第二产业、第三产业的比重分别为 45%、27%、28%，第一产业比重远高于全国平均水平，第二产业、第三产业的比重远低于全国平均水平。第一产业以种植水稻、小麦、玉米为主，第二产业以农副食品加工业、机械装备制造业、纺织业为主，第三产业以旅游业、批发零售业与住宿餐饮业为主。

1.4.2　调研村庄概况

第二轮（暑期）调研中，受访村庄地貌以平原与丘陵为主。受访村庄距离镇政府的平均距离为 6.28 千米，约 7% 的受访村庄位于大中等城市郊区。平均每个受访村庄人口为 3016 人，东部地区村庄人口规模最大，东北地区村庄人口规模最小。受访村庄平均拥有耕地面积为 6017.71 亩，主要的粮食作物为水稻、小麦与玉米，主要的经济作物为蔬菜、油料作物与水果等。第二产业以农副食品加工业、茶叶加工业与木材加工业为主，第三产业以住宿餐饮业、批发零售业与旅游业为主。

1.4.3　调研村户概况

本章节分别介绍两轮调研的村户概况。

1. 第一轮（寒假）调研村户概况

受访农户男性占比 64.01%，女性占比 35.99%。以民族划分，总体民族类型多样，其中汉族占比 92.95%，土家族占比 4.90%，彝族占比为 1.41%，其余为苗族、回族、蒙古族、侗族、佤族、满族、壮族。农户的家庭人口规模大多为 4 人或 5 人，平均每户拥有子女数量为 2.27 个，拥有 65 岁以上老人数量为 0.68 个。受访者的年龄分布在 40~60 岁区间的居多，平均年龄为 53 岁。受访农户受教育水平普遍偏低，其平均受教育年限为 7.49 年。健康状况方面，受访农户大多认为自己的健康水平在一般及以上。受访农户大部分拥有的土地资源少，其平均每户拥有耕地为 3.71 亩，年人均收入为 24942.38 元，稍低于全国年人均收入 28228 元，以务工的工资性收入为主要收入来源，占总收入的 65%。有 54% 的农户外出务工，平均务工时间为 9.27 个月。务工地点以本乡镇内及外省为主，占比分别为 43% 和 28%，外省务工地点以广东、浙江、江苏、福建等东南沿海省份为主。

2. 第二轮（暑期）调研村户概况

受访农户男性占比 58.85%，女性占比 41.15%。以民族划分，总体民族类型多样。其中汉族占比 78.56%，维吾尔族占比 7.38%，回族占比 5.14%，其余为土家族、哈萨克族、彝族、拉祜族、蒙古族、壮族、苗族、哈尼族、傈僳族、满族、傣族、普米族、乌孜别克族。农户的家庭人口规模大多为 3 人、4 人或 5 人，平均每户拥有子女数量为 1.15 个，拥有 65 岁以上老人数量为 0.33 个。受访者年龄分布在 40~50 岁区间的居多，平均年龄为 48 岁。受教育水平普遍偏低，其平均受教育年限为 8.3 年。健康状况方面，受访农户大多认为自己的健康水平在一般及以上，14.70% 的受访者患有慢性病，其所患疾病以高血压、心脏病、胃病为主。受访农户大部分拥有的土地资源少，其平均每户拥有耕地为 10.42 亩，年人均收入为 19750 元，略高于全国年人均收入 18931 元，以务工的工资性收入为主要收入来源，占总收入的 68%。

第 2 章

农村总体生产生活

　　面对百年未有之大变局，稳住农业基本盘、守好"三农"基础，更好地发挥"三农"压舱石作用，对于确保农业稳产增产、农民稳步增收、农村稳定安宁具有特别重要的战略意义。本章主要关注"三农"发展基本问题，包括农村居民收支与就业、农业生产经营和农民生活水平。农村居民收支小节主要包括农村居民的收入水平、消费结构及就业类型、就业地区等内容。农业生产经营小节主要包括农业经营主体类型及占比、主要农作物和养殖物结构、土地流转和田间基础设施建设等内容。农民生活小节包括农民家庭资产配置、农民基本生活条件、农村普惠金融发展和农村生态环境等内容。

2.1　农村居民收支与就业

　　农村居民的收入、消费水平如何是直接反映农村居民福利的重要方面。促进农民持续增收，是乡村振兴战略的中心任务，是缩小城乡差距的主要途径，也是实现共同富裕的重要基础。《中共中央国务院关于实施乡村振兴战略的意见》提出，要把维护农民群众根本利益、促进农民共同富裕作为出发点和落脚点，促进农民持续增收，并要求保持农村居民收入增速快于城镇居民。就业是民生之本，促进就业是使农村居民增收的主要方式，只有保障农村居民就业，才能保障收入稳定。2022 年的中央一号文件提出：全面推进乡村振兴，要确保农民稳步增收。促进农民就地就近就业创业。落实各类农民工稳岗就业政策。了解农村居民收入、消费水平直接关乎对脱贫致富、民生改善成色的评价，也直接关乎国家脱贫扶贫、支农惠农政策评估、乡村振兴及共同富裕政策制定的重要内容。

在收支方面，本书主要了解农村居民家庭收入水平，尤其曾经是脱贫建档家庭的收入变化情况，以及农村居民家庭收入的主要来源、消费结构情况。在就业方面，本书重点关注就业的主要类型、性质和外出务工的主要地点等。

2.1.1 农村居民收入与支出

在农民收入水平方面，从调查的五个省份情况来看，湖北、湖南、河南、四川、江苏的农村家庭总体收入较高，各省份收入水平呈现差异，其中江苏农村居民收入较高，湖南、湖北、河南次之，四川最低。收入来源较为多样化，农村居民收入来源主要是务工所获的工资性收入，财产性收入及转移性收入比例较低。从脱贫成效来看，曾经是建档立卡贫困户的居民年人均可支配收入超过了 15000 元，从消费支出结构来看，总体恩格尔系数达到小康水平，其中食物和教育的支出占比最大。

从四个区域调研情况来看，各地区收入水平差异较大，其中东部沿海地区农村居民收入较高，东北和中部次之，西部最低；同时收入来源较为多样化。农村居民收入的主要来源是工资性收入，财产性收入及转移性收入比例较低。从脱贫成效来看，曾经是建档立卡贫困户的居民人均可支配收入超过了 12000 元，消费支出中食物消费和教育的支出占比最大，恩格尔系数相对较低。

1. 农村居民家庭收入水平

农村居民收入是直接影响农村居民生活水平和生活质量的重要指标。在全面实现脱贫攻坚之后，人民收入水平有了很大提高。从调查的情况来看，如图 2.1 所示，四川、湖北、湖南、河南、江苏五个省份农村家庭2021 年收入均值分别为 8.95 万元、9.90 万元、10.80 万元、10.15 万元、

15.36 万元，五个省份平均水平约 11.49 万元。各省份对比来看，江苏的农村家庭收入是最高的，湖北、湖南、河南次之，四川最低。

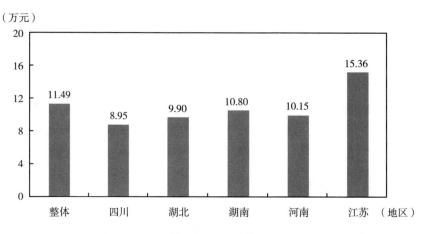

图 2.1　五个省份 2021 年家庭总收入均值

从四个区域调研数据来看，如图 2.2 所示，西部地区、中部地区、东北地区、东部地区的农村家庭 2021 年人均可支配收入分别为 1.48 万元、1.95 万元、3.09 万元、3.26 万元，全国平均收入约 1.98 万元。各地区对比来看，东部地区的农村居民人均可支配收入是最高的，东北①、中部地区次之，西部地区最低，可以看出我国不同地区人均可支配收入水平仍存在一定差异。

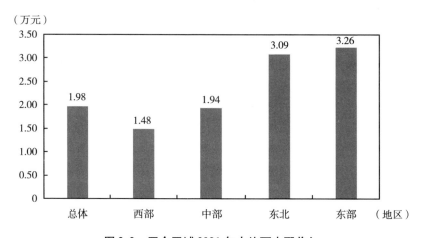

图 2.2　四个区域 2021 年人均可支配收入

---

①　这可能由于东北地区的样本农户多为种植大户，收入较高。

在全面完成脱贫攻坚后，脱贫户的收入和福利水平大幅提高，其生活发生了巨大变化。2020 年，中国 832 个贫困县①实现全部摘帽，本书的调查询问了"你们家是否曾经是建档立卡贫困户"，并且详细统计了家户的各项收入。统计数据显示，2021 年脱贫县农村居民人均可支配收入为 14051 元②。而从五省份的调查数据来看，如图 2.3 所示，2021 年调研地曾经是建档立卡贫困户的居民人均可支配收入超过了 0.97 万元。湖南与四川的居民收入水平低于湖北与河南，防止规模性返贫的压力最大（江苏受访者的农户中没有曾经是建档立卡贫困户的家户）。

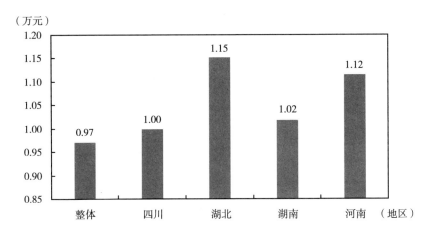

图 2.3　五省份曾经是建档立卡贫困户的居民人均可支配收入

在四个区域调研中，2020 年打赢脱贫攻坚战后中国贫困地区农村居民人均可支配收入达到了 10371 元。从调研的主要省份来看，曾经是建档立卡贫困户的居民人均可支配收入超过了 1.24 万元，湖北与江西村民的收入相对较高，河南人口众多，2021 年遭受严重暴雨灾害，防止规模性返贫的压力较大（见图 2.4）。

2. 农村居民家庭收入来源

厘清农村家庭收入来源是促进农村居民增收的重要步骤。从全国分区域调研情况来看，2021 年，全国居民人均工资性收入 19629 元，占可支配

---

① 资料来源：2014 年国务院扶贫办统计数据。

② 资料来源：笔者根据国家统计局统计数据整理得出。

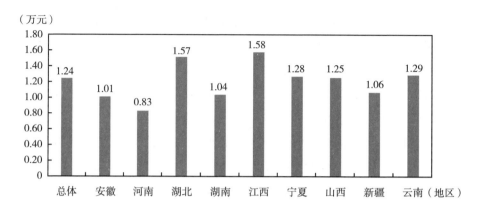

图2.4　四个区域（分省份）曾经是建档立卡贫困户的居民人均可支配收入

收入的比重为 55.9%；人均经营净收入 5893 元，占可支配收入的比重为 16.8%，人均财产净收入 3076 元，占可支配收入的比重为 8.8%，人均转移净收入 6531 元，占可支配收入的比重为 18.6%。

　　五省份的农村居民收入来源调研情况如图 2.5 所示，在五个省份的家庭收入中，外出打工收入的比例为 65%，显著高于其他方面的收入，其他类型收入比例较高的有农业收入和非农业经营收入，分别为 20% 和 11%，财产性收入、农业补贴及退耕还林补贴收入比例很低，分别为 2%、1% 和 1%。可以看出，外出打工的工资性收入及家庭经营性收入仍是主要收入类型，而财产性收入则比例较低，这与全国的农村居民收入构成基本一致，但是转移性收入和补贴性收入比例相对更低。

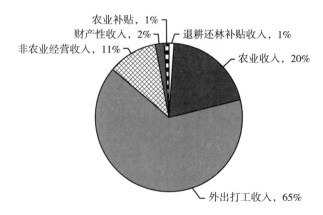

图2.5　五个省份的受访者家庭收入占比

四个区域调研情况如图2.6所示，各个省份的家庭收入中，外出务工性收入比例为68%，显著高于其他方面的收入，其他类型收入主要有农业收入和开店收入，比例分别为18%和8.5%，财产性收入、退休金、低保及农业补贴等收入比例很低，共5.5%。可以看出，外出打工的工资性收入及家庭经营性收入仍是主要收入类型，而财产性收入则比例较低，这与全国的农村居民收入构成基本一致，但是转移性收入和补贴性收入比例相对更低。因此，距实现中央提出的"多渠道增加居民财产性收入"的目标要求还有一定差距。

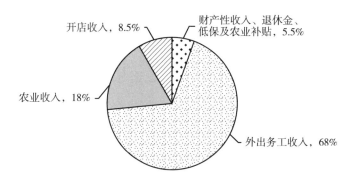

图2.6　四个区域的受访者家庭收入占比

3. 农村居民消费支出

农村居民消费是需求的重要组成部分，家庭消费结构是衡量居民生活质量的关键指标。根据国家统计局数据，2021年，全国居民人均消费支出24100元，城镇居民人均消费支出30307元，农村居民人均消费支出15916元[①]。

调研五个省份的农村居民消费支出情况如图2.7所示，总体来看，农村居民的食品消费支出及教育支出比例最高，分别为42%和30%，农业生产成本和医疗支出支出比例大体相当，分别为13%和12%。

分省份来看教育支出和食物消费情况，如图2.8所示，湖北的食物消费支出占比最高，达到38.70%，湖南食物消费支出水平最低，为32.66%；河南教育支出比例最高，为22.39%，四川教育支出比例最低，为14.33%。恩格尔系数是衡量消费水平变化的重要指标，指的是食品支出总额占个人消费支出总额的比重。从调研情况来看，五个省份的恩格尔系数约为0.3，

---

① 资料来源：国家统计局网站。

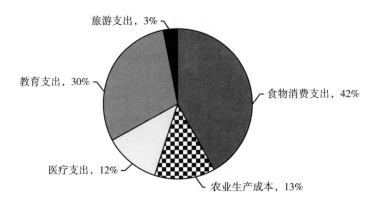

图2.7　五个省份农村居民消费支出比例

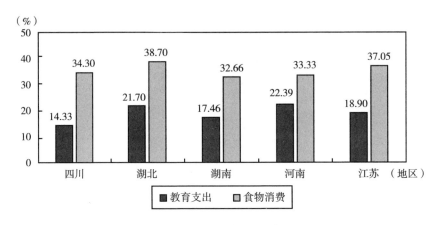

图2.8　五个省份家庭教育支出和食物消费情况

均小于0.4①，表明居民生活趋于富裕。

　　四个区域的总体调研情况如图2.9所示，农村居民消费支出类型主要为食物消费支出和教育支出，比例分别为29%和16%，农业生产和房网水电支出比例均为11%，医疗与人情费用比例均达9%，衣服和烟酒旅游支出最少，分别为8%和7%。可见，全国各地区在食品消费支出及教育支出比例最高，其他各部分比例相对均匀。

　　分区域来看食物消费和教育支出情况，如图2.10所示。东部、中部、西部地区家庭食物消费均占总消费支出的30%左右，东北地区只有17.51%，这主要是因为东北地区多种粮大户，农业生产成本比例超过总支

---

① 资料来源：笔者根据国际联合国粮农标准计算得出。

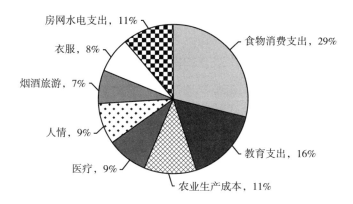

图2.9　四个区域农村居民消费支出比例

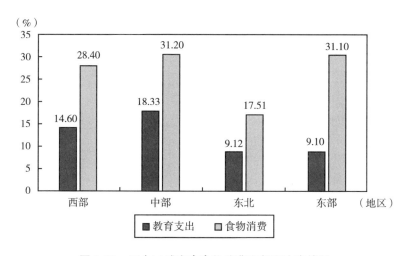

图2.10　四个区域家庭食物消费和教育支出情况

出的30%，自产粮食的使用并没有一同统计在食物消费中，而是计入了农业生产成本里；中部地区教育支出比例最高，为18.33%，东北地区教育支出比例最低，为9.12%。恩格尔系数是衡量消费水平变化的重要指标，指的是食品支出总额占个人消费支出总额的比重，从调研情况来看，四个区域恩格尔系数总体水平为0.29，居民生活整体趋于富裕。

2.1.2　农村居民就业

抓实脱贫人口稳岗就业工作是守住不发生规模性返贫底线的关键，是巩固拓展脱贫攻坚成果的决定性支撑。

从两次调研的农村居民就业情况来看，均有超过半数的农民会从事自家农活，也有部分农民会在务农的同时选择外出打工，外出务工类型多是非农经营，务工地点多集中于本地区及东部东南沿海地区，但是由于新冠疫情持续蔓延的影响，未来 1~5 年可能会有就业回流的情况。

1. 农村居民主要工作类型

了解农村居民主要工作类型是探究农村居民就业的重要方面，在本次调查中，着重了解农村居民主要是务农还是务工。

根据五省份调研结果，如图 2.11 所示，各地区约有 46% 的农村居民主要选择务农，约 54% 的农村居民主要选择务工。

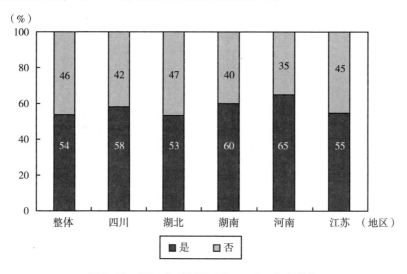

图 2.11　2021 年是否外出打工（五个省份）

根据四个区域调研结果，如图 2.12 所示，各地区约 80% 的农村居民务农，约 20% 农村居民选择外出务工。相比较而言，我们会发现五个省份调研中外出务工人员的比例更高，这主要得益于五个省份均集中于交通便利的长江沿岸及东部沿海地区，为人员自由流动提供了更大的便利性。

2. 农村居民务工性质

笔者调查了当地农户的务工性质，具体问题是"农户去年从事的最主

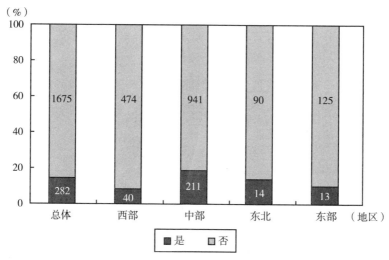

图 2.12 2021 年是否外出打工（四个区域）

要工作属于以下哪一种：农业受雇、非农受雇、自己做买卖或生意或其他"。其中，农业受雇是指为他人种地、管理果树、采集农林产品、养鱼、打鱼、养牲畜及销售农产品等。在五个省份的调研中，调查结果如图 2.13 所示，可以看出各个省份均是非农受雇比例最高，比例均超过了 70%，说明农村居民务工的主要类型都是非农业受雇，其次是自己做买卖或生意，比例为 10% 左右，还有少部分农村居民是农业受雇及从事其他行业（村干部、司机、工人等）。

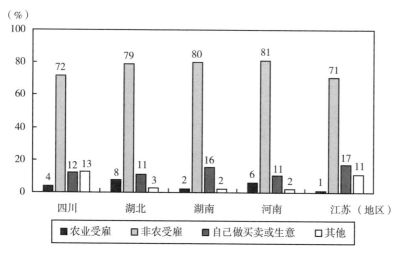

图 2.13 五个省份的农村居民务工性质

　　在分区域调研中，调查结果如图 2.14 所示，农户 2021 年主要的务工类型包括非农经营、农业受雇、农产品加工或乡村旅游等。可以看出东北、西部地区农业受雇比例最高，均超过 50%，说明东北、西部地区的农村居民工作的主要类型还是农业。中部、东部地区非农经营比例最高，均超过 60%，东部地区比例甚至高达 82%。另外，还有少部分农村居民从事乡村旅游和农产品加工行业。

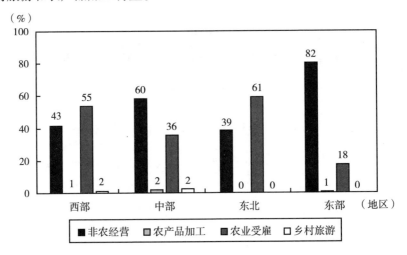

图 2.14　四个区域的农村居民务工类型

3. 农村居民外出务工地点

　　本次调研还询问了受访者外出务工的主要地区，这为了解劳动力流动方向提供了信息。

　　从图 2.15 可以看出，五个省份农村居民外出务工的地点主要集中在本省，基本均占到一半的比重，还有一些省份的劳动力会流向广东、浙江等省份。

　　从图 2.16 可以看出，四个区域的农村居民外出务工地点主要集中在本区域内，西部、东部、东北地区选择本地区就业比例均超过了 60%，中部地区因为地理位置的优越性劳动力流动性会更大一些，人员分布更均匀，除本地超过 40% 的就业比例外，东部和东南沿海地区均有接近 30% 的比例。

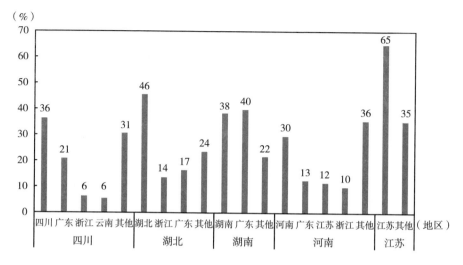

图2.15 五个省份的农村居民外出务工地点

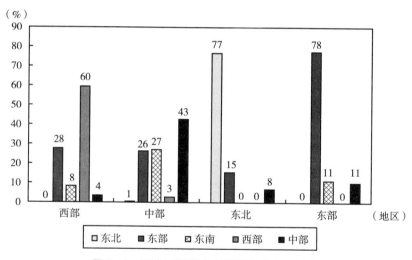

图2.16 四个区域的农村居民外出务工地点

4. 农村居民未来外出务工意愿

在五省份调研中,笔者通过询问"受访者未来1~5年内是否打算继续外出打工",了解农村居民的未来打算。通过图2.17可以看到,有65%的受访者决定在未来1~5年内开始或继续外出务工,原因可能是新冠疫情所造成的就业低潮。对此,政府应该加强对于农村人员的就业引导和农业岗位建设,进一步改善农民的就业问题。

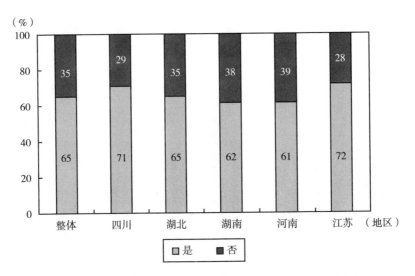

图 2.17　五个省份农户未来 1~5 年内是否有外出务工的打算

2.2　农业生产经营

农业生产经营是农业现代化发展研究的重要内容。本章节从以下四个方面对我国农业生产经营调研情况进行展示分析：一是农业生产经营主体，即我国农业生产经营主体有哪些类型及各种类型所占比例；二是主要农作物生产及销售，调研内容包括种植物和养殖物主要类型和销售价格利润情况；三是农村土地流转，包括土地流入和流出发生率、流转面积等；四是田间基础设施修建，本报告从地块整合、地块平整、水利设施、道路设施、电力设施五个维度考察。

2.2.1　农业生产经营主体

新型农业经营主体是发展我国农村经济建设、实现农业现代化，促进农民就业增收的主力军。大力发展新型农业经营主体不仅为"中国粮食，中国饭碗"的安全提供保障，而且对脱贫攻坚和乡村振兴起到积极的推动作用。本章节先从农业生产经营主体及农业组织参与方面分析农业生产经营情况。

1. 农业经营主体类型

根据第三次全国农业普查的数据统计，中国的小农户约为 2.3 亿户，占农业经营主体总量的 98%，户均经营规模为 7.8 亩。小农户经营耕地面积占全国的 70%。"十三五"时期中央专门下发《关于加快构建政策体系培育新型农业经营主体的意见》。这一时期，在各方面的支持和推动下，各类农业经营主体迅速发展，尤其是家庭农场和农民合作社两类农业经营主体。那么，目前我国农业经营主体究竟发展如何，笔者对这一问题进行了调研和分析。

小农户家庭承包经营仍然是我国农业的基本经营形态。从五个省份的调查数据来看，剔除缺失值和有误样本后，有效样本总量为 1404 户，四川、湖北、湖南、河南和江苏的有效样本数量分别为 301 户、391 户、310 户、256 户和 146 户。从图 2.18 可以看出，各省份新型农业经营主体的占比均不高，江苏接近 20%，其余四省份占比不超过 10%。为推动培育新型农业经营主体的发展，江苏进行了系列创新实践，值得其他省份借鉴。例如，产权交易的创新，建设农村集体资产监管平台；模式和制度的创新，如"产地共建联盟"模式和社会化服务联盟；本土人才招引创新，如"头雁工程""三乡工程""黄海明珠人才"为代表的人才招引计划（赵锦春，2022）。

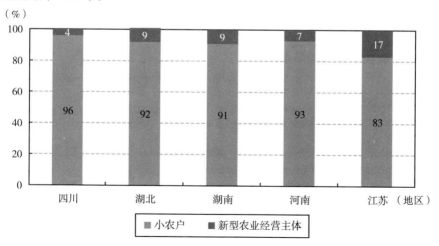

图 2.18　五个省份的新型农业经营主体和小农户占比

图 2.19 列举了五个省份的新型农业经营主体数量分布。调研样本中，四川以农民专业合作社和种植/养殖大户为主，湖北以种植/养殖大户居多，湖南以农民专业合作社为主，河南以家庭农场和种植/养殖大户为主，江苏的家庭农场较多。

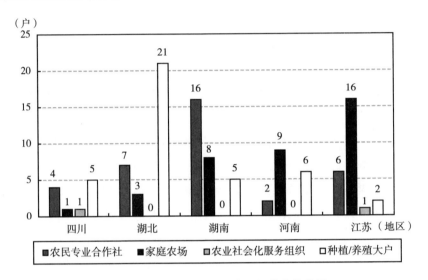

图 2.19　五个省份的新型农业经营主体数量

四个区域的调研结果同样呈现出普通农户居多，新型农业经营主体占比不高的特点。调研的农户有效样本总量为 2579 户，西部地区、中部地区、东北地区、东部地区的有效样本数量分别为 871 户、1802 户、123 户和 180 户。从图 2.20 可以看出，新型农业经营主体的总体占比仅为 13.3%，其中，西部地区的新型农业经营主体占比超过了 20%，显著高于其他三个地区。并且，在西部地区的新型农业经营主体中，家庭农场占比较高。

对比新型农业经营主体和普通农户的收入水平，四个区域的调研结果显示出，新型农业经营主体的收入远高于普通农户（见图 2.21）。新型农业经营主体的平均年收入为 44096.29 元，普通农户的平均农业年收入为 10207.14 元。因此，要加快壮大新型农业经营主体的队伍，促进农民增收。

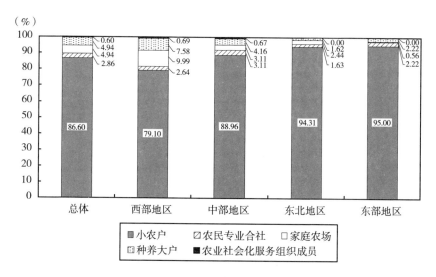

图 2.20 四个区域的各类农业经营主体占比

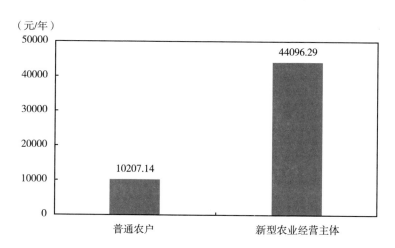

图 2.21 四个区域的普通农户和新型农业经营主体收入水平

2. 农业组织参与

农户的农业组织参与率普遍不高。在四个区域的调研中（见图 2.22），仅有 11% 的农户参加农业组织，还有 89% 的农户没有参加任何活动。因此需要加快发展农业社会化服务，发展各地农业组织，促进普通农户参加农业组织的积极性，提高种粮综合效益。

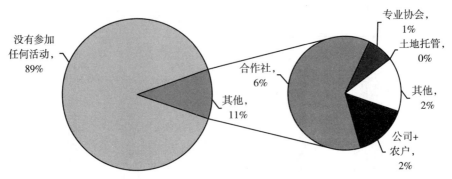

图 2.22　四个区域的农业组织参与总体情况

对农业组织参与类型进行分类考察，调研发现，农户参与最多的是合作社，其次是土地托管（见图 2.23）。其中，西部地区农户的农业组织参与率达到 10.2%，参与类型以合作社和土地托管为主；中部地区农户的农业组织参与率为 10.9%，同样以合作社和土地托管为主；东北地区调研的 123 家农户中，参与合作社的农户占 6.5%；东部地区农户参与土地托管的比例最高，达到 13.7%。

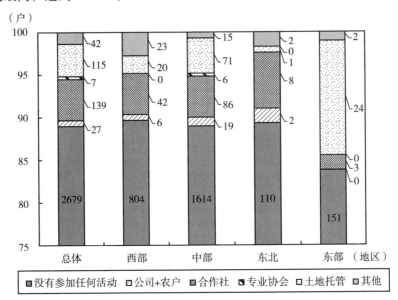

图 2.23　四个区域的各类农业组织参与情况

新型农业生产经营主体的农业组织参与率高于普通农户。如图 2.24 所示，五省份调研中，新型农业生产经营主体的农业组织参与率平均为

25%，普通农户的农业组织参与率平均为6%。除江苏省外，其他四省新型农业经营主体参加农业组织的比例都远高于普通农户，农业组织主要形式有公司和农户、合作社、专业协会、土地托管、社区等。

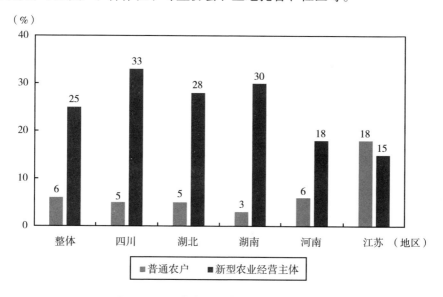

图2.24　五个省份的农业组织参与情况

对于各类农业组织发挥的作用，经调查发现，"公司＋农户"形式的组织主要提供秧苗种子等的购买、技术指导、农机服务和销售服务；合作社主要提供秧苗种子等的购买、技术指导、农机服务和销售服务；土地托管在帮助农民管理土地的同时，还会提供秧苗种子购买服务和技术指导等服务。

2.2.2　主要农作物生产及销售

1. 各地区主要种植物

农作物种植以水稻、玉米和小麦为主，各地种植结构存在差异性。表2.1为五个省份的主要农作物种植情况，笔者选择了小麦、玉米、水稻三种种植比例最高的农作物情况进行重点考察。调研发现河南、湖北和四川种植比例最高的是玉米，湖南和江苏种植业以水稻为主。除此之外，五省份种植的农作物还有花生、大豆、红薯等，但种植比例较低。

表 2.1　　　　　　　　五个省份的主要农作物种植情况

农作物类型	小麦		玉米		水稻		调研样本
	频数	占比（%）	频数	占比（%）	频数	占比（%）	频数
总计	228	15.28	539	36.13	496	33.24	1492
四川	55	17.13	169	52.65	117	36.45	321
湖北	29	7.21	119	29.60	95	23.63	402
湖南	3	0.86	71	20.46	130	37.46	347
河南	83	31.92	143	55.00	81	31.15	260
江苏	58	35.80	37	22.84	73	45.06	162

图 2.25 描述了四个区域的整体种植业结构，总体来看，种植玉米、水稻、小麦的农户比例最高，共达到 74.21%，而种植大豆、茶叶、棉花、花生的农户仅占 9.41%，其他种植物的占比为 16.37%。

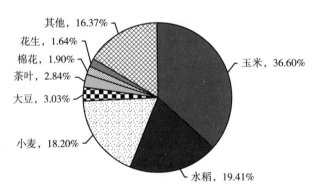

图 2.25　四个区域的整体种植业结构

如图 2.26 所示，我们对四个区域的水稻、玉米、小麦、大豆和棉花五类重要的作物种植情况进行重点考察，西部地区种植最多的是玉米，占 69.27%，其次是小麦，占 21.41%。中部地区种植最多的是水稻，占 37.15%，其次是玉米和小麦，占比均超过 25%。东北地区的种植物以大豆和玉米为主，分别占比 61.38% 和 37.33%；东部地区种植最多的是水稻，占 73.08%。

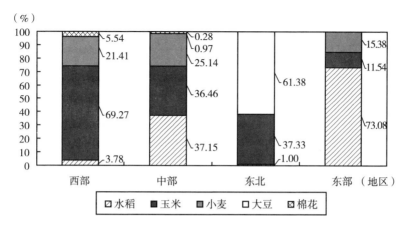

图 2.26 四个区域的主要作物种植情况

主要农作物的平均销售价格存在地区差异，西部地区最高，东北地区最低。从表 2.2 可以看到，从水稻价格来看，西部地区的水稻平均价格最高，超过 3 元/公斤；其次是东部地区，水稻平均价格为 1.92 元/公斤。从玉米价格来看，西部地区的平均价格也是最高，达到 2.59 元/公斤；东部地区的玉米价格略低，但也超过了 2 元/公斤。对比四个地区的小麦价格西部地区的平均价格仍然是最高的，达到了 2.46 元/公斤。

表 2.2 　　　　　　　四个区域的主要种植物平均价格　　　　单位：元/公斤

地区	水稻	玉米	小麦
西部	3.34	2.59	2.46
中部	1.60	1.33	1.34
东北	1.22	1.06	—
东部	1.92	2.43	1.15

2. 各地区主要养殖物

如图 2.27 所示，农村的养殖物主要为猪、鸡、羊和牛。分区域来看，东北地区养殖最多的是猪和牛，西部地区农户的养殖物具有多样性，其中猪、牛、羊的养殖比例较高。

图2.27　主要养殖物词云分析

资料来源：笔者自行绘制。

养殖物的年利润微薄，多数农户是无盈亏的。调研结果显示，四个区域的调研户数共3092户，其中有2645户农户无盈亏，占比85.54%，有盈亏的为447人。总体上看，盈利的农户数大于亏损农户数，盈利利润在100元~149000元不等，亏损在150~300000元不等。

3. 农产品销售

农产品销售渠道多样化，以上门收购为主。如表2.3所示，从调研的四个区域来看，西部地区的销售渠道主要是集市销售和上门收购，中部地区的农产品主要通过上门收购，与专业公司订购和卖给附近企业等方式销售，东北地区以上门收购和集市销售为主，东部地区则主要通过上门收购的方式销售。从粮食出口地区来看，表2.4表明各区域的粮食出口均在国内，几乎没有出口国外。

表2.3　　　　　　　　　　**农产品销售渠道**　　　　　　　　单位：户

渠道	西部地区	中部地区	东北地区	东部地区
1 = 集市销售	62	16	4	0
2 = 专业公司订购	18	26	0	1

续表

渠道	西部地区	中部地区	东北地区	东部地区
3 = 网上销售	6	16	0	0
4 = 上门收购	62	54	5	8
5 = 附近企业	22	23	1	1
6 = 合作社	17	4	0	0
7 = 其他	4	4	0	0

表 2.4　　　　　　　您家的农产品是否有出口到其他国家　　　　　单位：户

地区	否	是
总计	2985	13
西部地区	865	8
中部地区	1817	5
东北地区	123	0
东部地区	180	0

　　各类农产品的销售利润存在地区差异性。表 2.5 展示了五个省份的农户各类农产品销售的利润情况，每户平均销售利润最高的农产品为蔬菜、水果等其他经济作物，为 10134.24 元，牲畜、水产的利润次之，为 8684.75 元，玉米、小麦等其他粮食作物的销售利润最低，为 4614.04 元。其中，四川农产品销售利润最高的为蔬菜、水果等其他经济作物，湖北、湖南和江苏的牲畜、水产销售利润较高，河南的农产品利润最高的是玉米、小麦等其他粮食作物。

表 2.5　　　　　　　　　　各类农产品销售利润　　　　　　　单位：元/户

省份	水稻	玉米、小麦等其他粮食作物	蔬菜、水果等其他经济作物	牲畜、水产
总计	4985.78	4614.04	10134.24	8684.75
四川	2903.22	2995.27	4414.18	2785.81
河南	4291.44	7822.85	1650.78	6757.73
湖北	3694.94	1248.97	9737.75	14261.67
湖南	3279.70	1346.00	2760.14	15898.45
江苏	8551.70	6126.94	3282.62	22793.89

2.2.3　农村土地流转

农村土地流转是建设现代农业、推动农业适度规模化经营的有效手段。为了解全国地区的农户土地流转的基本情况，本报告从土地转入和土地转出两个方面进行展示分析。

1. 农村土地转出

有土地转出的农户比例整体不高。表 2.6 描述了五个省份的农户土地转出情况，整体土地转出比例为 19.96%，低于全国家庭承包耕地流转比例的 35%（刘同山等，2022）。各省份土地转出的平均面积差距不大，整体平均转出面积约为 3.64 亩。

表 2.6　　　　　　　　　　五个省份的农户土地转出情况

类别	总计	四川	湖北	湖南	河南	江苏
转出土地样本数量（户）	1418	302	395	308	256	157
转出土地比例（%）	19.96	22.52	15.44	19.48	22.27	23.57
平均转出面积（亩）	3.64	3.11	3.19	4.34	4.45	2.98

表 2.7 展示了四个区域的农户土地转出情况，总的有效样本为 2818 个农户，一共有 578 户转出土地，占比约为 20.51%，与五个省份的转出比例相当。其中，中部地区的土地转出比例相对较高，达到了 25.34%。东北地区的土地平均转出面积较大，超过了 25 亩，平均转出面积为 7.25 亩。表 2.8 统计了农户转出土地面积的总体情况，可以看出土地转出面积主要在 1~10 亩之间。

表 2.7　　　　　　　　　　四个区域的农户土地转出情况

区域	土地转出比例（%）	平均转出面积（亩）	平均转出价格（元/亩）
总计	20.51	7.25	666.87
西部	15.28	7.08	1021.82
中部	25.34	6.75	557.06
东北	12.61	25.47	589.33
东部	8.18	3.06	689.44

表 2.8　　　　　　　　四个区域的农户转出土地面积统计

转出土地面积	频次
小于 1 亩	51
大于 1 亩，小于等于 10 亩	424
大于 10 亩，小于等于 50 亩	67
大于 50 亩，小于等于 100 亩	15
大于 100 亩，小于等于 500 亩	13
大于等于 500 亩	8
总计	578

　　土地转出对象主要是亲朋好友，较少转给合作社和企业，还有部分农户将土地转给了外地承包商和其他村民等（见表 2.9）。为了降低耕地地力被破坏或用途被改变的风险，绝大多数的土地流转交易都倾向于发生在普通农户之间，特别是在本村农户之间（张照新，2002），我们的调研结果也同样印证了这一点。

表 2.9　　　　　　　　农户土地转出对象

土地转出对象	频次
1 = 亲戚朋友	212
2 = 合作社	9
3 = 企业	93
4 = 其他	139
总计	453

2. 农村土地转入

　　表 2.10 反映了五个省份的土地流入情况，有转入土地发生的农户整体比例为 10.91%，低于其土地转出率，平均转入土地面积为 15.53 亩。其中，江苏的土地转入平均面积显著高于其余四省份，这可能与江苏的新型农业经营主体比例较高相关。四川平均转入土地面积相对较少，可能是由于非平原地区土地流转市场不发达。有研究表明，平原地区由于土地流转市场发达，农地确权会使农户增加土地出租，减少土地租入（李江一，2021）。

表 2.10　　　　　　　　　五个省份的土地流入统计

类别	总计	四川	湖北	湖南	河南	江苏
转入土地样本数量（户）	1402	299	392	303	251	157
转入土地比例（%）	10.91	15.72	8.93	3.63	13.94	15.92
平均转入面积（亩）	15.53	5.51	17.63	12.62	17.40	30.11

从四个区域的调研情况来看，如表 2.11 所示，1748 个样本农户中共有 531 户农户转入土地，总体比例为 30.38%。其中，东部地区土地转入比例最高，达到 56.00%，并且土地平均转入面积最大，超过了 100 亩。如表 2.12 所示，在转入土地的农户中，土地转入面积最大值达 800 亩，土地转入面积最小值为 0.5 亩，土地平均转入面积 54.9 亩，转入土地面积的众数为 2 亩。

表 2.11　　　　　　　　四个区域的农户转入土地情况

地区	土地转入比例（%）	平均转入面积（亩）	转入平均价格（元/亩）
总计	30.38	54.91	589.35
西部	28.39	43.65	671.95
中部	31.81	25.54	571.86
东北	12.09	82.00	607.14
东部	56.00	100.64	400.00

表 2.12　　　　　　　四个区域的农户转入土地情况统计

数值	转入面积（亩）
平均	54.9
中位数	14
众数	2
最大值	800
最小值	0.5

2.2.4　田间基础设施修建

种植环境也是影响农业生产的基础条件，下文对田间基础设施修建情况进行探究。对于田间基础设施建设，调研主要从地块整合、地块平整、水利设施、道路设施、电力设施五个维度进行考量，即是否将地块整合成一块、是否将地块修平整、是否修建排灌水等水利设施、是否修建田间道等道路设施、是否修建电线杆等电力设施。从图2.28可见，目前农村田间基础设施整体建设水平较低，以上五个维度均低于15%。可见，尽管我国农业基础设施极大地改善了农业生产条件，为农村经济社会发展奠定了必要的物质基础，但对农业高质量发展的支撑力还不足，还不能适应新形势下农业农村发展新需要。

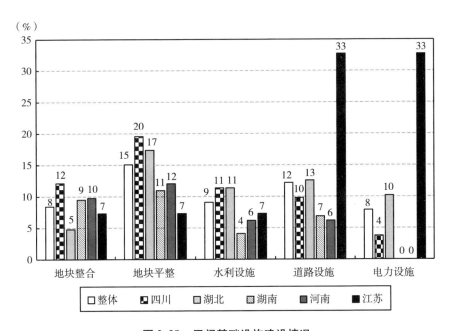

图 2.28　田间基础设施建设情况

不同地区田间基础设施建设水平不同，其中江苏田间道路设施和田间电力设施建设水平高于整体情况。这可能与江苏在这两方面出台了系列规划和方案有关，例如，《江苏省高标准农田建设规划（2010-2020年）》《江苏省高标准农田建设总体规划（2014-2020年)》《江苏省农田建设项目管理实施办法》《江苏省高标准农田建设评价激励实施办法》《关于进一步加强农田建设工程管护工作的意见》等管理制度。因此，各地也可以参考江苏模式，出台相关政策规定，发挥政府引导监管作用，加强当地田间基础设施建设，为农业高质量发展提供"硬支撑"。

2.3　农民生活状况

农业农村发展的最终目标，就是要尽可能缩小城乡间差异，实现共同富裕，让我国最广大的农民能够过上幸福美好的生活。新世纪以来，我国政府尤其致力于人民生活的改善，特别是如何解决好三农问题，成为政府工作中的重中之重。自 2006 年始，持续两千余年的农业税正式成为历史。而始于 20 世纪 90 年代末，结束于 2020 年的全面脱贫攻坚战的胜利则宣告了世界上规模最大的贫困人口脱贫这一宏伟目标的实现，这也成为了中华民族伟大复兴历程上的又一个重要里程碑。

本章节从多个方面反映农民生活状况，主要内容包括：（1）农户自身家庭情况：包括农户家庭资产配置状况、农户能源使用情况与农户居住条件等与农户生活密切相关的问题。（2）农户生活的农村区域条件：包括当地农村普惠金融水平及当地农村生态环境现状。

2.3.1　农民家庭资产配置

随着 2008 年家电下乡、汽车下乡等一系列支持农村居民消费的政策出台，农村居民的消费潜力逐步释放。许多农村消费者选择购买新型农业机械、小汽车和小家电，以提高农业生产效率、改善生活质量。图 2.29 反映了五省份调研的居民家庭资产状况。

在家用电器的选择上，江苏的受访者农户中拥有消费电子家电的比例较其他几省份明显偏高。其中尤其以微波炉、智能相机表现最为明显：该两物件拥有比例是其他四省份的数倍。而冰箱、空调逐渐成为各省份受访家庭中必备的电器，拥有比例最高。

而在出行工具的选择上，河南与江苏的受访者倾向于拥有小汽车与电动车作为出行代步工具；而摩托车拥有比例最高的两省份分别为湖北与湖

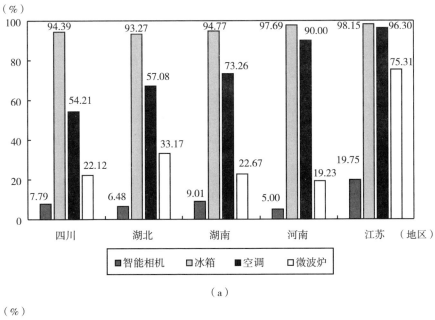

（a）

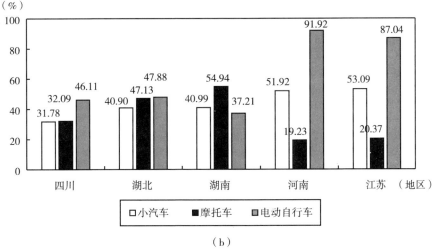

（b）

图 2.29 五省份农村居民家庭资产状况

南。这种现象的产生或缘于以上地区地理环境的差异。而在小轿车的拥有比例中，四川的受访者拥有比例较其他几个省份偏低，推测可能是收入差距的影响。

在对四个地域的调研中，农户资产配置的调查结果如表 2.13、图 2.30至图 2.32 所示。

表 2.13　　　　　　　四个区域的农户各类资产配置的百分比　　　　　单位：%

资产种类		总计	西部地区	中部地区	东北地区	东部地区
出行工具	小汽车	43.01	36.31	45.27	40.65	51.94
	摩托车	33.68	34.05	34.85	43.90	18.99
	电瓶车	58.29	54.35	59.83	42.28	68.99
家电类	冰箱	91.30	86.14	93.34	91.87	94.96
	空调	60.71	15.36	82.44	8.94	92.25
	微波炉	27.63	17.72	26.75	31.71	67.83
	数码相机	7.47	5.69	6.55	12.20	18.22
农业机械	农业机械	25.83	28.03	25.35	53.66	8.14

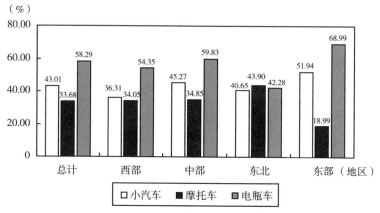

图 2.30　出行工具的配置比例

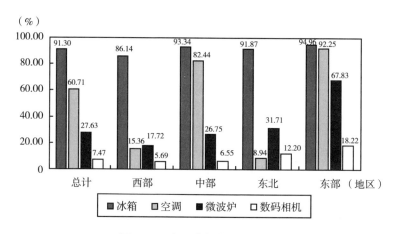

图 2.31　家用电器的配置比例

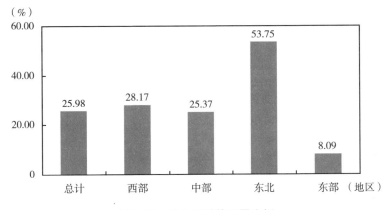

图 2.32 农业机械的配置比例

1. 出行方式的选择

出行工具的选择与当地地理环境密切相关。例如，在广袤的华北平原，其村落分布密集，村庄之间间隔较短，常用的电动车已经能够很好地满足日常出行需要；而在以丘陵为主的南方几省份，村庄、集镇之间平均间距的延长使得仅仅依靠电动车略有不够；且山区路况复杂，四轮小汽车行驶难度较大，摩托车或更受当地居民青睐。

总体上看，23% 的受访者表示出行主要依靠摩托车，50.5% 的受访者使用电动车二轮车，13.6% 的受访者使用农村公共交通，27% 的受访者使用汽车出行；7.6% 的受访者出行使用电动汽车，81.9% 的受访者使用传统的燃油车；7% 的受访者使用混动汽车，3.4% 的受访者使用三轮车。图 2.33 反映了目前常用的出行手段。

根据上述结果可知，在交通工具的使用上主要有以下几个特点：（1）代步工具覆盖率较高，达到了 50% 以上；（2）在汽车的配置上，电动汽车的配置比例仍然相对较低，甚至不到 10%；（3）在新能源汽车不断被推广及混合动力技术不再成为主流的今天，未来一段时间内电动车的配置比例将不断攀升。

从地域角度来看，选取电动车与小汽车的使用状况进行分析，其结果如图 2.34 所示。

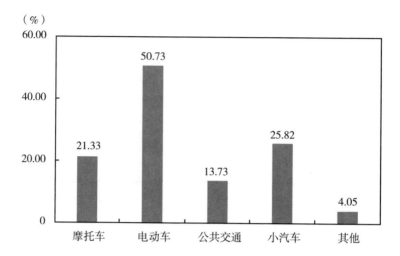

图2.33　四个区域的居民出行方式的选择

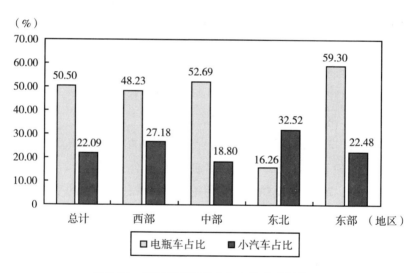

图2.34　居民使用电动车与小汽车出行状况

不同调研省份出行工具使用比率上的重大差异或与农村聚集点之间的距离、农村路网建设状况及农村所处地理环境有关。电动车相对适合短距离出行，而摩托车更适用于农村间中长距离的出行。相比于四轮的小汽车，农村地区低等级的路况更适合二轮代步工具的使用。除此之外，汽车的配置比例也与农村地区居民收入有关。南方几省份相比于江苏河南受访者配置汽车的比例有所下降。

2. 家用电器设备的配置

按照通常的划分标准，本书将调查中涉及的电器划分为以下几种：一是白色电器：空调、冰箱；二是厨卫电器：微波炉；三是消费电子：智能相机。

白色电器（空调、冰箱），因其在生活中发挥着重要且难以替代的作用而成为了家庭必备的电器，受访者拥有比例远高于其他两种；而微波炉、相机作为非必须电器，居民拥有率相对较低，且与所在省份的农村居民可支配收入呈现正相关关系。江苏的受访者上述两种电器的配置比例是最高的，且远高于其他四省份。其原因可能为以下几点：

（1）消费者习惯。不同的消费电器之间的可替代性影响了消费者的消费习惯：空调冰箱等主要白色电器可替代性很低，且它们在生活中发挥着重要的作用，因此农村居民对这种相对必需的电器的购买意愿高。而受我国农村居民烹饪习惯的影响，微波炉加热食物的功能往往可以由其他器具进行代替，并非日常生活中必备电器，因此居民配置比率较低；相机同理；智能手机已经能较好地满足人们的日常拍摄需求。

（2）我国家电产业结构。以冰箱空调等白色电器为例：我国生产的产品的在技术、性能方面已经比较成熟，生产厂家比较集中，售后服务体系比较完善，不容易产生补贴产品购买后的质量、服务等纠纷。而在智能相机生产领域，目前我国没有较为成熟的制造企业，因此消费量相对较低。

我国家电制造行业的主要上市企业营业收入由图2.35的数据可知。根据柱状图可以发现，在家电制造行业主要的上市公司中，白色电器厂商数目最多、市值规模也是最大的。国内主要家电生产企业如美的、海尔、格力均以白色家电为主业，在供给端上能够很好地满足居民日益增长的需求。

（3）国家政策助力农村家庭资产的配置。始于2008年的家电下乡政策，是我国政府应对全球金融危机所造成的消费性电子产品外销需求急速衰退所采取的主要措施，是意图扩大内需市场而颁布的一项财政政策。在

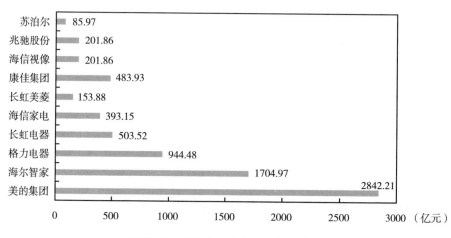

图 2.35　主要家电上市企业营业收入

该政策框架下，非城镇户口居民购买彩色电视、冰箱、移动电话与洗衣机等四类产品，按产品售价 13% 给予补贴，最高补贴上限为电视 2000 元、冰箱 2500 元、移动电话 2000 元与洗衣机 1000 元。① 此外，随着上述政策的不断深化，2009 年新增了摩托车、电脑、热水器和空调，部分省份将微波炉、电磁炉等列入家电补贴名录之中；2010 年电动自行车成为第十大家电下乡补贴产品，且深受广大消费者的喜爱。巨量的补贴，外加农村居民对生活改善的期望，直接促成了家电消费的高速增长。

在家电下乡政策不断推广的同时，汽车下乡政策也于 2009 年初出台。汽车下乡政策中明确表明：对购买 1.3 升及以下排量的微型客车，以及将三轮汽车或低速货车报废换购轻型载货车的，给予一次性财政补贴②。2010 年初，"汽车下乡"政策实施延长一年至 2010 年 12 月 31 日。2019 年后，国家发改委、工信部等十部委联合下发《进一步优化供给推动消费平稳增长促进形成强大国内市场的实施方案（2019）》，提出有序推进老旧汽车更新、报废更新，持续优化新能源汽车补贴结构，促进农村汽车更新换代，旨在提振汽车消费。这些政策都有力地激发了农村居民的汽车消费。

---

①　财政部经济建设有关负责人就家电下乡试点政策答记者问［EB/OL］. 中央政府门户网站，2018 – 01 – 16.

②　汽车产业调整和振兴规划［EB/OL］. 中央政府门户网站，2009 – 03 – 20.

　　然而也要注意到，不同区域之间发展情况不同。只有农村整体的脱贫，才能助力人民过上更好的生活。从调研员王盛阳对湖北省十堰市郧县——鄂西北山区贫困地区的农民生活的记录可见一斑：

　　"两个村庄基本都已经通网。除了年龄大的老人，大多数村民都拥有智能手机、冰箱、电视等，但空调仍只有少数人家安装，电视机也多是城市中已经淘汰的"大屁股"型。村民的日常出行主要依靠自家的摩托车或直接步行，只有去镇里或更远的市里村民才会选择小汽车。在日常做饭，很多户人家用上了天然气，但村中也有不少的人家也用柴火灶做饭。尤其是此时的春节期间，冬季取暖村里还是会使用烧柴和碳的土炉子，很少使用电器取暖。访问中村民告诉我是因为电费太贵，而且一直用的是土炉子，比电炉子暖和。"

　　从这个角度上看，部分贫困地区农村居民，尤其是老年人，其生活水平仍然有相当大的提升空间；如何提升他们的生活水平，是亟待解决的问题。

2.3.2　农民基本生活条件

　　能源是人民生计的基础。木柴和秸秆曾经是最为廉价且最易于获得的燃料来源，而在农村电气化进程加快的大背景下，电气等二次能源逐渐成为农村做饭所用燃料的最主要来源。初级能源（木炭、秸秆）使用比例的下降反映出在农村电气化改造进程中农村居民能源使用结构的优化，这与农村地区基础设施的改造密不可分。图2.36至图2.38均反映了农村能源使用状况。

　　在冬季供暖问题上，农村地区供暖比例仍有较大的提升空间。考虑到农村地区居民较为分散、集中供暖实施难度较大，因此以家庭为单位进行分户式供暖更符合实际现状。

　　而对冬季取暖的问题中，受访农户取暖使用优质能源的比重最高（见图2.39）。同时我们也注意到，目前仍然有约7%的农户表示冬季不取暖，主要分布在四川（36%）、河南（33%）与湖北（25%）（见图2.40）。

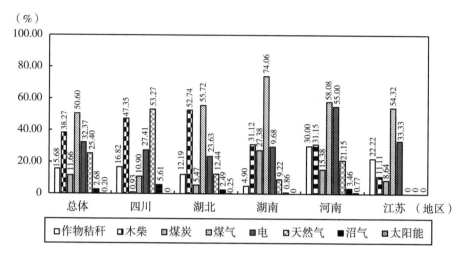

图2.36 五个省份农村居民做饭使用能源来源

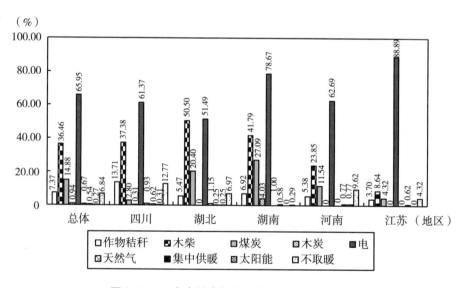

图2.37 五个省份农村居民冬季取暖能源来源

根据2017年全国第三次农业普查的结果（见表2.14），农民做饭取暖使用的能源中，主要使用电的比例为58.6%；主要使用煤气、天然气、液化石油气的占49.3%；主要使用柴草的占44.2%；主要使用煤的占23.9%；主要使用沼气的占0.7%；使用其他能源的占0.5%；主要使用太阳能的占0.2%。我们的调研结果与以上普查结果基本符合。

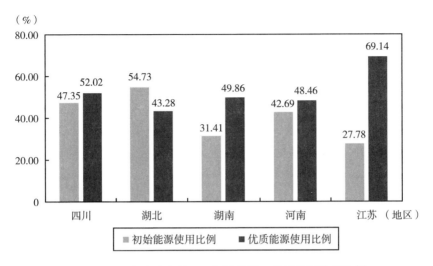

图 2.38　五个省份农村居民初始能源、优质能源使用比例

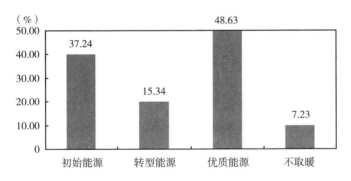

图 2.39　取暖使用优质能源比重

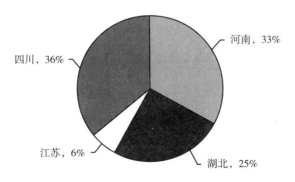

图 2.40　不取暖农户分省份分布

表 2.14　　　　　　第三次农业普查农村能源使用状况（分区域）　　　　　单位：%

能源分类	全国	西部地区	中部地区	东北地区	东部地区
柴草	44.2	58.6	40.1	84.5	27.4
煤	23.9	24.8	16.3	27.4	29.4
煤气、天然气、液化石油气	49.3	24.5	58.2	20.3	69.5
沼气	0.7	1.2	0.7	0.1	0.3
电	58.6	59.5	59.3	58.7	57.2
太阳能	0.2	0.3	0.3	0.1	0.2
其他	0.5	1.3	0.2	0.1	0.2

资料来源：第三次全国农业普查主要数据公报（第四号）［EB/OL］. 国家统计局网站，2017 - 12 - 16.

　　四个区域的调研重点从受访农户的用水用电情况、家庭住房状况等方面对农民的基本生活状况进行分析。

　　水资源是人民生活最基础的条件之一。近年来，我国多地大力推动自来水下乡。作为重要的农村公共基础设施，自来水管网的覆盖保障了农村用水安全，为农村居民生命安全提供了坚实保障。

　　从调研结果来看，目前自来水的覆盖率已经达到了 87.4%。而对于多数未使用自来水的居民而言，其主要来源则为山泉水与井水。从这个角度上看，农村地区用水安全基本获得保障。

　　随着新能源的不断推广，农户使用太阳能比例也有所提高。表 2.15 反映了各地区使用太阳能的农户比例。

表 2.15　　　　　　　　各地区使用太阳能的农户比例　　　　　　　　单位：%

地区	西部地区	中部地区	东北地区	东部地区
太阳能使用比例	8.59	4.56	0.81	11.63

　　而在电费上，我们对"认为电费太贵"的受访者的每年电费金额进行统计，得到以下累积的圆饼图图 2.41。可以看出，多数受访者的电费金额在 2000 元/年附近，这对于农村家庭而言，是一个不小的支出。

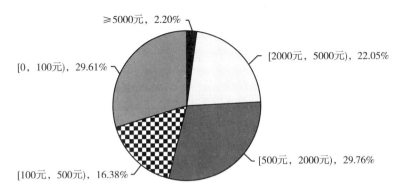

图 2.41 居民电费缴纳金额比例

从基本人居环境上来看，如图 2.42 所示，超过 80% 的受访者的房屋为砖混结构及钢筋混凝土结构转变。从这点上来看，住房条件上取得了大幅改善；而仍居住土木结构的受访者多数位于广大的西部及中部省份中的不发达地区。

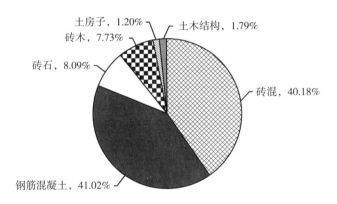

图 2.42 受访居民房屋结构

而从人均居住面积上，目前农村地区人均住房面积相比于城市地区高出不少。这也符合《中国人口普查年鉴（2020）》的相关结论：2020 年，我国家庭人均居住面积达到 41.76 平方米，平均每户居住面积达到 111.18 平方米。其中，城市家庭平均每户住房面积是 92.17 平方米，人均住房面积为 36.52 平方米，农村家庭平均每户住房面积是 150.47 平方米，人均住房面积为 51.03 平方米。① 对人均居住面积进行分组，其结果如图 2.43 所示：绝大多数受访者的人均住房面积集中于 50 平方米附近。而从总体样本上分析，人均居住面积为 43.50 平方米，第七次人口普查数据表明，农村居民人均住房面积为 46.13 平方米②。而人均居住面积较低（低于 10 平方米）的受访者中，住宅总面积约为 50 平方米，家庭人口数平均为 7.5 人，因此造成人均居住面积过低。

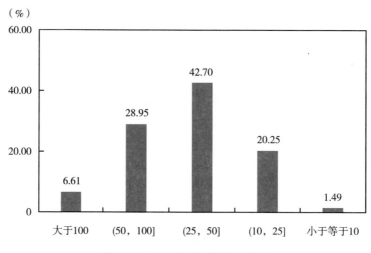

图 2.43　人均居住面积直方分布

在住房总数上，超过 95% 的受访者家庭至少拥有 1 套房子。也有约 15% 的受访者表示拥有多套房。而在受访者中，有约 5% 的受访者表示其有过从分散居住到集中居住的经历。

在厕所改造方面，收集到的样本中总共有 74.8% 的村民表示目前已经使用上了冲水式马桶。相比于国家统计局 2017 年第三次农业普查中冲水马桶使用比例（仅为 37%）翻一番。

从农村道路建设的结果上来看，绝大多数地区实现了道路硬化改造。同时，尚未实现村庄道路改造的地区，主要集中在东北和西部。且在路网改造过程中，村民在其中发挥了重要作用，承担了约 80% 的乡村道路建设资金来源（见图 2.44）。

①② 资料来源：《中国人口普查年鉴（2020）》。

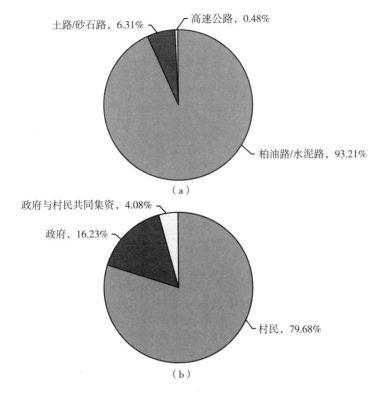

图2.44 农村公路现状及建设资金来源

　　农村能源的规范化使用，是农村居民民生保障的基础，也是实现乡村振兴的必要条件。《中共中央国务院关于全面推进乡村振兴 加快农业农村现代化的意见》（以下简称"2021年中央一号文件"）特别对农村地区能源使用作出要求：即要求推进乡村能源清洁化、安全化、稳定化与规范化。

　　在建言"十四五"能源发展系列活动之农村能源发展专题报告中，清华大学教授、中国城镇供热协会农村清洁供热工作委员会主任杨旭东在发言中提及了农村生活耗能状况①：2014年全国农村生活总能耗约3.27亿吨标准煤，其中散煤约1.41亿吨标准煤，电约2140亿千瓦·时（约0.7亿吨标煤），LPG为831万吨，生物质燃料1.8亿吨（约1.03亿吨标煤）。其中，北方采暖和北方炊事占总用能量的60%以上，是生活能耗大头。

　　① 建言"十四五"能源发展系列活动第七场：建言农村能源发展2020年8月7日总结报告[EB/OL]. 生物质能观察，2020 – 08 – 23.

2018 年，我国农村建筑用能约 3.1 亿吨标准煤，占全国建筑总用能的 30%[①]。其中包括 1.3 亿吨标准煤的散煤、0.9 亿吨标准煤的生物质直接燃烧[②]，这些都属于典型的非清洁用能，产生了大量的污染物。这成为了农村地区环境污染的重要原因之一（见图 2.45 和图 2.46）。

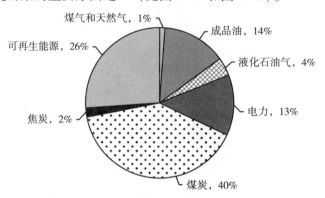

图 2.45　农村各能源使用占比

资料来源：2017 年农业资源环境保护与农村能源发展报告。

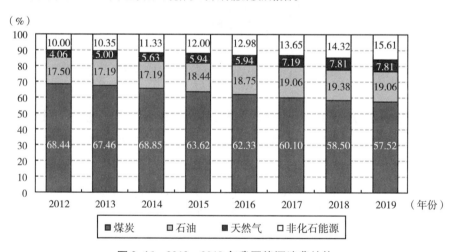

图 2.46　2012～2019 年我国能源消费结构

资料来源：《新时代的中国能源发展》白皮书。

1. 对农村能源使用现状进行讨论

电能在农村地区做饭与取暖等领域上发挥着重要的作用。农村地区优

---

①② 农村能源革命呼唤新思路（特别关注）[EB/OL]. 中国能源报，2021－02－01.

质能源（电能）的广泛使用，与农村地区近十几年来推动的电气化改造运动密切相关。

我国始终将乡村电气化改造工程与乡村振兴相结合，并在实际行动中做出了重要的贡献。以下以国家电网的有关报道为例①：

国家电网有限公司党组认真落实党中央、国务院全面建成小康社会和实施乡村振兴战略的总体要求，将乡村电气化提升工程作为建设具有中国特色国际领先的能源互联网企业的 35 项举措之一，并作为脱贫攻坚与乡村振兴衔接的重要抓手。围绕国家乡村振兴战略规划的重大工程、重大计划、重大行动，自 2019 年起全面实施乡村电气化提升工程，利用 2019 ~ 2022 年四年时间，通过改造升级农村电网、提高农村供电服务水平、推广电能替代技术、推动特色用能项目建设、推介新型用电产品等各种方式，着力增强农村用电保障能力，提升农业生产、乡村产业、农村生活电气化水平，积极助力农业更强、农村更美、农民更富。

在农网改造方面，我国取得了以下成就：2016 ~ 2019 年，农网改造升级总投资达 8300 亿元，农村平均停电时间降低至 15 小时左右，农村居民用电条件明显改善。2013 ~ 2015 年，实施解决无电人口用电行动计划，2015 年底完成全部人口都用上电的历史性任务。这一重大历史成就的创造，与广大奋斗在一线的电力工作者的努力分不开。

因此，如果深入挖掘农村能源问题，可以看到：一方面，能源问题成为了农村居民民生的坚实保障；另一方面，若结合当地实际条件，我们能够将能源问题同乡村振兴问题相结合，在解决农村地区能源问题的同时，实现农村地区的脱贫致富。

2. 农村居住条件的讨论

从调研结果的结果来看：在厕所的类型上，达到 74.4% 的受访村民使用冲水式厕所。冲水式厕所的使用改善了农村地区的卫生条件，是农村现代化的又一重要标志。在仍然使用旱厕的村户中，从区域上来看，主要位

---

① 许维娜. 国家电网推进乡村电气化试点项目建设助力乡村振兴［EB/OL］. 人民网，2020 – 10 – 15.

于西部地区与东北地区。从抽样比例上，东中部冲水厕所使用比率较高，东北地区改善空间仍然很大。

在冬季取暖能源的来源上，电能所占比例是最高的，超过了60%；其次是木柴。北方的两省份（河南、江苏）电能使用比例远高于其他几省份；而木柴、煤炭等所占比例则远低于其他几省份。这一现象的产生主要是由于受到环保政策的约束，现阶段北方地区多数家庭冬季供暖能源来源已经从燃煤转向热电、天然气等清洁能源。北方地区冬季清洁取暖关系广大人民群众生活，是重大的民生工程、民心工程。我国政府以保障北方地区广大群众温暖过冬、减少大气污染为立足点，在北方农村地区因地制宜开展清洁取暖。按照企业为主、政府推动、居民可承受的方针，稳妥推进"煤改气""煤改电"，支持利用清洁生物质燃料、地热能、太阳能供暖及热泵技术应用。截至2019年底，北方农村地区清洁取暖率约31%，比2016年提高了21.6个百分点；北方农村地区累计完成散煤替代约2300万户，其中京津冀及周边地区、汾渭平原累计完成散煤清洁化替代约1800万户[1]。推广使用"煤改气"供暖的同时，虽然可以有效改善空气污染，但是成本较高。据有关研究估计，居民使用天然气取暖的成本可以达到使用煤炭取暖的2倍[2]。因此在我们的调查结果中，还是有相当比例的农村居民并未采用清洁能源进行取暖。

此外，根据本项目的调查结果来看，南方多省份的居民冬季取暖比例甚至较北方省份更高，尤其是最南方的湖南受访者，取暖率达到了100%。因此，如果以农村居民的取暖行为作为一个参考，随着社会经济的发展，适当时候提出南移供暖界线是有其合理性的。综合近十年来的气象资料，不难看出：我国四川盆地受四周山地阻隔，冬季的平均气温在上述几省份为最高；而南方的湖南、湖北受到低温与高湿度的共同影

---

①　《新时代的中国能源发展》白皮书［EB/OL］. 中华人民共和国国务院新闻办公室，2020 – 12 – 21.

②　中国农村能源行业协会联合北京化工大学、中国炉具网联合开展的调查发现，以采暖季120天计算，山东省桓台县煤改气煤改电以前，采暖支出为2220元，改后在政府补贴的情况下采暖支出为4146元、没有补贴的情况下支出为5346元；河北省元氏县改前采暖支出为1875元，改后在政府补贴的情况下采暖支出为4206元、没有补贴的情况下支出为5160元。

响，冬季体感温度往往较实际温度更低，因此这些地方的居民供暖需求更大。

对冬季供暖现状存在的问题主要可以归纳为以下两点：一是取暖费用较高，农村居民难以承受；二是农村居民的传统的供暖能源来源（木柴、秸秆与煤炭等）可能产生较大的污染。

农村居民冬季取暖费用相对而言占电费的比例存在较大差异。绝大多数冬季取暖的受访者表示其冬季取暖开支在电费的 40% 之下，也有一部分受访者表示取暖问题的支出过大（见图 2.47）。

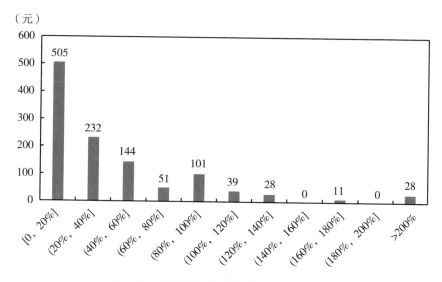

图 2.47 农村居民冬季取暖开支与电费比值

对冬季取暖农户与不取暖农户的电费开支进行对比分析，如图 2.48 所示。从得到的结果来看，冬季取暖的农户月均电费开支较不取暖的农户显著偏高。可以推测出，部分农户不取暖或因取暖电费过高。调研结果也印证了这一点，即在不愿意采用电取暖设备的受访者中，有大约 83.4% 的受访者认为高电费成为他们放弃使用电取暖设备的原因。

此外，农村居民对冬季使用木柴、煤炭等能源产生的污染问题十分关切（见图 2.49）。近半数居民认为，使用以上能源取暖容易造成较大的污染。多地纷纷推进煤改气的重要原因之一即为避免空气质量的持续恶化。

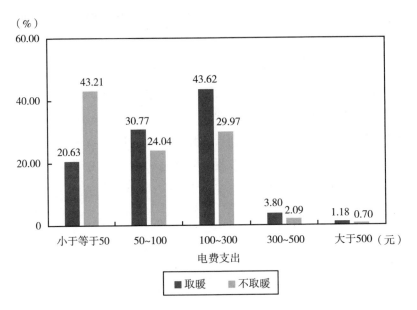

图2.48　冬季取暖与不取暖的受访者月均电费支出状况

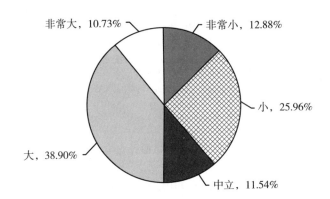

图2.49　受访者对使用木柴、煤炭等能源造成的污染程度的评价

3. 农村新能源推广及其存在的问题

在本项目的调研中，新能源（风电、光伏）在农村居民日常生活的使用比率仍然很低。这一现象与近年来资本市场上对光伏、风电等新能源的强烈追捧形成了鲜明的反差。

鉴于我国资源分布不均、人均资源拥有量较低，以及我国高速发展进程中需要大量稳定的能源供给，特别是我国于 2021 年初提出的"双碳目标"①，新型绿色能源（以下简称"新能源"）已然成为能源发展的主要方向。

在政策支持上，有关部门大力推进新能源下乡。以光伏为例，2021 年 6 月 20 日，国家能源局综合司下发关于报送整县（市、区）屋顶分布式光伏开发试点方案的通知。2021 年纳入当年中央财政补贴规模的新建户用分布式光伏全发电量补贴标准为每千瓦时 0.03 元，而 2022 年起，新建户用分布式光伏项目中央财政不再补贴②。

在这些政策中，都着重提及了农村地区推广光伏的重要性。

（1）屋顶、农业大棚都可以和光伏产业结合起来，从而改变乡村的生活方式。分布式光伏的发展将大幅提升乡村的电气化水平，也将推动农村电网的智能化改造。此外，结合相对成熟的"光伏 + 农业"，农村的面貌将会有较大的改善。与此同时，分布式光伏的加速发展，也将给实现"双碳"目标带来更大的助力。

（2）对农村居民个体而言，目前主要采用的光伏发电模式为自发自用模式，即用户自己建设光伏电站，所发电量优先自用，多余电量上网，不足电量由电网提供。分布式电源和用户位于同一地点，且为同一法人。在这种模式下，用户所发电量优先自用，多余电量按照当地燃煤脱硫机组标杆电价卖给电网企业，同时按全电量获得政府补贴；电网企业以当地销售目录电价收取下网电量电费。在这种模式之下，用户自己投资的项目主要靠政府补贴和节省电费收回投资成本。对于光伏上网电价补贴，目前按照发改委部门的计算，都存在一定的价差，在该部分能够起到助力农民增收的作用。

4. 农村道路改造状况讨论

从地区上来看，不同地区交通基础设施状况有以下特征：一是全国多数地区的村庄基本实现了公路联通，交通不再是大难题；二是从道路路面

---

① 资料来源：《中共中央 国务院关于完整准确全面贯彻新发展理念 做好碳达峰碳中和工作的意见》。

② 国家能源局综合司关于报送整县（市、区）屋顶分布式光伏开发试点方案的通知［EB/OL］. 国家能源局，2021 – 06 – 20.

类型及道路路灯的安装比例上看，东部地区的路况条件好于中部地区和西部地区；三是东部地区居民点相对较为密集，与村委会之间间距较小；且从东部到中部再到西部地区间距逐渐呈现扩大趋势。从本项目的调研结果出发，其基本数据同农村普查结果接近；也能看到在这一部分，我国在农村路网建设上取得的巨大成就（见表2.16）。

表2.16　　　　　　　　农村交通基础设施建设状况　　　　　　　单位:%

指标	全国	西部地区	中部地区	东北地区	东部地区
通公路的村	99.3	98.3	99.5	99.7	99.9
按通村主要道路路面类型分的村					
水泥路面	76.4	70.2	86.1	59.3	76.4
柏油路面	20.2	22.5	12.3	35.1	22.2
沙石路面	2.3	5.3	1.0	3.5	0.6
按村内主要道路路面类型分的村					
水泥路面	80.9	72.7	89.7	60.0	84.0
柏油路面	8.6	9.0	3.4	15.9	11.1
沙石路面	6.7	11.7	4.7	18.9	2.4
村内主要道路有路灯的村	61.9	35.5	59.8	54.1	85.9
村委会到最远自然村或居民定居点距离					
5千米以内	90.8	80.7	93.0	90.9	97.1
6～10千米	6.6	13.0	5.5	7.1	2.3
11～20千米	2.0	4.6	1.3	1.6	0.5
20千米以上	0.6	1.7	0.2	0.4	0.1

2.3.3　农村普惠金融发展

发展乡村普惠金融。深入推进银行业金融机构专业化体制机制建设，形成多样化农村金融服务主体。指导大型商业银行立足普惠金融事业部等专营机制建设，完善专业化的"三农"金融服务供给机制。同时在非银金融方面，鼓励证券、保险、担保、基金、期货、租赁、信托等金融资源聚焦服务乡村振兴。针对新型的金融手段，加快农村金融产品和服务方式创新，持续深入推进农村支付环境建设，全面激活农村金融服务链条。

　　五省份受访村民中有贷款经历的占比如表2.17所示。四川、湖北、湖南的借贷比例较平均值偏高，河南、江苏则相对较低。

表2.17　　　　　　　　五省份受访者有贷款经历的占比　　　　　　单位：%

省份	总体	四川	湖北	湖南	河南	江苏
贷款村户百分比	16.86	17.19	18.45	19.13	14.23	11.54

　　从调研地区农村居民家庭与最近的信贷网点距离的结果来看，绝大多数农民家庭距离最近的信贷网点不足5千米，表明农村地区基本实现了金融网点的全覆盖（见表2.18）。

表2.18　　　　　　　　农民家庭与最近的信贷网点距离

距离	总体	四川	湖北	湖南	河南	江苏
小于1千米	39.41%	37.69%	40.65%	30.35%	46.92%	49.68%
1千米~5千米	46.85%	47.04%	36.16%	58.96%	47.31%	49.03%
5千米~10千米	9.25%	10.28%	17.96%	5.20%	5.00%	1.29%
大于10千米	3.89%	4.98%	5.24%	5.49%	0.77%	0.00%
平均值	3.175	3.237	4.155	2.964	2.572	1.999

　　而对四个区域受访者有贷款经历的比重的调研结果则如表2.19所示。

表2.19　　　　　　　　四个区域受访者有贷款经历的比重　　　　　　单位：%

地区	总体	西部	中部	东北	东部
贷款受访者百分比	14.46	6.50	12.69	20.47	10.08

　　根据调查结果可知，农民借贷手段相对单一，按照具体来源可以划分为两大类：一类是来源于银行、信用社等金融机构；另一类是经由人际关系而产生的非正式借贷手段（见图2.50至图2.51）。其他形式产生的贷款

所占比例较小。因此有必要针对农村的不同特点，设计出其他合理的信贷工具，以满足农村居民日益增长的借贷需求。从各地区借贷人数占比来看：中西部地区受访者借贷比例相对较高，反映出其在借贷需求上较东部地区更大（见图2.52）。从贷款用途上进行分析，多数居民贷款的目的是解决住房问题与农业生产相关问题，反映出目前对于农户而言，农业生产及住房问题仍然是重要的方面（见图2.53）。此外，看病就医、子女教育等也占据了相当大的比例。

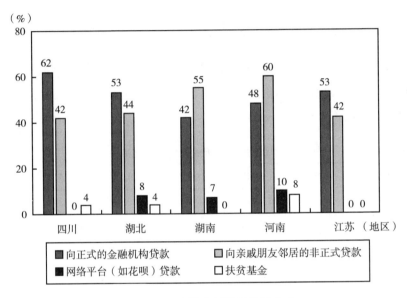

图 2.50　五省份农村地区借贷方式

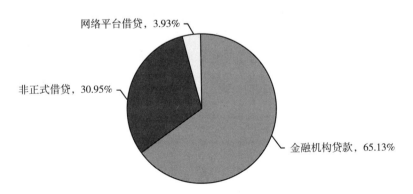

图 2.51　农村地区借贷方式

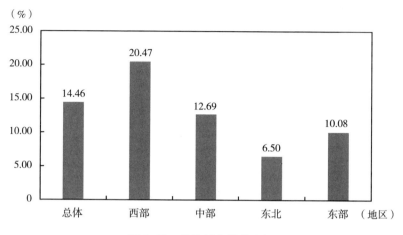

图 2.52　贷款村户借贷比例

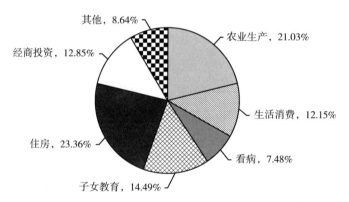

图 2.53　农村地区借贷用途

在对互联网金融产品使用情况的调查中，共有 455 个受访者表示其使用互联网金融产品，约占样本总数的 14.34%。农户使用这些产品的原因如图 2.54 所示，可以看出，在实际的操作中，多数人还十分中意于互联网金融产品的方便（主要包括使用方便及其较高的流通性）。此外，数字普惠金融之所以能够得到广泛的推广，其中一条重要的原因即为数字普惠金融产品的便捷性。同时，亲朋好友的大力推广也是上述互联网金融产品的重要推手。

而在理财产品的使用上，目前大火的基金成为农户投资理财的重要选择。这或许缘于基金类理财产品的流动性好、风险较低、交易方便的特性（见图 2.55）。

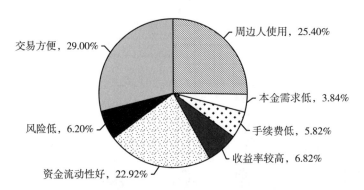

图 2.54　农户选择使用互联网金融产品的原因

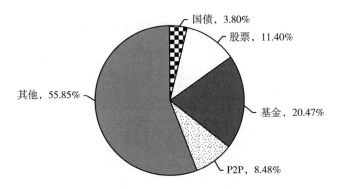

图 2.55　农户投资理财产品使用状况

从四个区域来看，东部地区的居民相比于其他地区更倾向于使用互联网金融产品及投资理财产品（见图 2.56）。这也反映出，在数字化进程加快的今天，经济基础较好、开放程度更高的东部地区相比于其他地区更有借助数字普惠金融技术的动力。作为尚未推广几年的数字金融产品，以及部分需要专业知识才能投资的理财产品，不同地区居民使用上述金融产品的比率或能折射出不同区域居民对新事物接受程度的高低也能看出不同区域对新事物的接受能力的快慢。

下面结合全国乡村普惠金融情况进行讨论。

1. 我国乡村普惠金融现状概述

乡村金融是我国金融体系中最薄弱的环节，表现为农村金融市场供需失衡、服务覆盖面低、服务质量差等。相对于城镇地区而言，农村融资难、

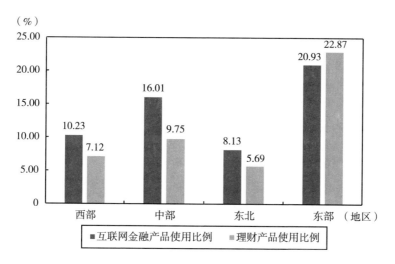

图2.56　金融产品使用情况

融资贵问题尤为突出。同时农村普惠金融的普及可以提升传统金融机构对农村的支持。一是推动精准扶贫战略在农村的实施，使农民平等地享受到现代化发展成果，普及各种现代金融服务，并增强扶贫效应，是一项长期持续的制度。二是农民在农业上经常面临诸多的风险，普惠金融很好地缓解了这个问题，降低了农民的融资约束，可以促进农村经济长期高效的发展。

截至2017年末，全国银行业网点乡镇覆盖率达到96%[1]，行政村基础金融服务覆盖率超过96%[2]，银行业扶贫小额贷款贫困户覆盖率约为25%，农业保险服务网点乡镇覆盖率达到95%，村级覆盖率超过50%[3]。获得过借款的成年人比例略有增加。根据中国普惠金融指标分析报告（2019年）调查显示，农村地区成年人未偿还贷款笔数为0.46笔，均与上年基本持平，农村居民在银行获得过贷款的比例为36.06%，比上年同期高1.44个百分点；在银行以外的机构、平台获得过借款的成年人比例为24.16%，比上年同期高1.31个百分点，农村地区为22.68%，比上年同

---

① 资料来源：《2017年中国普惠金融指标分析报告》。
② 行政村是指政府为了便于管理而确定的乡下一级管理机构所管辖的区域，其概念大于自然村，一般几个相邻的小自然村可以构成一个大的行政村。
③ 乡村振兴背景下农业报销的SWOT分析。

期高 1.6 个百分点。① 按照本项目的调查结果来看，信贷网点覆盖率基本与分析报告一致。

截至 2019 年末，农户信用贷款比例为 16.97%，该数据与本项目调查所得数据十分接近。

2. 农村居民信贷方式的选择产生原因

在本项目的调查之中，传统的金融机构与居民之间的人际关系成为农村居民能够获取信贷的纽带。这一现象的产生，究其原因还是同我国金融体系与乡村地区的社会现状有关。

（1）农村地区传统金融机构仍占据主要地位。这种现象的产生原因在于我国金融体系的结构。我国以银行为主的金融结构未发生明显改变，而且根据上述数据，我国银行网点几乎已覆盖所有乡镇。在行政村金融网点覆盖率极高的条件下，农民向金融机构借贷的便利性得到大大提升。

（2）农村居民借贷有近一半依靠人际关系维持。这种现象的产生与农村居民间长期形成的人际关系相关。例如，在对中国贫困地区人际关系的调查中，得到了以下结论：农村居民主要从事农业生产，活动范围主要局限于居住区，交往对象主要集中于本村村民及自己的亲戚，社会网络规模和网络位差相对较小，社会关系网络结构呈现单一化趋势，这就导致其与外界社会交流和联系的机会减少，较少能够运用网络资源达到工具性的目的。从社会网络关系构成来看，亲缘关系依然是贫困地区农村居民社会网络资本的主要构成；非亲缘关系在社会网络资本的构成作用较小，且邻居的作用在非亲缘关系中占据主要作用。

3. 对农村普惠金融的利弊分析

根据现有学者的讨论，将普惠金融可能产生的效应归纳为以下几点。

（1）普惠金融在一定程度上提升了农户的信贷可得性。普惠金融降低了金融服务的供给成本，从而拓展了农村金融服务覆盖广度，提高了贫困农户金融服务的可得性，缓解了贫困农户金融排斥和融资约束问题。同

---

① 中国普惠金融指标分析报告（2019 年）[EB/OL]. 中国政府网，2020 – 10 – 16.

时，随着目前农村数字化程度的加深，传统金融机构因物理网点的设立而造成的高成本问题被数字普惠金融解决。数字普惠金融利用多种数字技术手段拓宽了金融服务范围、提升了贫困农户的金融可得性。

（2）普惠金融能推动农村经济增长，促进农村产业发展，为贫困农户提供更多就业创业的经济机会，拓展增收渠道，间接增强其脱贫致富的"造血"能力。例如，普惠金融在支持农村小微企业、农村基础设施建设、农村教育医疗、特色农产品开发、三产融合等过程中，必然会推动农村经济和产业发展，直接为农村居民提供更多就业创业的经济机会。

（3）包容性金融发展对低收入国家社会经济发展能够起到促进作用，但同时也会带来一定的负面影响，如导致低收入群体过度负债等负面效应。因此实现普惠金融的有效发展需要教育的同步跟进，以使人们更好地了解金融服务和产品的功能。

（4）农村地区新兴的互联网普惠金融背后可能存在的隐忧。例如，新兴的互联网金融在监管方面仍然存在很多问题。一是居民财产安全问题：互联网金融企业大多规模小，安全防护投入严重不足，技术人才匮乏，秘钥管理不到位，相当多的互联网金融企业没有灾备。上述风险隐患若直接移植到互联网金融，很容易造成系统瘫痪、信息泄露和财产损失。二是居民个人信息安全问题。互联网金融涉及的个人信息十分广泛，包括个人身份、信用、财产、上网行为、消费记录等信息，在信息收集、交易、存储等方面均存在泄露风险。三是存在的系统性金融风险。互联网金融的风险极易扩散和发酵，稍有风吹草动就可能掀起轩然大波，引发群体性恐慌，甚至造成系统性风险。这些风险在互联网技术发展尚不成熟的农村、在居民维权意识信息安全意识风险抵御能力仍然不足的农村地区，将会产生较城市地区更为严重的后果。在本项目的调研中，我们也注意到，农村居民普遍年龄较大，受教育程度较低，对于新兴的互联网普惠金融，更需要一段时间的普及与教育。

2.3.4　农村生态环境

《乡村振兴战略规划（2018—2022年）》强调，坚持人口资源环境相均衡、经济社会生态效益相统一，打造集约高效生产空间、营造宜居适度生活空间、保护山清水秀生态空间、延续人和自然有机融合的乡村空间关系。这表明了我国政府对农村地区生态环境保护、人居环境建设的高度重视。

在五省份的调研过程中，本项目从农村区域气候变化状况、生物多样性（以野生动物种类数目作为调查对象进行分析）两个角度对农村地区生态状况进行调查，结果如图2.57至图2.60所示。

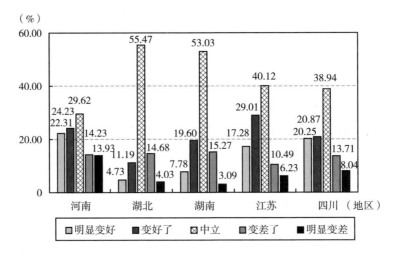

图2.57　受访者对当地空气质量的评价

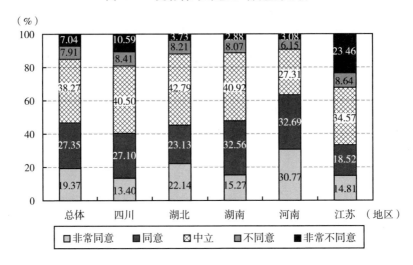

图2.58　受访者对"近几年来当地气温变化明显"的评价

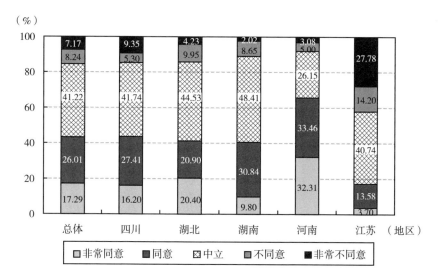

图 2.59 受访者对"近几年来当地降水量变化明显"的评价

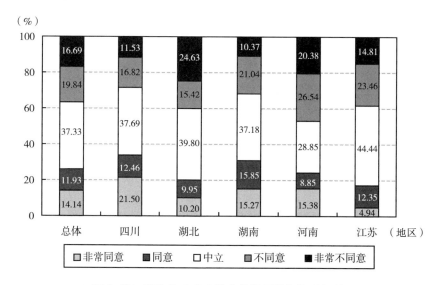

图 2.60 受访者对"当地生物数目增加"的评价

根据以上调查结果，可以看到，近年来农村地区的生态环境质量总体呈现不变或者略有下降的态势。

而对垃圾分类方式的调研结果则显示：农村地区的垃圾处理上依然沿用老一套的集中处理而非城镇地区大力推行的分类处理方式，说明农村地区固态处理方式的相对落后，这些也对生态环境造成了一定的影响。

　　而在对四个区域的调研中，我们从空气质量的变化、野生动物数目种类变化两个角度对农村地区生态状况进行调查（见图 2.61 和图 2.62）。此外，本书还调查了当前村民对村庄环境的看法，意在得出村居环境改善方面可能的对策。

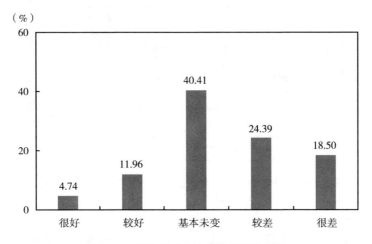

图 2.61　受访者对当地空气质量的评价

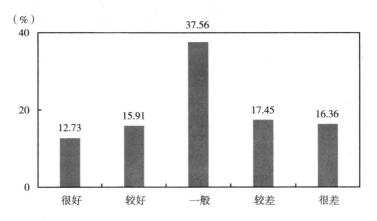

图 2.62　受访者对"当地野生动物生物种类、数目"的评价

　　由图 2.61 和图 2.62 不难推断，近年来环境污染程度加重的趋势并未发生根本性转变。因此，生态环境的治理仍然任重道远。本项目调查了受访户未来希望改进的生态环境上的问题。主要的选项包括：1 = 拆除危房，2 = 道路畅通及硬化，3 = 改善道路照明，4 = 增设垃圾桶，5 = 完善生活污水设施，6 = 改善饮水问题，7 = 村庄绿化，8 = 没有问题。从总体上看，

认为建设没有问题的比例仅有不到10%（见图2.63）。这表明在乡村建设的过程中仍然存在着可改进的空间。而从总体样本上看，生活污水处理设施、道路建设、村庄路灯照明、垃圾桶增设是目前村民关注较多的问题。这些问题也与之前的许多调研内容（例如，与用水情况调查、住房状况、道路状况等）密切相关。

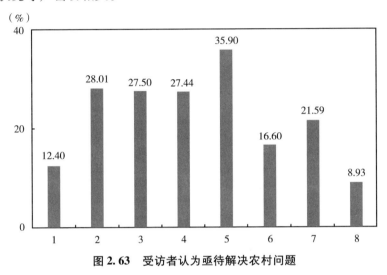

图2.63 受访者认为亟待解决农村问题

下面对农村地区生态环境总体状况（从时间维度上分析）进行拓展讨论。

农村地区污染来源总体较为复杂，按照原因划分可以基本表示为三点，如图2.64所示。

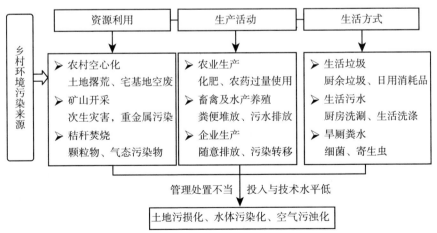

图2.64 农村污染主要来源

从时间维度上看，我国农村生态环境在近年来的高速发展中遭到了明显的破坏。近几年的好转并不能完全扭转农村生态环境受到破坏的现状。下面论述我国农村生态环境在新中国成立以来发生的重大变化。

（1）改革开放之前，尤其是"大跃进"期间，生态环境遭遇到新中国成立以来严重污染与破坏。以工业领域为例，技术落后，污染密集的小企业数量迅速增加，使工业结构呈现出了污染密集的重工业化趋势。与此同时，已有的环境保护规章制度受到了批判和否定，在管理混乱、污染控制措施缺位的情况下，工业"三废"放任自流，环境污染迅速加剧。在农业领域，推行片面的"以粮为纲"政策，在急于求成的思想和"向自然界开战"口号的激励下，全国范围内出现了毁林、弃牧、填湖开荒种粮的现象，生态环境遭到了严重的破坏。

（2）改革开放之后，生产生活方式的转变、城镇化的高速发展给环境造成了前所未有的压力。中国常住人口的城镇化率从 17.92% 上升到 2021 年的 64.72%①。城镇化的快速推进带来了社会经济的繁荣与物质文明的提升，助推乡村发展转型和空间重构的升级，引起乡村土地利用剧烈变化，乡村生产和生活空间发生巨大变化。这一期间资源的大量消耗，致使乡村生态环境质量日趋恶化；乡村生产活动及生活方式的改变影响了农村水土环境，农业生产强度不断加大，化肥农药过量施用，乡镇企业与乡村畜禽养殖业的大量兴起及污染处理不当，以及生活污水和生活垃圾的大量排放与随意丢弃，导致乡村区域河流水库水质不断下降，土壤污染与土地退化，大量农地绝产减收，居民身体健康受到严重损害。同时，乡村空间形态呈现生活空间分散化、生产空间无序化、生态空间污损化的态势。这一进程目前仍在持续进行，但已有好转态势。

（3）21 世纪以来，科学发展观的提出、"五位一体"战略总布局的确立，正式将生态文明建设的地位提高到一个新的台阶。2007 年 10 月，党的十七大明确指出，科学发展观根本方法是统筹兼顾。在这里，全面协调可持续、统筹人与自然和谐发展，都指向党的百年奋斗历程的一个崭新话语——生态文明。正是在党的十七大，"生态文明"首次被写入党代会报

---

① 资料来源：国家统计局网站。

告,并使之成为实现全面建设小康社会奋斗目标的新要求,掀开了建设人与自然和谐共生的、现代化完全意义上的"生态文明"及其建设新的历史大幕。

将生态文明建设纳入社会主义事业总体布局中,提高了全国各地对于生态文明建设的重视程度,原有的"唯 GDP 论"逐渐被抛弃,多地将生态环境指标纳入地方政府考核指标中。同时,近年来多个环境治理运动(如华北地区蓝天保卫战、浙江省"五水共治"、长江流域十年禁渔)的顺利开展,使得我国生态环境出现了较为明显的改善。

从时间维度对我国农村地区生态环境总体状况进行相应的分析可知。在工业化进程中,我国农村地区确实走了一条"先污染后治理"的道路。原因在于一方面,在农村地区经济发展问题尚未得到解决的时候,生态环境保护只能让步于经济发展。另一方面,农村污染较为严重,与农村居民对资源的无序开发,随着生态环境保护意识不断深入人心,以及美丽乡村建设行动的不断推进,可以预见未来一段时间内,农村地区的生态环境状况将有明显的改观。

2.4 本章小结

本章从农民收支及就业、农业生产经营和农民生活三个方面对"三农"基本情况进行了描述,得出以下主要结论。

首先,从农民收支和就业来看,农民收入和消费水平普遍提高,就业渠道多样化。大部分农民的主要家庭收入来源于外出务工,工资收入占比近 70%,其中,河南农民外出务工比例最高,达到了 65%;日常主要消费为食品和教育支出方面,恩格尔系数相对较低;脱贫成果显著,曾经是建档立卡贫困户收入高于 2020 年国家扶贫标准(人均 1 万元),其中湖北建档立卡贫困户收入居于各省份前列,脱贫效果突出。

其次,从农业生产来看,农业生产经营稳中向好,已初步形成新型农业生产经营体系;农户主要农作物以水稻、玉米和小麦为主,养殖物以猪、鸡、羊为主,大多农户在养殖方面收支相抵;农村土地流转普遍不足，东部地区土地流转相对比例较高且平均流转面积最大。田间基础设施建设水平普遍较低，其中江苏田间基础设施建设水平相对较高，但是离高标准农田建设标准还有一定差距。

最后，从农民生活来看，农民生活水平具备一定保障：农民住房人均43平方米，高于城镇人均居住面积（36平方米），基本水电供给有保证，旧房改造成效显著；家电、汽车走入平常农户家中，改善了农户的生活出行条件。普惠金融产品在农村得到较大推广，农民金融投资产品多元化；农村生态环境有较大改善，但生活污水处理、道路建设、村庄路灯照明、垃圾桶放置等仍需进一步改善。

第 3 章

巩固脱贫成效
和确保粮食安全

面对我国目前存在的各类风险挑战，外部环境愈加复杂严峻，更加需要稳住农业基本盘，做好"三农"工作，持续全面推进乡村振兴，坚持稳字当头，牢牢保障不发生规模性返贫和国家粮食安全两条底线。守住不发生规模性返贫底线，首先要调研目前脱贫情况，其次系统梳理与理性分析导致规模性返贫的可能原因和风险。本章将重点关注建档立卡情况和受扶持情况，如扶贫期间接受的资金、项目等。抓好粮食生产和重要农产品供给始终是"三农"工作的头等大事，全面落实粮食安全党政同责，需要了解目前主要粮食作物产能及潜在农作物生产风险。耕地是粮食生产的命根子，实行耕地保护党政同责，严守 18 亿亩耕地红线，落实"长牙齿"的耕地保护硬措施。另外，土地细碎化问题和土地撂荒问题也需重视，可通过轮作休耕和化肥减量增效提升耕地质量。

3.1 建档立卡与脱贫情况

针对贫困地区和人群，党和国家始终高度重视扶贫开发事业，制定并实施了一系列重大举措。1978 年农村改革以来，中国主要经历了五个反贫困阶段。1978 年至 20 世纪 80 年代中期，政府通过小规模再分配的方式进行扶贫。20 世纪 80 年代中期至 1994 年，开始有组织、有计划、大规模的开发扶贫项目。1994～2000年国务院制定并实施《国家八七扶贫攻坚计划》，中国进入了扶贫攻坚阶段。2001～2010年，扶贫的目标转变为解决少数人口温饱问题，提高贫困人口的生活质量和综合素质。2011～2020年扶贫工作重心转移到精准扶贫。2020年后，脱贫攻坚的重心从消除绝对贫困转向解决相对贫困，从解决困难群众的基本生活问题转向促进全体人民共同富裕。本书从四个方面对我国脱贫的情况进行调研分析：建档立卡情况、受资助的情况、扶贫项目及效果和可能的返贫因素。

3.1.1　建档立卡情况

图3.1为受访村建档立卡的比例，其中，中部地区为42.38%，西部地区为55.96%，东部地区为1.66%。在本项目调研的农户中可以发现，在2000年以前脱贫的有4个，在2001～2010年之间脱贫的有12个，在2000年以前脱贫的有248个。在调研的区域中，云南的调研区域中被政府认定的贫困村最多，其次是湖北、宁夏、安徽、新疆及湖南。因调研数据缺失，无法得到东北地区的有效情况。

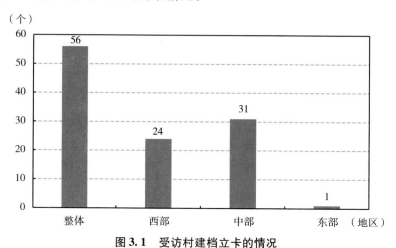

图3.1　受访村建档立卡的情况

3.1.2　受资助情况

如图3.2所示，从四个区域的调研结果来看，从脱贫前至2020年获得过的帮助中，子女教育补贴、房改造及农林牧渔生产占比最多，其次是医疗救助。其中也有 7.35% 反馈没有受到任何帮助。在 2021 年获得过的帮助中，子女教育补助、医疗救助及农林牧渔生产占比较多，其次是房改造、公益性岗位就业和其他多样的救助方式。

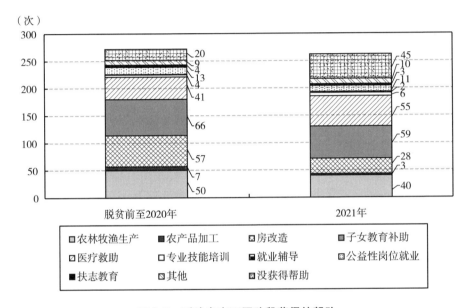

图 3.2　受访者在不同阶段获得的帮助

如图 3.3 所示，从已建档立卡的农户收到的扶贫资金来看，脱贫前，西部地区受助金额最高，平均约为 32749 元，其次是中部地区，平均受助金额约为 21611 元。但是在西部地区中，云南平均受助金额与新疆相比受助情况差别较大。因调研数据缺失，无法得到东北地区有效情况。

图 3.4 展示了脱贫后至 2020 年期间已建档立卡的农户受助情况，中部地区受访者 2021 年收到的扶贫资金平均值约是 14816 元，其中江西受访者收到的扶贫资金最高，为 35000 元，河南最少，为 2918 元。西部地区受访者收到的扶贫资金平均值约是 11251 元，其中宁夏受助受访者收到的扶贫资金最高，新疆收到的扶贫资金最低。因调研数据缺失，无法得到东北地区有效情况。

图 3.5 呈现了 2021 年已建档立卡的农户受助情况，中部地区受访者平均受助情况约是 5718 元，湖南受访者获得的受助金额最高，为 10000 元，

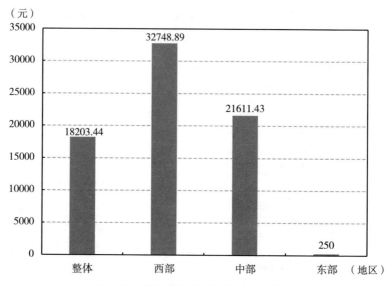

图 3.3　受访者收到的扶贫资金平均值

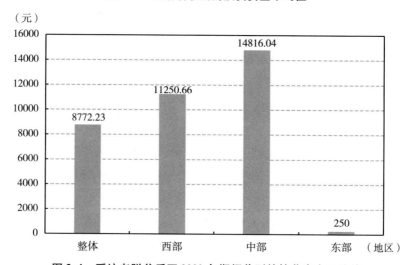

图 3.4　受访者脱贫后至 2020 年期间收到的扶贫资金平均值

最低是安徽，受助金额为 1450 元。西部地区平均受助情况约为 6239 元，其中宁夏受助金额最高，平均为 9395 元，新疆最低，平均为 400 元。因调研数据缺失，无法得到东北地区有效情况。

如图 3.6 所示，从已建档立卡的农村受资助的情况来看，相较于中部地区，西部地区普遍受资助情况较高。其中，江西农村收到对口帮扶市、县、单位、企业扶贫开发资金额度最高，为 5056250 元，主要来源于南昌市委办

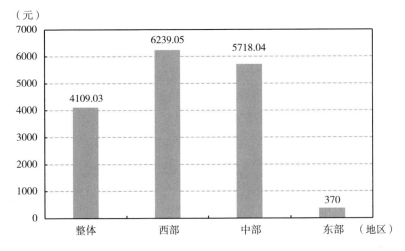

图 3.5　受访者 2021 年收到的扶贫资金平均值

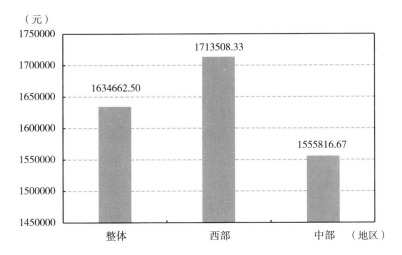

图 3.6　受访村 2021 年度收到对口扶贫开发资金均值

公室、人民政府办公室等，其次是云南，为 3083125 元，来源于县委宣传部、市民政局等，湖南、宁夏、河南、新疆受资助情况相差不大，安徽相对较少。因调研数据缺失，无法得到东北地区和东部地区有效情况。

3.1.3　扶贫项目及效果

如表 3.1 所示，从五省份的调研情况来看，各地政府积极探索适宜本地的扶贫模式，多地也走出了电商扶贫特色路、致富路。根据本项目调研数据显示，参与电商扶贫的农户除了四川以外，在其余四省份都是个位数。在湖北有78家农户参与了各类扶贫项目（扶贫项目种类主要包括一村一品、电商扶贫、光伏扶贫、旅游扶贫、物流扶贫、产业扶贫、易地搬迁等），占比19.4%，四川参与扶贫项目的占比为15.0%，江苏占比为7.4%，河南占比为11.9%，江苏占比为7.4%。

表 3.1　　　　　　　　　　五个省份参与扶贫项目情况

参与扶贫项目情况	四川	湖北	湖南	河南	江苏
参与电商扶贫农户（家）	16	6	1	3	3
参与扶贫项目农户（家）	48	78	51	31	12
未参与扶贫项目农户（家）	273	324	296	229	150
参与电商扶贫所占百分比（%）	5.0	1.5	0.3	1.2	1.9
参与扶贫项目所占百分比（%）	15.0	19.4	14.7	11.9	7.4
未参与扶贫项目所占百分比（%）	85.0	80.6	85.3	88.1	92.6

关于受访村脱贫期间开展过的特色扶贫项目，如图 3.7 所示，中部地区主要是开展了产业扶贫和光伏扶贫，其次是一村一品及乡村旅游。而西部地区则主要开展产业扶贫，其次是金融扶贫、电商扶贫及一村一品。因调研数据缺失，无法得到东北地区和东部地区有效情况。

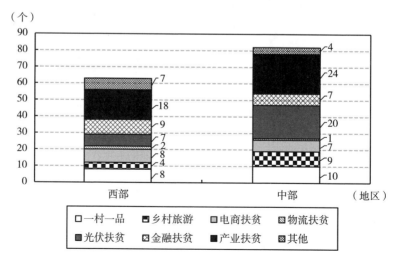

图 3.7　受访村脱贫期间开展过的特色扶贫项目

如图 3.8 所示，脱贫后这些特色扶贫项目绝大多数都在持续开展，其中在本村与精准扶贫相关的合作社个数中，中部和西部地区基本持平，东部地区相对较少。省级层面，安徽合作社平均数量最多，其次是云南、宁夏。因调研数据缺失，无法得到东北地区有效情况。

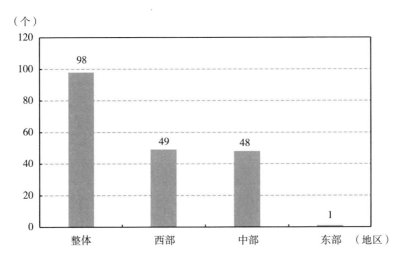

图 3.8　受访村开展的与精准扶贫相关的合作社个数

关于本村与精准扶贫相关的产业扶贫基地方面的情况如图 3.9 所示，中部地区产业扶贫基地个数最多，其次是西部地区。其中安徽、湖北、云南均包含 8 个以上的扶贫基地，河南、江苏、新疆等地相对较少。因调研

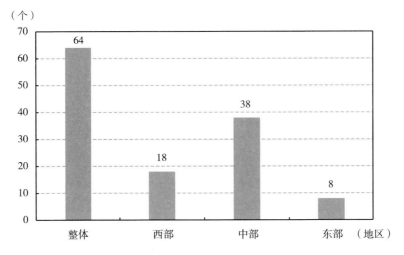

图 3.9　受访村与精准扶贫相关的产业扶贫基地个数

数据缺失，无法得到东北地区有效情况。

　　坚决守住不发生规模性返贫底线，就要做好脱贫人口稳岗就业工作，这也是巩固和拓展脱贫攻坚成果的决定性支撑。

　　从受访村各项扶贫项目解决的贫困户就业人数方面来看，如图 3.10 所示，西部地区受访村解决的就业人数最多，其次是中部地区。宁夏和云南每个村解决就业的人口平均数最高，分别是 471 人、314 人，安徽、河南、湖北每个村则平均解决了 100 人以上，江苏平均数量最低。因调研数据缺失，无法得到东北地区有效情况。

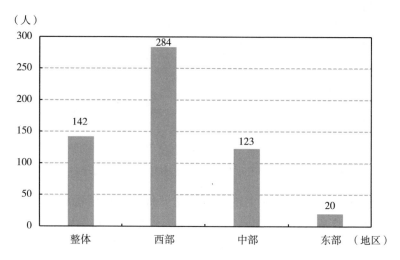

图 3.10　受访村各项扶贫项目解决的贫困户就业人数

3.1.4　可能的返贫因素

　　如图 3.11 所示，针对受访者可能的返贫因素调研中，中部地区普遍集中在因病、缺乏资金、缺乏劳动力等因素，而西部地区则集中在因病、缺乏资金、因灾致贫及缺乏技术等原因。因调研数据缺失，无法得到东北地区有效情况。

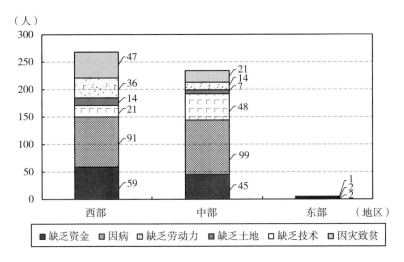

图 3.11 受访者关于可能的返贫因素调查情况

3.2 粮食供应与耕地情况

本章节主要讨论粮食供应与耕地情况。我国主要粮食作物亩产量高于世界平均水平，但水稻、玉米、大豆的产能距离美国仍然存在差距。相对气象灾害和病害而言，农户在生产过程中遭受虫灾的比例更高，为了缓解虫灾带来的损失，农户会选择使用农药来防范虫灾或购买农业保险来减轻经济损失。调研结果显示，四川种植业以玉米、水稻为主，湖北、湖南种植业以水稻、玉米为主，河南种植业以玉米、小麦为主，江苏种植业以小麦、水稻为主，除此之外，其他农作物还包括花生、大豆、红薯等。调研区域土地类型以耕地为主，不同地区主要土地类型存在差异，东部地区土地细碎化问题和土地摞荒问题较为严重，东北地区农户对自己所拥有的耕地满意度更高。

3.2.1 粮食供应

1. 主要粮食作物亩产量

根据国家统计局网站公布的全国粮食生产数据显示，2021 年全国粮食总产量 6828.5 万吨，比上年增加 133.5 万吨，增长 2.0%，全年粮食产量再创新高，连续 7 年保持在 6500 万吨以上。其中，秋粮产量 5089 万吨，比上年增加 95.5 万吨，增长 1.9%。① 我国粮食作物较为多样化，以种植水稻、玉米和小麦为主，东北地区（即黑龙江）也会种植大豆。在对调研地区农作物种植结构有了初步了解后，接下来本章节将分重点对水稻、小麦、玉米及大豆的生产情况进行分析。由于本项目的调研对象是以调查问卷形式获得的样本，因此选择主要粮食作物的亩产量作为其生产情况的衡量指标。

从图 3.12 可以看出，主要粮食作物水稻、玉米、小麦的亩产量均高于2019 年世界平均水平，其中水稻和小麦亩产量高于美国，玉米亩产量低于美国。五个省份的主要粮食作物单位面积产量情况如图 3.13 所示，其中江苏不是玉米主产区，湖南不是小麦主产区。本部分涉及的世界和美国主要粮食作物单位面积产量数据来源于联合国 FAO 数据库。

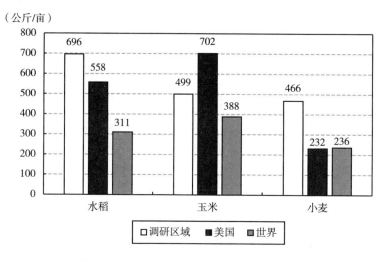

图 3.12　主要粮食作物单位面积产量对比

首先关注水稻的生产情况（见图 3.14）。水稻的平均亩产量为 519.39公斤/亩，其中东部地区水稻亩产量较高，西部地区水稻亩产量较低，具体到各个省份而言，江苏水稻亩产量最高，高达 1004.70 公斤/亩，云南水稻亩产量最低，仅为 206.96 公斤/亩。在调研样本中，宁夏和新疆的

---

①　资料来源：国家统计局网站。

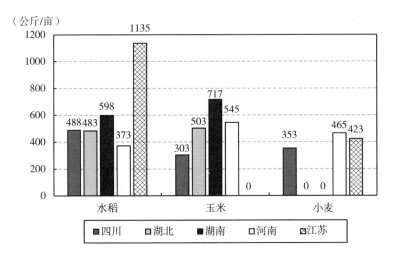

图 3.13　五个省份的主要粮食作物单位面积产量

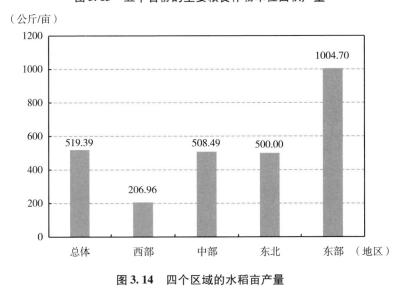

图 3.14　四个区域的水稻亩产量

农户不生产水稻。作为对比，根据国家统计局和联合国粮农组织数据，2019 年稻谷单位面积产量为 7059.20 公斤/公顷，即 470.61 公斤/亩；2020 年中国、美国、世界的稻谷单位面积产量分别为 70402 百克/公顷、85398 百克/公顷、46089 百克/公顷，即 469.35 公斤/亩、569.32 公斤/亩、307.26 公斤/亩①。可以看出，中国水稻亩产量高于世界平均水平，但

① 资料来源：联合国 FAO 数据库。

距离美国仍存在一定差距，调研区域仅有江苏和河南的水稻亩产量达到
1004.70 公斤/亩和 620.53 公斤/亩①，高于美国平均水平。

小麦按播种季节的不同可以分为冬小麦和春小麦，中部地区和东部地区
属于冬麦区，东北地区以种植春小麦为主，西部地区既种冬小麦又种春小
麦。小麦的生产情况和水稻较为类似，西部地区的小麦亩产量较低，其中新
疆的小麦亩产量最低，仅为 237.92 公斤/亩，宁夏的小麦亩产量水平也偏低，
为 352.08 公斤/亩（见图 3.15）。根据国家统计局和联合国粮农组织数据，
中国 2019 年小麦单位面积产量为 5630.40 公斤/公顷，即 375.36 公斤/亩；
2020 年中国、美国、世界小麦单位面积产量为 57417 百克/公顷、33415 百
克/公顷、34744 百克/公顷，即 382.78 公斤/亩、222.77 公斤/亩、231.63
公斤/亩②③。中国小麦亩产量显著高于世界水平和美国水平，即使对于调
研区域中小麦亩产量较低的西部地区仍高于美国和世界平均水平。

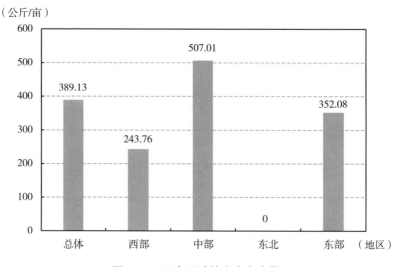

（公斤/亩）

图 3.15　四个区域的小麦亩产量

调研地区玉米的生产情况与水稻和小麦不同，东部地区和西部地区的

---

① 资料来源：笔者根据各省份调研数据加总得到。若无额外说明，调研地区数据均为调研
结果处理后得到。

② 资料来源：国家统计局网站。

③ 联合国粮农组织发布《2019 世界粮食及农业状况》报告［EB/OL］. 甘肃省粮食和物资
储备局，2019 - 10 - 16.

玉米亩产量较高，中部地区水平较低（见图 3.16）。其中，新疆和江苏的玉米亩产量最高，分别为 1092.20 公斤/亩和 885.71 公斤/亩，湖南和安徽的玉米亩产量最低，分别为 347.34 公斤/亩和 364.00 公斤/亩。根据国家统计局和联合国粮农组织数据，2019 年中国玉米单位面积产量为 6316.7 公斤/公顷，即 421.11 公斤/亩；2020 年中国、美国、世界玉米单位面积产量为 63178 百克/公顷、107945 百克/公顷、57547 百克/公顷，即 421.19 公斤/亩、719.63 公斤/亩、383.65 公斤/亩[1][2]。中国玉米亩产量高于世界平均水平，但与美国相比仍存在差距，仅在西部地区和东部地区高于美国整体水平。

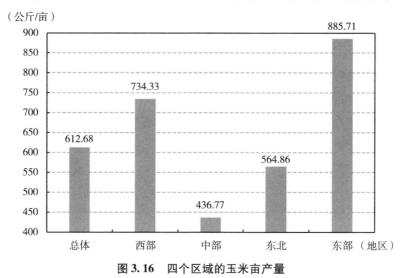

（公斤/亩）

图 3.16　四个区域的玉米亩产量

东北地区即黑龙江省被调研的农户大豆平均亩产量为 134.62 公斤/亩。根据联合国粮农组织数据，2020 年中国、美国、世界大豆单位面积产量分别为 19864 百克/公顷、33785 百克/公顷、27842 百克/公顷，即 132.43 公斤/亩、225.23 公斤/亩、185.61 公斤/亩[3]。中国大豆生产亩产量距离世界平均水平和美国仍有较大差距，这也是 2022 年中央一号文件中强调大力实施大豆和油料产能提升工程的原因。

---

① 资料来源：国家统计局网站。

② 联合国粮农组织发布《2019 世界粮食及农业状况》报告［EB/OL］. 甘肃省粮食和物资储备局，2019 – 10 – 16.

③ 联合国粮农组织发布《2020 年世界粮食及农业统计年鉴》［EB/OL］. 央视新闻，2020 – 10 – 21.

2. 农作物生产风险

农作物在生产过程中，会遇到各种潜在风险，导致农作物最终减产，要想牢牢守住并保障国家粮食安全底线，需要有效防范重大灾害带来的影响。主要包括气象灾害与病虫灾害，其中气象灾害包括旱灾和洪涝及各种极端天气，病虫灾害包括病害和虫灾。

从图3.17可以看出，在水稻生产过程中，遭遇到了不同比例的旱灾、虫灾和病灾。而图3.18表明，旱灾和病灾对水稻亩产量有较大影响，虫灾对水稻亩产量无重大影响，其中，主要病害有纹枯病、枯叶病、白粉病、稻瘟病等。

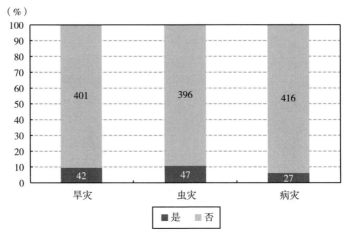

图 3.17　水稻生产遭遇灾害比例

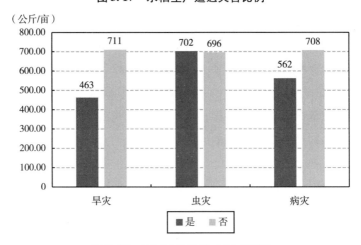

图 3.18　不同灾害下的水稻亩产量

对农药使用量进一步说明，2022年1月农业农村部印发《"十四五"全国农药产业发展规划》，要求推进化学农药使用减量化，淘汰高毒低效化学农药，推广高效低毒低风险农药，推进病虫害生物防治替代化学防治。对于489个有效样本，平均农药支出为1126.07元，其中平均化学农药支出为906.46元，平均生物低毒农药支出为85.94元，可以看出化学农药占农药总支出比例仍然较高，而化学农药平均施用次数为3.52次高于生物低毒农药平均使用次数1.30次，需要加大化学农药使用减量化任务推进力度。

在本项目的调研样本中，有12.41%的农户反映曾遭遇过气象灾害或病虫灾害。其中，东部地区、东北地区受到灾害影响的农户比例比中部地区、西部地区低，分别为6.11%和7.32%。

在气象灾害和病虫灾害中，遭受虫灾的农户比例最高。虫灾包含螟虫、蚜虫、蝗虫、青虫等。而气象灾害如旱涝、冰雹、大风和暴雨等，以及病害包括锈斑病、赤霉病、稻瘟病、叶枯病等影响到的农户显著少于虫灾。

对于虫灾，较为有效的防范方法便是使用农药，图3.19显示了东部地区和东北地区单位面积农药支出分别为30.46元/亩和32.36元/亩，显著低于中部地区和西部地区，这与东部地区和东北地区农户受到虫灾影响比例较低相符，分别仅有1.11%和5.69%受到虫灾影响，低于中部地区的7.14%和西部地区的7.65%。

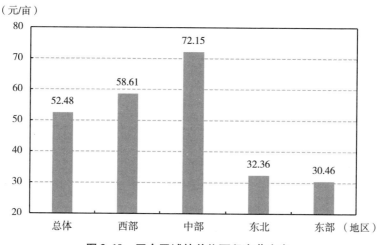

图3.19　四个区域的单位面积农药支出

除了使用农药以外，通过购买农业保险也能在一定程度上减轻因为各种灾害导致的经济损失。本项目的调研样本整体有 18.39% 的农户选择购买农业保险，西部地区、中部地区、东北地区、东部地区农户选择购买农业保险的比例分别为 25.26%、15.30%、24.39% 和 12.22%。

3.2.2 耕地情况

调研区域土地类型以耕地为主，不同地区主要土地类型存在差异，其中水稻种植主要集中在平地与丘陵一带。东部地区土地细碎化问题和土地撂荒问题最为严重，东北地区农户对自己所拥有的耕地质量更加满意。

1. 耕地基本概况

调研地区土地主要以耕地为主，草地次之，林地和园地占比较低。在整个调研样本中，39191.065 亩土地中有耕地 30053.09 亩，比例为 76.68%。从图 3.20 中可以看出，四个区域的土地类型比例存在差异。东北地区和东部地区以耕地为主，比例超过 95%，而中部地区园地和林地比例达到 16.80%，西部地区耕地比例仅有 51.85%，草地达到 35.44%。具体到省份，黑龙江和江苏的耕地比例最高，云南和新疆的耕地占比最低。其中，云南林地和草地比例之和和耕地比例相当，而新疆的草地面积比耕地面积更大。

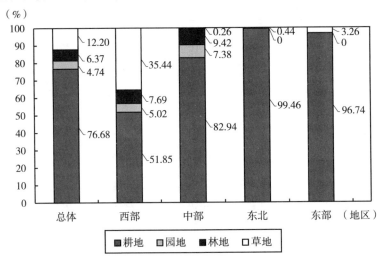

图 3.20　四个区域的土地类型比例情况

从图 3.21 可以看出，水稻种植主要集中在平地与丘陵一带，其中有 357 户农户在平地种植水稻，比例为 71.98%，其次有 118 户农户将水稻种植在丘陵地段，比例为 23.79%，仅有 21 户农户在山地区域种植水稻。

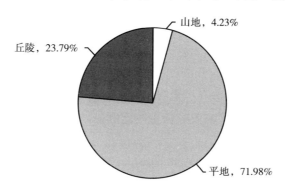

图 3.21　水稻生产主要土地类型

2. 土地细碎化

土地细碎化经营现象依旧存在。许庆等（2008）认为土地细碎化会带来规模不经济、增加农业生产成本、降低农业产出水平、降低农地有效利用等问题。

根据调研结果每户平均总种植土地面积为 5.34 亩，其中包括自持和转入的土地，不包括转出的土地，平均总耕种的地块数为 3.72 块。从表 3.2 可以看出，总种植面积低于 5 亩的农户比例高达 78.37%。

表 3.2　　　　　　　　　　　调研区域总种植规模统计

总种植面积（亩）	频数	比例（%）	累计比例（%）
0	330	23.40	23.40
(0, 5]	775	54.96	78.37
(5, 10]	182	12.91	91.28
(10, 20]	75	5.32	96.60
(20, 30]	17	1.21	97.80
(30, 40]	15	1.06	98.87
(40, 50]	6	0.43	99.29
(50, 100]	4	0.28	99.57

续表

总种植面积（亩）	频数	比例（%）	累计比例（%）
(100，300]	5	0.35	99.93
(300，1000]	1	0.07	100.00
>1000	0	0	100.00
合计	1410	100.00	

图3.22反映了各省份农户平均总种植面积，其中江苏的平均总种植面积最高，这也与江苏新型农业经营主体比例最高相对应。

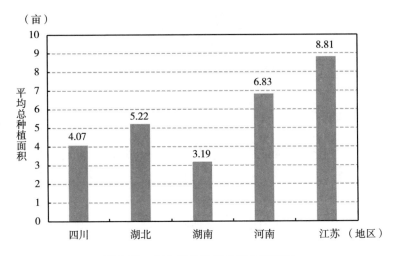

图3.22　五个省份的平均总种植面积

将耕地平均地块面积作为土地细碎化的指标。调研区域的耕地平均地块面积为3.70亩，其中东部地区即江苏省土地细碎化问题最严重，平均地块面积仅为1.13亩，与之对比，东北地区（即黑龙江）平均地块面积为11.39亩，为江苏的10倍（见图3.23）。

3. 耕地质量

抓好粮食生产，一方面要严守18亿亩耕地红线，稳定全年粮食播种面积，即保证耕地的数量，另一方面也不能忽视耕地自身的质量问题，耕地质量越高，相同面积耕地的粮食产量越多。本项目调研还增添了对耕地质量的调查。

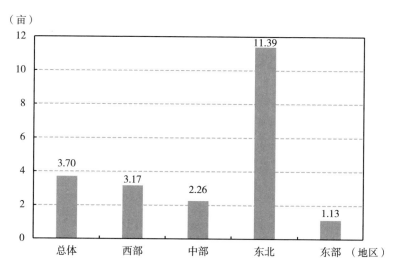

图 3. 23 四个区域耕地平均地块面积

调研人员通过询问农户对拥有耕地质量的看法，对耕地质量进行记录和评价，尽管带有被调研人员的主观性，但建立该耕地质量评价体系仍有一定意义。耕地质量被分为五个等级，从好到坏依次为"非常好""好""一般""差""非常差"，对应分数为5分到1分。调研区域平均耕地质量为3.32，即农户认为耕地质量处于一般到好之间，相对来说更接近于"一般"。其中，东北地区即黑龙江的农户对自己所拥有的土地的耕地质量更加满意，平均分数达到3.93，耕地质量非常接近"好"。而云南农户给出的耕地质量分数最低，为3.14，更加接近于"一般"水平。由于该耕地质量评价体系受被调研人员主观因素影响，所得到的观点需要进一步验证。

轮作是一种能够有效提升耕地质量的措施，一方面能够充分利用土壤养分和防治病、虫、草害，另一方面能调节土地肥力，从而达到用地养地进而增产增收的目的。寻舸等（2017）讨论了轮作休耕对我国粮食安全的影响，认为轮作休耕可以通过恢复土壤肥力、改良土壤种植效果来提高粮食品质和生态安全。将轮作率定义为指定地区种植作物采用轮作措施的比例，根据本项目的调研数据可知，整体轮作率为33.42%，中部地区轮作率最高，为40.76%，其中，河南的轮作率达到61.24%。据此推理，中部地区尤其是河南的耕地质量应该最高，然而中部地区和河南的耕地质量分数为3.30和3.26。而东北地区和东部地区的轮作率仅为17.07%和

17.88%，两个地区的平均耕地质量分数为3.92和3.32（见图3.24）。出现这种现象有两种可能：一种是选择是否轮作与耕地质量没有显著关联，另一种是先前农户对耕地质量的主观评价存在偏差。

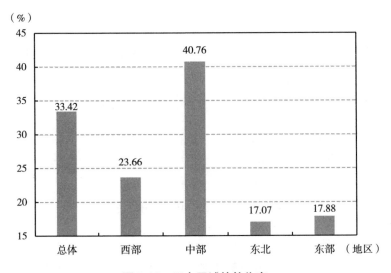

图3.24　四个区域的轮作率

通常认为，化肥的使用与耕地质量存在反向关系。张士功（2005）讨论了化肥施用量与耕地质量的关系，新中国成立以来，我国化肥使用量呈明显增加趋势，随着化肥使用量持续增加会造成土壤酸化、有机质降低、耕地地力下降，进而导致施肥效益下降，肥料投入成本增加，增肥不增产、增产不增收的现象普遍存在。当耕地质量较高时，土地自身肥力足以使粮食产量达到预期目标，此时更加倾向于使用化肥的减量增效技术。通过对调研地区农户的单位面积肥料支出的计算，发现东北地区肥料的单位面积支出显著低于其他地区，仅为94.77元/亩，这与东北地区农户认为其耕地质量较高相符（见图3.25）。

4. 土地撂荒

我们将种植面积为零且没有转出土地视作土地撂荒，土地撂荒比例定义为种植面积为零且没有转出的土地占种植面积为零的土地比例。

从图3.26可以看出，江苏、湖北、湖南的土地撂荒问题相对严重。需要落实"长牙齿"的耕地保护硬措施，严守18亿亩耕地红线。

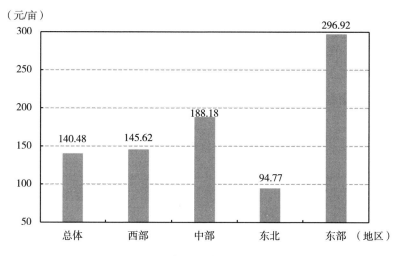

图 3.25 四个区域的单位肥料支出

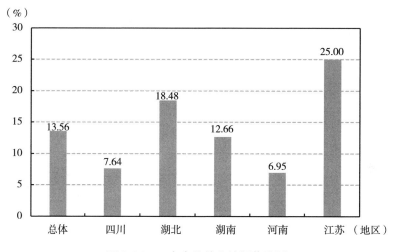

图 3.26 五个省份的土地撂荒比例

从图 3.27 可以看出，东部地区土地撂荒问题非常严重，接近 90% 的农户种植面积为零且没有转出土地，从而造成土地未能充分利用。唐代盛等（2002）和郭琳（2009）分析了土地撂荒现象产生的原因，包括外出务工农民社会保障机制不完善、土地产权制度不明晰、土地流转市场不健全。因此为了落实"长牙齿"的耕地保护硬措施，严守 18 亿亩耕地红线，需要分别对农民社会保障机制、土地产权制度、土地流转市场作出改进。

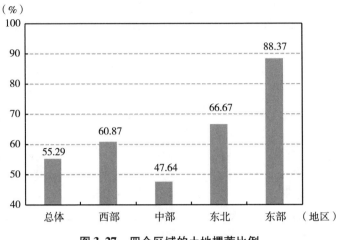

图 3.27　四个区域的土地撂荒比例

3.3　本章小结

综合上述分析可知，在防止返贫风险方面，从建档立卡情况来看，西部地区的人数比例最高，其次是中部。扶贫期间，贫困户主要接受的扶持是房改造、子女教育补贴及农林牧渔生产补贴，开展的特色扶贫项目主要是产业扶贫和一村一品等。而脱贫后的地区受助情况不均衡，地区间受助差距较大。从四个区域来看，低收入群体还存在一定的返贫风险，疾病和资金缺乏是最有可能导致返贫的因素，因此要建立起防止返贫长效机制。

我国主要粮食作物亩产量高于世界平均水平，但距离美国仍存在差距，气象灾害和病虫灾害在一定程度上会影响农产品生产；东部地区土地细碎化问题和土地撂荒问题较为严重，东北地区农户对自己拥有的耕地满意程度最高。为确保全国粮食面积稳定在 17.7 亿亩以上[①]，需要抓责任、稳面积，完善土地流转，培育规模经营主体。对于天气及病虫灾害，应该加强气象灾害监测预警，科学防范干旱、洪涝等灾害，加强农作物病虫害防控体系建设。抓紧抓好粮食生产，确保粮食稳定安全供给。

---

① 农业农村部关于落实党中央国务院 2023 年全面推进乡村振兴重点工作部署的实施意见［EB/OL］．中国人民政府网，2023－02－03．

第4章

乡村产业发展

　　产业兴旺是乡村振兴的重要基础，是解决农村一切问题的前提。2018 年 3 月 8 日，习近平总书记在参加十三届全国人大一次会议山东代表团审议时指出，要推动乡村产业振兴，紧紧围绕发展现代农业，围绕农村一二三产业融合发展，构建乡村产业体系，实现产业兴旺，把产业发展落到促进农民增收上来，全力以赴消除农村贫困，推动乡村生活富裕①。《中共中央 国务院关于坚持农业农村优先发展做好"三农"工作的若干意见》（以下简称"2019 年中央一号文件"）要求"发展壮大乡村产业，拓宽农民增收渠道"，并进一步提出"因地制宜发展多样性特色农业，倡导'一村一品''一县一业'"和"健全特色农产品质量标准体系，强化农产品地理标志和商标保护，创响一批'土字号''乡字号'特色产品品牌"等乡村特色产业发展路径②。党的二十大报告提出"发展乡村特色产业、拓宽农民增收致富渠道"③。根据党的二十大报告精神和中央相关安排部署，乡村特色产业发展必然成为乡村产业振兴乃至提升农民生活水平的重要抓手。本章从农村产业体系出发，重点从农村特色产业、农业生产现代化和一二三产业融合发展三方面探讨调研地区农村产业发展情况。

---

① 习近平参加山东代表团审议 ［EB/OL］. 央视网，2018 – 03 – 08.
② 重磅! 2019 年中央一号文件全文来了 ［EB/OL］. 新华社，2019 – 02 – 19.
③ 发展乡村特色产业（全面推进乡村振兴）［EB/OL］. 新民晚报，2022 – 11 – 14.

4.1　农村特色产业发展

发展现代农业，提升农产品的竞争力是农民增收和农村经济社会发展的重要途径。特色产业是基于不同区域的独特资源禀赋条件，依据现代产业理念打造具有优势的生产、经营、销售、服务体系，在市场定位、产品开发、创意设计、消费体验等方面形成综合竞争力的产业。伴随农业供给侧结构性改革、农村一二三产业融合发展等政策导向，特色产业逐步成为农村现代农业的主要形态，以特色产业为载体采用新技术、开发新产品、升级新业态、开辟新模式的发展空间日益广阔。本章节首先梳理农村产业发展现状，其次关注农村特色产业发展情况，即无公害农产品、绿色食品、有机农产品、农产品地理标志和农产品地理标志同类产品（以下简称"三品一标"），最后重点分析农产品地理标志发展现状。

4.1.1　农村产业发展概况

1. 三产占总产值比例

从三次产业来看，农村以第一产业为主，且区域差异明显。从表4.1的乡镇调查数据来看，第一产业产值占比明显高于第二产业和第三产业，即乡镇主要经济来源为第一产业。但产业发展区域差异明显，东部地区发展水平较高，其第一产业产值占比最小，仅占总产值的16.18%，第二产业产值占比最高，占总产值的47.05%；而西部地区发展较为落后，第一产业产值占总产值最高，占比达53.67%，超过乡镇总产值的一半，第三产业次之，占比为25.47%，第二产业产值占比最少；中部地区虽然仍以第一产业为主导产业，但相比西部地区，占比较小，为43.68%，第二产业和第三产业总产值相差不大。

表 4.1　　　　　　　　　三次产业产值占总产值比例（乡镇）

地区	第一产业（%）	第二产业（%）	第三产业（%）	样本量（个）
总计	44.45	27.42	28.13	94
西部	53.67	20.86	25.47	28
中部	43.68	28.59	27.73	55
东部	16.18	47.05	36.77	6

　　从村居调查问卷来看，相较于乡镇区域，村庄第一产业产值占比明显更高，平均高出 23 个百分点，二三产业产值占比较小，仅为 10%~20%。区域对比来看，仍是东部地区第一产业产值占比较小，主要以发展二三产业为主，而中西部地区农村仍然以发展农业为主，第一产业产值占总产值的 70.63% 左右（见表 4.2）。

表 4.2　　　　　　　　　三次产业产值占总产值比例（乡村）

地区	第一产业（%）	第二产业（%）	第三产业（%）	样本量（个）
总计	67.48	15.57	16.95	103
西部	66.86	17.48	15.67	30
中部	70.63	13.30	16.07	66
东部	36.67	36.67	26.67	7

2. 三次产业主要类型

　　农村产业发展主要以初级农产品及农副产品加工为主。从图 4.1 可以

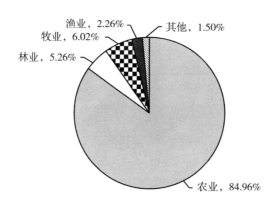

渔业，2.26%　　其他，1.50%
牧业，6.02%
林业，5.26%
农业，84.96%

图 4.1　第一产业主要类型（乡镇）

看出，第一产业的主要类型为农业，占乡镇总样本的84.96%，其余林业、牧业、渔业等业态占比均不到10%。

由图4.2可以看出，第二产业的主要类型为初级的农副产品加工，占比为42.62%，其次是机械、装备制造业，占比为11.48%，其他类型均不超过10%。

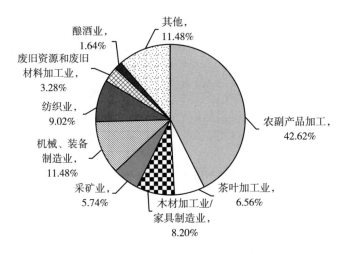

图4.2　第二产业主要类型（乡镇）

乡村旅游业逐渐发展起来。由图4.3可以看出，乡镇第三产业的主要业态以乡村旅游业、批发零售业和住宿餐饮业为主，占调查样本的比例分别为25.81%、26.61%和24.19%。

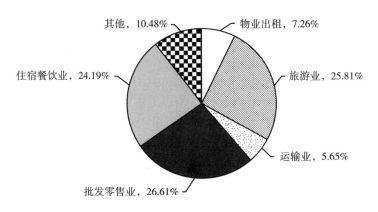

图4.3　第三产业主要类型（乡镇）

4.1.2　农村特色产业

1. 特色产业发展原因

乡村特色产业发展主要依靠地理环境优势和政府扶持政策。在调查过程中发现，特色产业发展的原因可以概括为以下几个方面：文化底蕴（包括红色文化、历史文化、民族文化等）、自然资源丰富、产业集聚、地理位置优越（交通便利、靠近市区等）、政府扶持等。从占比来看，其中地理位置优越是当地特色产业发展的主要原因，占比为37.35%；其次是政府扶持，占比为22.89%；靠自然资源丰富发展特色产业占比为16.87%（见图4.4）。

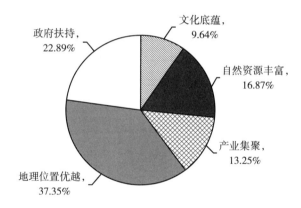

图4.4　乡村特色产业发展原因

2. "三品一标"发展现状

"三品一标"发展空间还有待挖掘。在调查的134个乡镇里，仅有33个乡镇有无公害产品，29个乡镇有绿色食品，13个乡镇有有机农产品，24个乡镇有农产品地理标志，8个乡镇有农产品地理标志同类产品，而调研样本中有52个乡镇无任何特色产品，占调研样本的38.8%。在调研的162个村庄里，仅有13个村庄有农产品地理标志，占比为8.02%。由此可以看出，特色产品在农村已经有了一定发展，但占比依旧很小，还有很大的发展空间（见图4.5）。

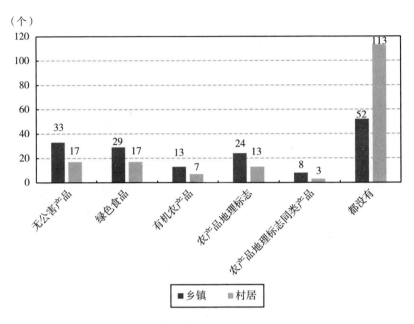

图 4.5　乡村特色产品发展现状

3. "三品一标"销售和宣传渠道

地区特色产品宣传和销售渠道结构单一。从销售渠道来看，特色农产品主要依靠淘宝（京东、拼多多）、抖音直播等电商平台进行销售；从宣传渠道来看，主要通过抖音短视频形式和政府网站等进行宣传，结构较为单一（见图 4.6）。

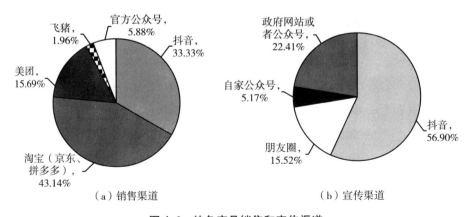

图 4.6　特色产品销售和宣传渠道

4.1.3 农产品地理标志

农产品地理标志是指农产品来源于特定地域，产品品质和相关特征主要取决于自然生态环境和历史人文因素，并以地域名称冠名的特有农产品标志。此农产品是指来源于农业的初级产品，即在农业活动中获得的植物、动物、微生物及其产品。申请农产品地理标志登记保护应当符合下列5个条件：（1）称谓由地理区域名称和农产品通用名称构成；（2）产品有独特的品质特性或者特定的生产方式；（3）产品品质和特色主要取决于独特的自然生态环境和人文历史因素；（4）产品有限定的生产区域范围；（5）产地环境、产品质量符合国家强制性技术规范要求。

近年来，我国农产品地理标志发展增幅明显，体现在地理标志产品件数大幅度增加。如图4.7所示，农产品地理标志产品从2008年的121件增加到2021年的3454件。

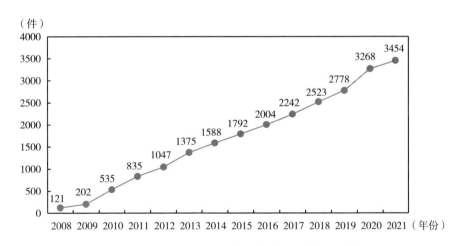

图 4.7　2008～2021 年农产品地理标志件数（累计）

各地区受访者对本地地理标志产品的了解程度较低。四个区域调研的3085个样本中共有288位受访者了解本地地理标志产品，占总样本的9.34%。分区域来看，东部地区、中部地区、西部地区、东北地区的样本中分别有12.85%、7.33%、14.20%、1.64%的受访者了解本地地理标志产品（见表4.3）。

表 4.3　　　　　　　　　四个区域的地理标志产品了解程度

地区	了解地理标志产品人数（人）	总样本数（个）	比例（%）
总计	288	3085	9.34
西部	125	880	14.20
中部	130	1774	7.33
东北	2	122	1.64
东部	23	179	12.85

农户了解地理标志产品认证的渠道主要是通过政府宣传。由图 4.8 可知，有 90 位受访者通过政府宣传了解地理标志产品认证，占比 31.25%；有 20 位受访者通过亲朋好友了解地理标志产品认证，占比 6.94%。

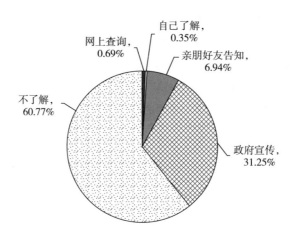

图 4.8　四个区域的地理标志产品认证了解渠道（占比）

各地区受访者种植或养殖本地地理标志产品的比例低。表 4.4 展示了五省份地理标志产品的种植或养殖情况。结果显示，在五省份的 1491 个样本中，共有 40 位受访者种植或养殖了本地的地理标志产品，占总样本的 2.68%；河南、湖南、湖北、江苏、四川的样本中分别有 6.92%、3.75%、1.25%、1.23%、0.62% 的受访者种植或养殖了本地的地理标志产品。表 4.5 展示了四个区域地理标志产品的种植或养殖情况，调研发现，西部地区、中部地区、东北地区样本中分别仅有 2.61%、1.80%、0.82% 的受访者种植或养殖了本地的地理标志产品。

表 4.4   五个省份地理标志产品的种植或养殖比例

省份	种植/养殖地理标志产品人数（人）	总样本数（个）	比例（%）
总计	40	1491	2.68
四川	2	321	0.62
湖北	5	401	1.25
湖南	13	347	3.75
河南	18	260	6.92
江苏	2	162	1.23

表 4.5   四个区域地理标志产品的种植或养殖比例

地区	种植/养殖地理标志产品人数（人）	总样本数（个）	比例（%）
总计	56	3085	1.82
西部	23	880	2.61
中部	32	1774	1.80
东北	1	122	0.82
东部	0	179	0

受访者未种植地理标志产品的最主要原因是不了解相关政策。图 4.9 展示了四个区域受访者未种植或养殖地理标志产品的原因，以及各种原因所占的比例。共有 387 位受访者回答了未种植地理标志产品的原因，首先，相关政策的普及程度低是地理标志产品种植比例低的主要原因，占比达到 44.70%；其次，认证程序复杂、达标成本过高和没有合适的销售渠道的占

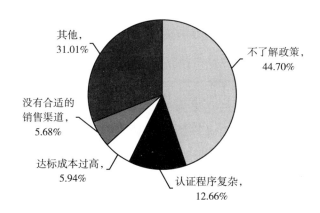

图 4.9   四个区域受访者未种植或养殖地理标志产品的原因占比

比分别为12.66%、5.94%和5.68%。此外，没有种植经验、不种地、无合适土壤、利润低、年龄较大、已种植其他作物等其他原因也在一定程度上降低了地理标志产品种植比例。尽管近些年农产品地理标志增幅迅速，但农户对农产品地理标志的了解程度和种植比例仍然不高，主要是由于不了解相关政策，说明目前"三品一标"的推广程度不足以支撑农业高质量发展。

4.2　农业生产与经营体系现代化

农业现代化是实现中国式现代化的重要一环，中共中央、国务院《关于实施乡村振兴战略的意见》中指出，要加快构建现代农业产业体系、生产体系、经营体系，加快推进农业现代化。《"十四五"推进农业农村现代化规划》强调坚持农业农村优先发展，全面推进乡村振兴，加快农业农村现代化。本章节基于农户的视角重点从农业生产与农业经营角度进行分析调研地区农业现代化发展情况。

4.2.1　农业生产机械化情况

农业机械化是加快推进农业农村现代化的关键抓手和基础支撑。农业农村部发布的《"十四五"全国农业机械化发展规划》指出，"十四五"期间，我国已经进入全面推进乡村振兴、加快农业农村现代化的新阶段，对农业机械化全程全面和高质量发展提出了新的更高的要求。当前我国农业机械化发展机遇和挑战并存。

调研地区整体农业机械化率为38.33%，主要应用在耕地、播种和收获过程。在针对四个区域调研的2828个样本中，有1084个农户表示在农业生产过程中使用了农业机械，整体农业机械化率为38.33%。不同生产过程中机械化率差异较大，耕地、播种、收获过程的机械化覆盖率较高，分别为52.31%、32.29%、42.53%；打药和施肥环节的机械化程度较低，分别为20.11%、15.87%（见图4.10）。

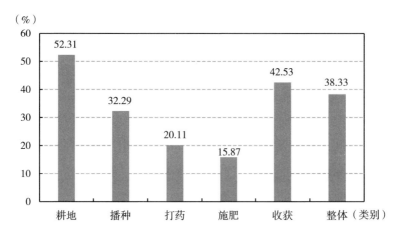

图4.10　四个区域不同生产过程中的农业机械化覆盖率

新型农业经营主体的农业机械化水平相对于普通农户来说更高。农业机械装备是现代农业发展的重要物质基础，新型农业经营主体生产经营规模更大，对农业机械化水平的要求更高。从五个省份的调研情况来看，如图4.11和图4.12所示，在农业机械总支出和农业生产固定资产投资方面，尽管各省农业经营主体平均值存在差异，但新型农业经营主体的平均机械总支出和平均农业生产固定资产高于普通农户。新型农业经营主体生产经营规模更大，农业机械应用的规模经济和低边际成本优势得以发挥，对农业机械使用的诉求更高。

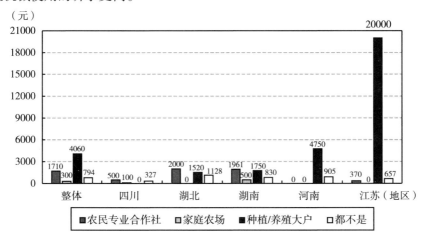

图4.11　五个省份的不同生产经营主体平均机械总支出

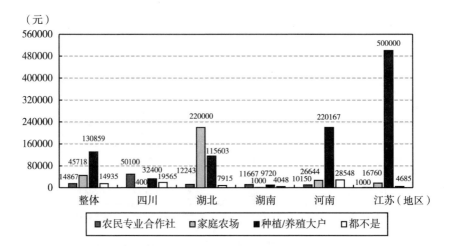

图4.12　五个省份的不同生产经营主体平均农业生产固定资产

从四个区域的调研情况来看，图4.13显示了调研区域的汇总数据，小农户机械化率整体为34.36%，新型农业经营主体机械化率为59.06%，新型农业经营主体机械化率比小农户高24.7个百分点。

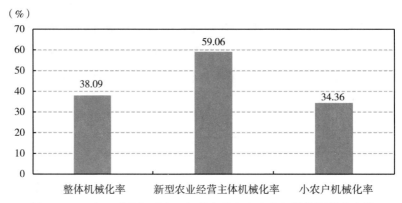

图4.13　四个区域的新型农业经营主体和小农户机械化覆盖率比较

农用机械无人驾驶技术应用率较低。国内的农机自动驾驶技术主要是基于北斗卫星导航定位系统提供的精确位置信息，利用机械控制模块对农业机械进行精确控制，提高生产效率。如图4.14所示，在农业生产过程中使用机械的557个农户中无人驾驶技术的覆盖率整体偏低，其中打药环节的无人驾驶应用率最高，达到20.93%；耕地、播种、施肥和收获生产过程的覆盖率仅2%左右。

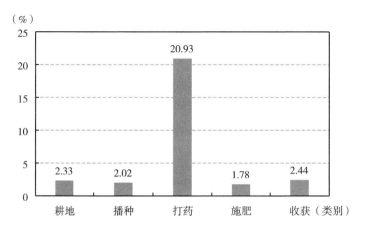

图 4.14 四个区域的农业机械化中无人驾驶的覆盖率

提高农业机械化的关键是降低农机使用成本，强化农业机械化技能培训。我国农业机械化率低的原因是多方面，受地势条件、使用成本、土地经营制度、农民观念等因素的影响。本项目调研结果显示，如图 4.15 所示，使用成本是调研地区农业机械化率低的主要影响因素，由于农业机械一次性投入大，作业成本和维护成本均较高，以小农户为主的农业经营主体难以承担较高的使用成本。另外，农户不会使用机械也是重要影响因素之一，留守在农村从事农业生产的大多是年龄偏大、文化素质较低的劳动力，阻碍了农业机械化新技术、新机具的推广和应用。

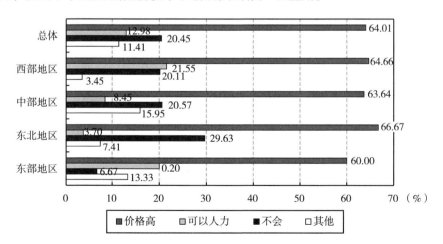

图 4.15 四个区域的农业机械化率低的原因

机械化使用成本差异性较大，主要集中在每亩 50～100 元。由于各地生产条件、地势差异、经营方式等差异，农业生产机械的使用成本分布离散化程度较高，图 4.16 和图 4.17 分别表示机械化率较高的耕地和收获两个生产环节的机械使用成本分布，前者主要集中在 50～100 元之间，后者主要集中在 50～120 元之间。

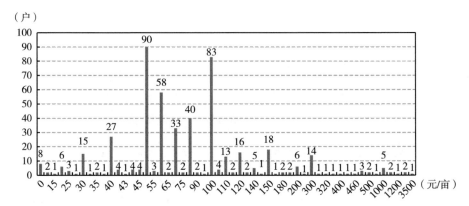

图 4.16　四个区域在耕地环节的机械使用价格直方分布

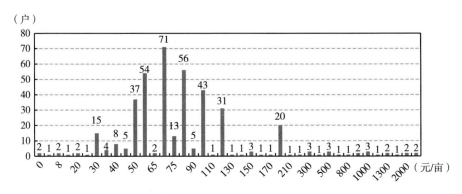

图 4.17　四个区域在收获环节的机械使用价格直方分布

4.2.2　农业社会化服务组织

发展农业社会化服务，是实现小农户和现代农业有机衔接的基本途径和主要机制，是激发农民生产积极性、发展农业生产力的重要经营方式，已成为构建现代农业经营体系、转变农业发展方式、加快推进农业现代化的重大战略举措。农业农村部发布《关于加快发展农业社会化服务的指导意见》，旨在不断提升服务能力和水平，进一步引领小农户进入现代农业发展轨道。调研结果显示，农业社会化服务呈现如下发展特征：

农业生产服务参与程度低，支持力度不够。农业社会化服务体系，是通过运用社会各方面的力量，使各类农业生产经营单位适应市场经济的需要，克服自身规模狭小的弊病，获得专业化分工和集约化服务规模效益的一种社会化的农业经济组织形式。四个区域的调研结果显示，2744 个农户中仅有 31 户表示在从事农业生产服务，占全部调研农户的 1.13%，其中仅有 1 户表示获得中央财政农业生产托管补贴，金额是 60 万元。

农业生产服务产业规模较小。如图 4.18 中四个区域的调研结果显示，参与农业生产服务的农户拥有的农用机械设备数量整体偏低，31 家农机户中仅 15 家农机户提供了详细的机械设备拥有情况，户均农机拥有量大都在 3 台及以下，其中拥有 3 台农用机械的家庭有 7 户，拥有 1 台农户的家庭有 4 户；拥有 5 台及以农用机械的家庭仅 3 户。如表 4.6 所示，拥有的机器主要是耕地机和收割机，服务价格主要集中在 50~80 元/亩，此外还有部分拖拉机和割草机。

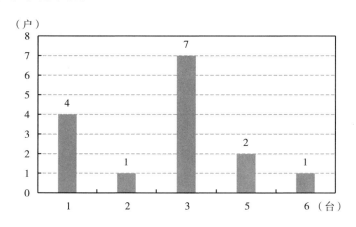

图 4.18 四个区域的农机户拥有的农机数量分布

表 4.6　　　　　　四个区域的代表性农户提供农业机械情况

编号	所属区域	省份	名称	服务单价（元/亩）	是否国产	是否无人驾驶
农户 1	西部	新疆	拖拉机	70	是	否
			割草机	30	是	否
农户 2	西部	宁夏	收割机	80	是	否

续表

编号	所属区域	省份	名称	服务单价（元/亩）	是否国产	是否无人驾驶
农户3	中部	安徽	收麦机	50	是	否
			收玉米	70	是	否
			耕地机	40	是	否
农户4	中部	安徽	收麦机	50	是	否
			耕地机	40	是	否
农户5	中部	湖北	收割机	150	是	否
			拖拉机	200	是	否
农户6	中部	湖北	收割机	60	是	否
农户7	中部	河南	犁地机	60	是	否

　　各地区农业生产资产持有情况存在显著差异。从五个省份的农户农业生产资产持有情况来看，图4.19显示大多数农村受访者用于农业生产的资产总额为5000元以下。这反映了大多数农村居民仍然以个体生产为主，规模化程度较低，产出效率较低。但是随着现代农业技术的不断发展，个体生产为主的生产方式难以适应大型农业机械设备耕种要求，不利于农业机械化的发展，反映了我国农业生产中的集约化、规模化发展仍然存在较大的不足。分省份来看，拥有农业资产超过20000元的农业生产大户所占比例最高的区域为河南，河南是我国农业大省，素有"中原粮仓"的美誉，调研结果与将农业产业作为河南重要支柱产业的现状相符。除河南以外，

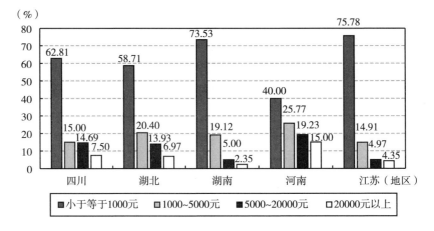

图4.19　五个省份的农户农业生产资产持有状况

其余各省份的农业生产相关的资产总额分化较大，表明了多数生产单位仍然是个体。

相对于平地，地形为山地和丘陵时，农业生产的固定资产较少，农业机械化水平较低，说明山地和丘陵的地形制约了农业机械化的发展（见图4.20）。

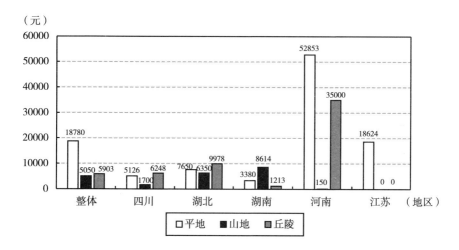

图4.20 五个省份的不同地形农业生产固定资产

农业机械使用以国产为主。在四个区域的调研中，有15个农机户提供了详细的机械设备拥有情况，他们共拥有87台农用机械设备，其中85台是国产机械，占比97.70%，仅2台机器为进口设备，如图4.21所示。与进口设备相比，国产机械设备在关键技术创新和产品稳

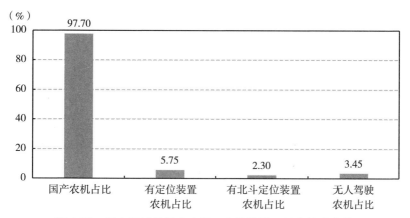

图4.21 四个区域的国产农机、定位装置、无人技术占比

定性方面不足，但国产农业机械技术不断提高，价格优势使得其应用率较高。

智能化技术在农用机械中应用率较低。从农用机械的智能化水平来看，有定位装置和有无人驾驶技术的农用机械占比较低，不足5%；调研的农机户中使用无人机（打农药）、遥控自走履带式旋耕机、自走式绞盘喷灌机的占比分别为23.53%、11.76%、11.76%，没有农机户使用无人驾驶拖拉机、无人驾驶水稻插秧机和无人驾驶收获机，76.47%的农机户表示没有使用任何智能设备，通过提升智能化水平提高农机的服务效率是下一步农业生产化服务的发展方向（见图4.22）。

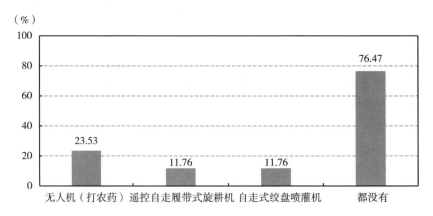

图4.22　四个区域的农机户中智能设备覆盖率

4.3　农村一二三产业融合

推进农村一二三产业融合发展，是拓宽农民增收渠道、构建现代农业产业体系的重要举措，是加快转变农业发展方式、探索中国特色农业现代化道路的必然要求。2015年国务院发布《关于推进农村一二三产业融合发展的指导意见》，2022年中央一号文件进一步强调"持续推进农村一二三产业融合发展"，为农业农村可持续发展指明方向。本章节重点对乡村休闲旅游产业的发展情况开展调研，主要从乡村休闲旅游项目的发展情况和农户参与度入手。

4.3.1 休闲农业与乡村旅游业发展概况

近年来乡村旅游发展态势较好。在调研的128个乡镇样本中，有62个乡镇已经建设了旅游景区，占比48.44%，达到所调研样本的一半左右。分区域来看，东部地区有旅游景区的样本数最多，占比62.50%；西部地区次之，占比51.35%；中部地区共调研81个乡镇，其中38个乡镇有旅游景区，占比46.91%（见图4.23）。

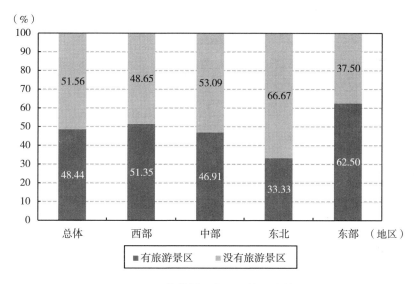

图4.23　旅游景区发展现状（乡镇）

各乡镇休闲农业与乡村旅游业接待游客数差异较大。共有32个乡镇提供了休闲农业与乡村旅游业的游客接待情况。2021年乡镇休闲农业与乡村旅游业平均接待游客77.99万人次，其中接待游客最多为673.20万人次，接待游客最少为0.4万人次，差异较大。根据调研统计发现，仅有6个乡镇2021年接待游客数超过100万人次，其余26个乡镇接待游客低于100万人次（见表4.7）。一方面，由于新冠疫情的影响，减少了来访游客；另一方面，可以发现乡村旅游业的发展动力不足，需要进一步使用数字经济结合线上线下等多种方式发展予以促进。

表4.7　　　　　　　休闲农业与乡村旅游业接待游客数（乡镇）

休闲农业与乡村旅游业接待游客数	数量
均值（万人）	77.99
最大值（万人）	673.20
最小值（万人）	0.4
接待游客数100万人次以上的乡镇（个）	6
接待游客数100万人次以下的乡镇（个）	26

休闲农业与乡村旅游业拓宽农民增收渠道。有24个乡镇提供了2021年休闲农业与乡村旅游业就业情况。2021年，休闲农业与乡村旅游业平均从业人数为4325.73人。其中从业人数最多为40000人，最少只有20人。乡镇休闲农业与乡村旅游业从业人数1000人以上的有8个乡镇，低于1000人的有16个乡镇（见表4.8）。由此可见，休闲农业与乡村旅游业不仅可以促进当地农民就近就地就业，拓展增收渠道，同时也能够吸引高质量人才返乡创业，为乡村振兴输入动能。

表4.8　　　　　　　休闲农业与乡村旅游业从业人数（乡镇）

休闲农业与乡村旅游业从业人数	数量
均值（人）	4325.73
最大值（人）	40000
最小值（人）	20
从业人数1000人以上的乡镇（个）	8
从业人数1000人以下的乡镇（个）	16

旅游产业种类丰富，特色鲜明。各乡镇的旅游业特色以文化传承、自然风光和旅游休闲两大类为主，占比分别为35.19%和29.63%（见图4.24）。其中，文化传承包括历史文化、红色洪文和民族文化等，乡镇通过对所处地理位置和文化挖掘，打造属于该乡镇的特色旅游，吸引更多游客"闻名而去"，促进当地经济发展。此外，包括特色农产品采摘和农业体验等的农旅融合，以及发展民宿和农家乐等也是旅游业态的主要体现形式之一。

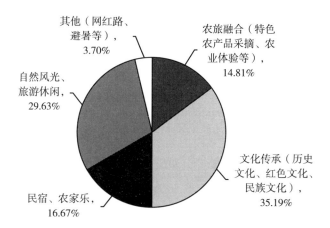

图 4.24　旅游产业种类（乡镇）

4.3.2　乡村旅游发展与农户参与情况

受访者所在家乡拥有乡村旅游项目的比例较低。乡村旅游是旅游业的重要组成部分，对于全面推进乡村振兴具有重要意义。党的十八大以来，习近平总书记高度重视乡村旅游工作，在广西考察期间强调"全面推进乡村振兴，要立足特色资源，坚持科技兴农，因地制宜发展乡村旅游、休闲农业等新产业新业态"①。但从本项目的调研数据来看，受访者参与乡村休闲旅游项目的比例低，仍有较大提升空间。

从五个省份的调研情况来看，由表 4.9 可知，调研的 1491 个样本中共有 42 位受访者表示参与了乡村旅游项目，仅占总样本的 2.82%，湖北、湖南、四川、江苏的样本中分别有 1.25%、7.78%、2.80% 和 0.62% 的受访者参与乡村休闲旅游项目，而河南受访者均未参与。

表 4.9　　　　五个省份的乡村休闲旅游项目受访者参与率

省份	参与人数（人）	总样本数（个）	参与比例（%）
总计	42	1491	2.82
四川	9	321	2.80

①　习近平在广西考察：解放思想深化改革凝心聚力担当实干 建设新时代中国特色社会主义壮美广西［EB/OL］. 新华社，2021 - 04 - 27.

续表

省份	参与人数（人）	总样本数（个）	参与比例（%）
湖北	5	401	1.25
湖南	27	347	7.78
河南	0	260	0
江苏	1	162	0.62

　　从四个区域的调研情况来看，调研的2739个受访户中仅169户表示所在家乡拥有乡村旅游项目，占比6.17%，且与四大区域的比例相一致。其中，仅3户表示享受了政府补贴政策，绝大部分乡村旅游项目是自发建设的（见图4.25）。

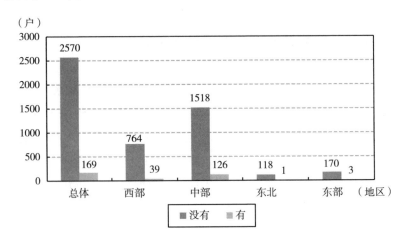

图4.25　四个区域的所在家乡是否有乡村旅游的情况

　　受访者参与的乡村休闲旅游项目缺乏地方特色。从五个省份的调研情况看，由图4.26可知，在六种乡村休闲旅游项目中，受访者参与人数最多的形式是将自家农产品销售给游客，占比29%；其次是到旅游相关的景区、酒店、餐饮工作，占比24%；第三是开农家饭馆，占比19%，剩下三项参与比例相对较低。受访者配偶及亲戚的参与情况也基本一致。

　　从四个区域的调研情况看，在发展乡村旅游的地区，村民参与到当地旅游活动中的积极性较低，71.60%的村民表示没有参与。如图4.27所示，在积极参与的农户中，主要通过销售自家农产品的方式参与，其中将自家农产品销售给游客和将自家农产品销售给当地饭店的概率分别为26.63%

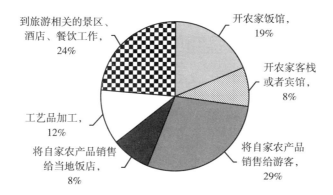

图 4.26 五个省份的受访者参与各项目总体情况

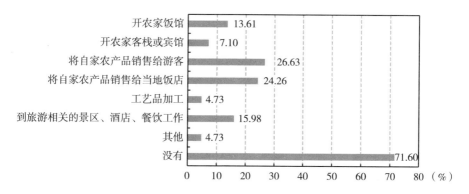

图 4.27 四个区域的所在家乡的乡村旅游主要业态分布

和 24.26% 。除此之外，村民还通过自己开农家饭馆、开农家客栈或宾馆、到旅游相关的景区或酒店工作的方式参与到乡村旅游上下游产业链中，占比分别为 13.61% 、7.10% 和 15.98% 。参与乡村旅游活动成为农村就业创造和村民创收的重要途径。

受访者参与乡村休闲旅游项目获得的政府补贴和工资性收入偏低。在五个省份的调研中，对于回答了收入部分问题的问卷，剔除异常值后共计得到 15 份有效样本。参与乡村休闲旅游项目的受访者获得的政府补贴和工资性收入情况如表 4.10 所示，受访者参与乡村休闲旅游项目获得的政府补贴收入平均达到 5412.5 元，获得的工资性收入平均达到每年 16375 元（见表 4.10）。总体来说，参与乡村休闲旅游项目的年收入水平较低。

表 4.10　　　　　　　五个省份参与乡村休闲旅游项目的受访者获得的
政府补贴和工资收入

项目	受访者参与乡村休闲旅游项目的政府补贴收入（元）	受访者参与乡村休闲旅游项目的工资性收入（元/年）
平均值	5412.5	16375
中位数	5000	15000
最大值	20000	50000
最小值	0	12000

4.3.3　旅游产品销售和宣传情况

根据《中国互联网络发展状况统计报告》显示，截至 2021 年 6 月，我国农村网民规模为 2.97 亿人，农村地区互联网普及率为 59.2%。随着农村通信基础设施的完善，农村互联网的普及和智能手机的使用使得农村通过线上平台宣传和销售乡村旅游产品成为可能，具体情况如下。

乡村旅游产品线上销售比例接近 45%，抖音和美团成为主要渠道。在当地有乡村旅游活动的村庄中，受访者中 44.32% 的农户表示可以通过网上途径订购本地的餐饮服务、住宿服务、农产品、工艺品、景区门票等。其中，抖音最受欢迎，开通线上销售渠道的旅游地区中应用抖音进行销售的比例高达 82.05%；其次是美团，占比达到 46.15%；大众点评、飞猪、自家公众号、淘宝也发挥重要的作用，使用比例分别为 15.38%、17.95%、23.08% 和 15.38%，如图 4.28 所示。

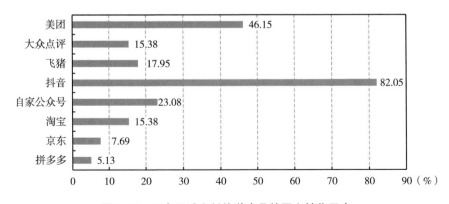

图 4.28　四个区域乡村旅游产品的网上销售平台

　　乡村旅游产品100%会进行线上宣传，主要通过短视频和朋友圈推广。在四个区域拥有乡村旅游活动的地区，本地的农户均表示当地商户会通过各种形式的线上渠道宣传当地旅游产品。如图4.29和图4.30所示，抖音和朋友圈是两个最常用的宣传平台，占比分别为70.00%和92.50%，其中，抖音是以短视频的方式呈现，朋友圈则是以不断更新的动态发布方式呈现。此外，政府网站和自家公众号也是重要的补充渠道，占比分别为40.00%和25.00%。

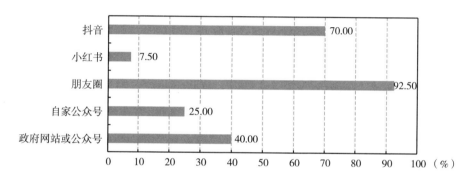

图4.29　四个区域乡村旅游产品的网上宣传平台

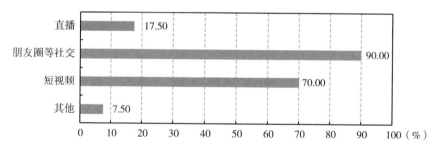

图4.30　四个区域乡村旅游产品的网上宣传方式

4.4　本章小结

　　产业兴旺，乡村振兴便有了强大的物质基础。从调研整体情况来看，我国的乡村产业体系建设呈现从"传统农业"向"现代农业"转变的特征，农业生产和经营体系现代化水平持续提高，依托地理环境优势和政府扶持政策，乡村特色产业有了长足的发展，随着第三产业的发展及日益增长的人民对美好生活的需要，以"农业＋旅游"为代表的农村一二三产业融合发展持续推进。

我国农村现代产业体系建设中成就和问题共存，具体表现如下：（1）所调研农村地区的产业发展仍然以第一产业为主，且区域产业结构差异明显，经济发展程度较高的东部地区的农村二三产业占比明显高于中西部地区。（2）农村特色产业主要以初级农产品及农副产品加工为主，"三品一标"是农业绿色发展、农业高质量发展的重要标识，目前在农村已经有了一定发展，随着农村网络基础设施的建设，农户可以通过淘宝（京东、拼多多）等电商平台和抖音直播形式销售农村特色产品。但整体来看，农业地理标志产品仍以初级农产品为主，产业链较短，对原生资源价值的开发利用不足，农业品牌相关政策宣传推广力度也不足，农户由于不了解相关政策对农产品地理标志的种植比例较低。（3）农业生产机械化程度有待进一步提升，调研地区的农业机械化率整体为38.33%，新型农业经营主体由于生产的规模经济，其农业机械化水平相对于普通农户来说更高。农业机械化使用成本集中在每亩50～100元，但对于农户来讲依然存在使用成本高的问题，提高农业机械化的关键是降低农机使用成本，强化农业机械化技能培训。（4）农业社会化生产服务发展滞后，调研地区农民参与农业生产服务的程度低，占比不足2%；农业生产服务产业规模较小，农业经营主体的农机拥有量大都在3台及以下。（5）乡村旅游发展态势较好，50%左右的调研乡镇地区运营旅游景区，以农业观光游、休闲游、农家乐等传统业态为主，但与当地文化、娱乐、教育等产业深度融合的新兴业态发展不足。此外，农户参与所在家乡乡村旅游活动的积极性不高，即使参与其中也主要通过销售自家农产品的方式参与。值得一提的是，线上线下融合已经成为乡村旅游发展的新常态，调研区域均借助抖音、美团、朋友圈等线上渠道宣传和销售本地的餐饮、住宿、农产品、工艺品、景区门票等乡村旅游产品。

第 5 章

乡村技术进步与人才支撑

新一轮科技革命和产业变革深入发展，生物技术、信息技术等加快向农业农村各领域渗透。农业技术进步、人才成为农业农村现代化的重要战略支撑。实现农业农村现代化要将先进技术、现代装备、管理理念等引入农业，将基础设施和基本公共服务向农村延伸覆盖，提高农业生产效率。产业兴旺乃至农业农村现代化最终要靠人才，而人才的培养要靠教育。教育既承载着传播知识、塑造文明乡风的功能，更为乡村建设提供了人才支撑，在乡村振兴中具有不可替代的基础性作用。

5.1 农业技术进步

开展农业科技推广工作，对农业生产和农民生活都具有重要意义。一是通过对育种、栽培等农业技术的创新研发并经成果转化，有助于提高农产品产量。二是通过促进农业机械化发展，实现用机械代替部分劳动力投入、提升农作生产效率，弥补农村劳动力不足问题。

5.1.1 新型农业科技产品

1. 新型农业科技产品使用率

传统的耕作方法及农业科技应用程度较高，而新型农业科技产品使用范围较小。农业技术的不断创新与应用，可以有效促进农业生产各个环节的进步，例如，提高化肥吸收率、节约灌溉水资源、培育优良种子等，可以通过科技创新来提高农业生产效率。技术的创新还可以有效节约生产成本，节约人力资源投入。

表 5.1 是关于五个省份水稻生产技术的使用情况。结果显示，全样本数据中，17.74%的农户通过轮耕来提高土地的肥力，48.59%的农户采纳了抗病虫害、抗逆性产品，4.84%的农户购买并使用了测土配方肥，32.26%的农户购买并使用了商品有机肥，49.60%的农户使用了农家肥，11.90%的农户使用了水肥一体化技术，12.30%的农户使用了节水灌溉技术，9.68%的农户购买并使用了生物农药，18.35%的农户进行了统防统治、统一组织打农药，10.69%的农户使用了无人机飞行器打农药，7.86%的农户购买并使用了杀虫灯，9.88%的农户购买并使用了粘虫板，81.05%的农户进行了秸秆还田，34.07%的农户进行了秸秆回收打捆，41.53%的农户进行了轮作。

表 5.1　　　　　　　　　五个省份水稻生产技术使用情况　　　　　单位：%

项目	全样本	四川	湖北	湖南	河南	江苏
轮耕	17.74	23.08	14.74	25.38	11.11	6.85
采纳抗病虫害、抗逆性品种	48.59	47.01	64.21	46.15	56.79	25.68
购买并使用测土配方肥	4.84	8.55	8.42	3.08	1.23	1.33
购买并使用商品有机肥	32.26	52.14	31.58	33.08	16.05	17.11
使用农家肥	49.60	31.62	65.26	63.08	40.74	41.56
使用水肥一体化技术	11.90	16.24	9.47	15.38	9.80	3.85
使用节水灌溉技术	12.30	11.11	4.21	3.08	32.10	17.72
购买并使用生物农药	9.68	9.40	7.37	16.15	9.88	1.25
进行统防统治、统一组织打农药	18.35	12.82	9.47	20.00	6.17	44.44
使用无人机飞行器打农药	10.69	5.13	22.11	3.85	3.70	21.95
购买并使用杀虫灯	7.86	3.42	6.32	18.46	2.47	3.61
购买并使用粘虫板	9.88	1.71	6.32	28.46	1.23	3.57
进行秸秆还田	81.05	64.96	90.53	69.23	98.77	74.12
进行秸秆回收打捆	34.07	35.90	44.20	38.46	19.75	22.09
进行轮作	41.53	33.33	27.37	24.62	54.32	74.71

由此可以看出，新型农业科技产品使用范围较小，如五个省份受访农户对于测土配方肥、生物农药和杀虫灯的应用率均低于10%。目前，我国每年省部级以上的农业科技成果奖有6000多项，但从受访样本结果可以看出，农业科技成果转化率不高。

以化肥为例，国务院2021年11月发布《"十四五"推进农业现代化规划》，要持续推进化肥减量增效，深入开展测土配方施肥，增加有机肥使用。从表5.1可知，测土配方肥的使用率不到5%，商品有机肥的使用率约为32%，测土配方肥的技术覆盖率较低。

5.1.2 农业技术指导

1. 技术普及程度

目前农业生产技术和农产品销售技术的普及程度不高。从图5.1和图5.2可以看出，对于五个省份种植水稻的各农业生产经营主体，17%的受访者受到生产技术指导或培训，其中受访样本中接受生产和销售技术培训比例仅有江苏省比例达到29%，其余各省份均未超过20%，对于水稻销售方面的指导或培训占比更是不足5%。关于生产技术的指导与培训主要由农技推广站、合作社、农业公司、农资经销商及政府提供，农业科技产

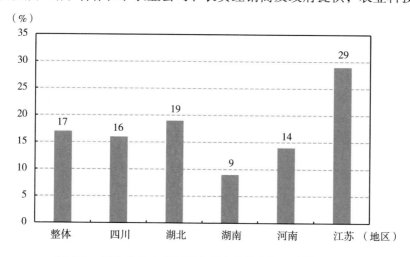

图5.1 五个省份农户受到水稻生产技术指导或培训比例

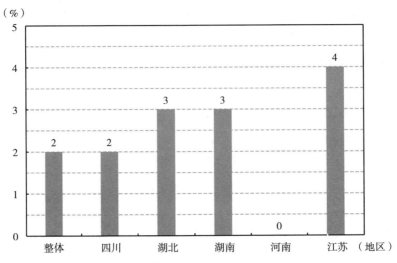

图 5.2　五个省份农户受到水稻销售指导或培训比例

品的主要供给者，科研院校并未提供生产技术指导，其中可能是科研院校和农户的目标函数差异大，科研主体和推广对象之间存在沟通困难因而缺乏有效的信息交流，从而引起农业科技成果转化率较低，新型农业科技产品应用率不高。

农业科技产品的推广对象与推广主体和科研主体之间存在信息不对称。一方面可能由于农民自身的整体文化素质不高，同时缺乏获取有效信息的渠道和能力；另一方面可能是因为研发周期较长导致科研成果与市场错位，而目前在农业科技产品推广模式中占主导地位的政府又存在对市场反应滞后和灵活性差的问题。

可以发现，相较于传统耕作方法和农业科技产品，新型农业科技产品使用率偏低，生产销售技术普及程度不高。

2. 技术普及分布

目前农业技术的普及存在地区间不平衡。由图 5.3 可知，受访者中受到农业技术指导的比例仅有 10.96%。其中，东部、东北、中部、西部地区接受农业技术指导的比例分别为 1.68%、17.21%、10.20% 和 13.45%，均未超过 20%。整体来说，农业技术普及程度不高，且地区间存在较大差异。

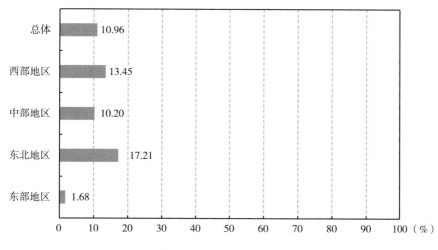

图5.3　四个区域农户受到农业技术指导比例

3. 农业技术指导开展频率

农业技术指导开展频率较低。由图5.4可知，接受过农业技术指导的农户，54.45%的农户在半年或更长时间内才开展一次技术指导，东部、东北、中部、西部地区该比例分别为66.67%、61.11%、54.78%、52.63%[①]，可见各地区开展农业技术指导频率较低。农业技术指导主要由农技站等政府推广部门通过举办讲座或开展示范基地展示活动、科技特派员下乡、科技示范户及媒体网络提供，农户较少通过外地交流学习生产技术，这可能是由于交通出行不够便捷导致。

4. 农业技术指导成效

目前已开展的农业技术指导取得积极成效。由图5.5可知，接受过农业技术指导的农户中，13.86%的农户认为农业技术指导使其大幅增产增收，55.45%的农户认为农业技术指导使其有一定幅度增产增收，可见目前已经开展的农业技术指导反馈较好。从需求方面来看，农户目前更需要接受良种繁育、栽培技术方面的指导，更需要科技咨询与诊断、技术项目方面的农业科技人员服务。

①　图中为真实数值，此处比例由笔者通过计算得到。

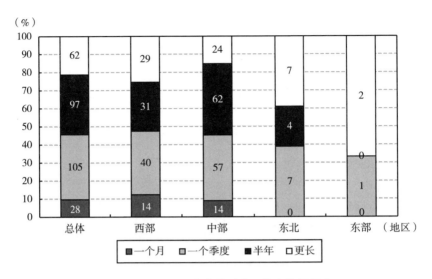

图 5.4 四个区域农户接受农业技术指导频率

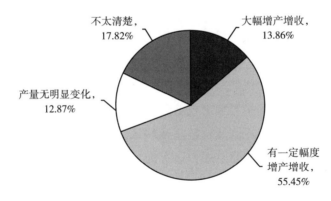

图 5.5 各地区农业技术指导效果

5.2 农民健康水平

由于农村劳作对于体力劳动的需要，农户的身体健康状况需要特别关注。从主观健康状况看，农户对自身和配偶健康水平的评价属于农户主观感知到的健康状况。从客观健康状况看，身体质量指数（BMI）是国际上常用的衡量人体胖瘦程度及是否健康的一个标准，也需格外关注血压、血糖、血脂情况及其他各类慢性病情况。

5.2.1　受访者对自身及配偶健康状况主观评价

农户健康状况主观评价较理想。数据中包括了农户自评的健康状况变量，由农户自评的健康状况反映了农户对自身健康水平的认知，属于主观数据。由表 5.2 可知，38% 的受访者认为自己非常健康、31% 的受访者认为自己比较健康，91% 的受访者认为自己的健康状况在一般及以上。这说明，受访者对于健康状况的自我感知普遍良好。

表 5.2　　　　　　　　　五个省份受访对象健康状况测评

健康状况	频数	百分比（%）	累计百分比（%）
非常健康	570	38	38
比较健康	468	31	69
一般	321	22	91
不健康	101	7	98
非常不健康	32	2	100

受访农户中 60 周岁及以上人口的比重达到了 27.01%，65 周岁及以上人口的比重达到了 19.03%，完全达到了老龄化社会的标准。与 2020 年全国第七次人口普查公报中的数据相比[1]，农村 60 岁、65 岁及以上老人的比重分别为 23.81% 和 17.72%，受访地区的老龄化程度远超全国。在分年龄受访对象的健康状况测评方面，比较健康和非常健康的人口中，60 岁以下人口占比较高，分别为 75.38% 和 83.03%，60 岁以上人口占比分别为 24.62% 和 16.97%（见表 5.3）。

表 5.3　　　　　五个省份分年龄受访对象的健康状况测评　　　　单位：%

健康状况	60 岁以下人口占比	60 岁以上人口占比	总计
非常不健康	56.25	43.75	100.00
不健康	43.43	56.57	100.00

① 第七次全国人口普查公报（第五号）——人口年龄构成情况［J］. 中国统计，2021，473（5）：10－11.

续表

健康状况	60 岁以下人口占比	60 岁以上人口占比	总计
一般	59.87	40.13	100.00
比较健康	75.38	24.62	100.00
非常健康	83.03	16.97	100.00

四个地区受访者主观评价也较理想。由表 5.4 可知，37.90% 的受访者认为自己非常健康，34.72% 的受访者认为自己健康，90.76% 的受访者认为自己的健康状况在一般及以上，占绝大多数。由表 5.5 可知，认为配偶非常健康和健康的受访者比例分别为 36.59% 和 36.92%，91.37% 的受访者认为自己配偶的健康状况在一般及以上，占绝大多数。可见目前调研地区农村居民主观评价的健康状况总体比较理想。

表 5.4　　　　　　　　　**受访者健康状况自评**

健康状况	频数	百分比（%）	累计百分比（%）
非常健康	1181	37.90	37.90
健康	1082	34.72	72.63
一般	565	18.13	90.76
不健康	241	7.73	98.49
非常不健康	47	1.51	100.00

表 5.5　　　　　　　　　**受访者对配偶健康状况评价**

健康状况	频数	百分比（%）	累计百分比（%）
非常健康	891	36.59	36.59
健康	899	36.92	73.51
一般	435	17.86	91.37
不健康	176	7.23	98.60
非常不健康	34	1.40	100.00

5.2.2　健康状况客观评价

1. BMI

受访者 BMI 正常比例不够高、存在超重问题。由图 5.6 可知，受访者中 BMI 正常的比例为 56.92%，东部、东北、中部、西部地区受访者中 BMI 正常的比例分别为 56.50%、64.23%、57.95% 和 53.87%。各地区 BMI 正常的受访者比例均在 50%~60%，各地区均有超过 20% 的受访者过重，整体来说受访者 BMI 合格比例不够高，存在超重问题。这可能有两方面的原因：一是随着农业机械化发展，农民如今的劳作方式与过去相比消耗的能量大大减少。二是随着食品加工行业向农村深入，越来越多农民开始尝试各类高热量加工食品。摄入增加、消耗减少，从而导致肥胖人口比例的增加。

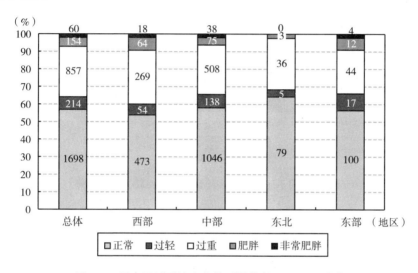

图 5.6　四个区域受访者身体质量指数（BMI）分布

2. "三高"及其他慢性病

受访者对"三高"风险意识较强、"三高"和其他慢性病患病比例较低。由图 5.7 可知，整体来说，受访者测量过血压、血糖、血脂的比例分别为 87.23%、77.91% 和 70.79%，各地区受访者测过血压、血糖、血脂的比例均在 65% 以上，可见受访者对"三高"的风险意识较强。由图 5.8 可知，测量过三项指标的受访者中指标正常的比例分别为 80.79%、89.35%、90.23%，各地区三项指标正常的比例均在 80% 以上，可见受访者患高血压、高血糖、高血脂的比例较小。由图 5.9 可知，受访者患慢性病比例为 14.22%，其中，东部、东北、中部、西部地区该比例分别为 15.00%、4.07%、16.88% 和 9.95%。各地区患慢性病比例均不超过 20%，其中东北地区患慢性病比例最低。慢性病主要包括慢性肺炎、慢性胃炎、心脑血管疾病等。

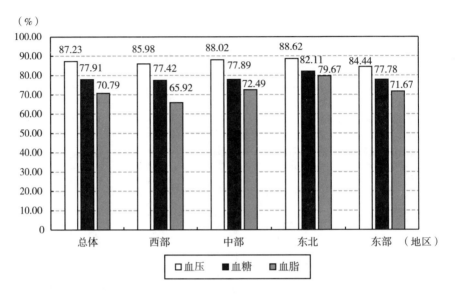

图5.7　四个区域受访者检测血压、血糖、血脂比例

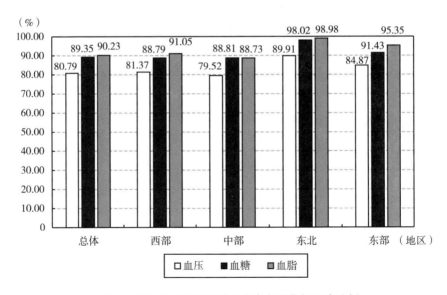

图5.8　四个区域已检测的受访者各项指标正常比例

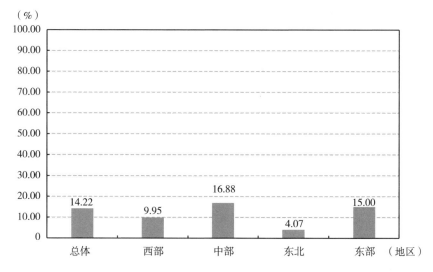

图5.9　四个区域受访者患慢性病比例

5.3　农村教育

教育是提高人民综合素质、促进人民全面发展的重要途径，是民族振兴、社会进步的重要基石，是对中华民族伟大复兴具有决定性意义的事业。强国必先强教，中国式现代化需要教育现代化的支撑。乡村教育承载着传播知识、塑造文明乡风的功能，是阻挡贫困代际传递、助力农村发展致富的根本之路。了解我国农村教育的现状及问题，对进一步补齐农村教育的缺口和短板、提高乡村教育质量、提升农村人口素质、推动新农村建设，从而为助力乡村全面振兴厚植人才和智力基础具有十分重要的作用。

5.3.1　农村居民的教育水平

1. 总体教育水平

我国农村居民的教育水平仍低于全国平均水平。如图5.10所示，根据第二轮对四个区域农村居民的受教育情况的调研显示，四个区域中15岁及以上人口农村居民的平均受教育年限为 8.37 年，与全国 15 岁及以上人口平均受教育年限 9.91 年相比①，农村居民的教育程度仍然偏低。从教育阶段来看，如图 5.11 所示，农村居民最高受教育程度为初中的比例最大，为35.34%，最高受教育程度为高中/中专的比例为 16.91%。

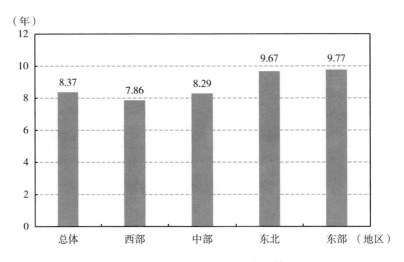

图 5.10　四个区域的受教育年限情况

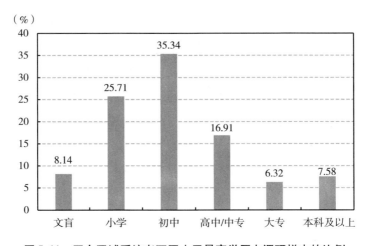

图 5.11　四个区域受访者不同水平最高学历占调研样本的比例

从五个省份的总体受教育程度来看，受访者的受教育程度不高，仅

---

① 宁吉喆. 第七次全国人口普查主要数据情况 [N]. 中国信息报，2021 - 05 - 12.

有4.09%的受访者教育程度为大专水平，2.28%的受访者教育程度为本科及以上。37.33%的受访者受教育程度为初中，受教育程度为小学的受访者比例达31.23%，受教育程度为高中/中专的受访者比例为15.21%（见表5.6）。

表5.6 五个省份受访者教育程度 单位：%

类别	受教育程度	文盲	小学	初中	高中/中专	大专	本科及以上
	总计	9.85	31.23	37.33	15.21	4.09	2.28
性别	男	5.24	29.95	41.99	16.75	3.98	2.09
	女	18.06	33.52	29.05	12.48	4.28	2.61
年龄分组	20~30岁	0	1.69	28.81	25.42	18.64	25.42
	31~40岁	1.02	11.73	40.31	29.59	11.22	6.12
	41~50岁	4.16	23.47	48.17	17.85	5.13	1.22
	51~60岁	5.65	38.59	41.65	12.47	1.18	0.47
	61~70岁	20.61	43.13	25.57	9.92	0.76	0
	71~80岁	32.79	50.00	15.57	1.64	0	0
	81~90岁	50.00	44.44	5.56	0	0	0
	91~100岁	100	0	0	0	0	0

2. 农村教育的区域差距

中西部地区教育与东部、东北地区教育仍然存在较大差距。根据第二轮对四个区域的调研中的教育年限变量，如图5.12所示，东部地区和东北地区的教育程度较高，中部地区次之，西部地区最低。我们进一步调研计算了各级教育水平完成情况，在义务教育阶段，对于初等教育而言，东北地区、东部地区、中部地区和西部地区受访者完成小学教育的比例分别为：93.40%、86.03%、83.04%和82.40%。东北地区、东部地区、中部地区和西部地区受访者进一步完成初中教育的比例分别为：65.85%、68.71%、55.32%和50%。这说明，中、西部地区九年义务教育普及还有待提高。从达到高中以上学历所占比例来看，如图5.12所示，依然存在地区失衡的情况，第二轮对四个区域的调研显示，东部地区和东北地区教育程度为高中及以上学历的受访者较多，东部地区48.04%的受访者达到高中以上学历，西部地区 39.02% 的受访者达到高中以上学历；中部次之，达到高中以上学历的受访者比例为 31.45%；而西部地区占比最少，24.94% 的受访者达到高中以上学历。

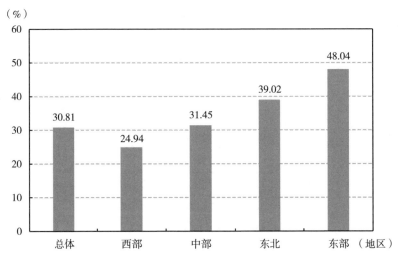

图 5.12　四个区域高中以上学历所占比例

3. 农村教育的性别差距

分性别来看，图 5.13 显示，农村地区的男性教育水平高于女性教育水平，其中男性教育年限为 8.65 年，女性教育年限为 7.81 年。女性的教育

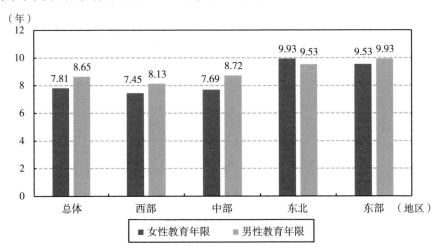

图 5.13　四个区域高中以上学历分性别所占比例

水平低于农村地区平均教育年限。农村教育的性别差距依然存在。除了东北地区，这种性别间教育的差距在东部地区、中部地区及西部地区都存在，而且中部地区教育的性别差距最大，其男性与女性教育年限相差1.03年。

五个省份的调研也显示出类似的结果，总体来看男性受教育水平要高于女性。如表5.6所示，除了教育程度为大专和本科及以上的女性占比略大于男性之外，教育程度为文盲和小学程度的女性占比大于男性，教育程度为初中和高中/中专水平男性占比大于女性。

4. 不同年龄的教育差异

分年龄来看，不同年龄段受访者的受教育程度存在差异，随着受访者年龄的增加，受高等教育的人数占比会降低。如表5.6所示，五个省份的调研显示，20～30岁的受访者中有44.06%接受过大专及以上的教育，31～40岁的受访者有17.34%接受过大专及以上的教育，41～50岁中有6.35%的受访者接受过大专及以上的教育，51～60岁的受访者有1.65%接受过大专及以上的教育，61～70岁的受访者有0.76%接受过大专及以上的教育。

5.3.2　农村子代的教育水平

1. 总体子代教育水平

子女教育方面，整体上，农村子代的教育水平相较于父辈显著提升。首先，农村学前教育普及水平显著提升。根据第二轮对四个区域调研中的"孩子是否接受过学前教育"变量发现，94.23%的农村儿童接受过学前教育。进一步计算四个区域子代接受学前教育的占调研样本的比例后发现，中西部地区学前教育普及率有较大提升，其中中部地区有95.83%的农村儿童接受过学前教育；西部地区有91.57%的农村儿童接受过学前教育。同时四个区域农村儿童的文盲率较低，四个区域农村儿童的文盲率平均值在0.88%左右，说明农村地区义务教育的普及保障了农村儿童的入学。如图5.14所示，在接受高中及以上的教育方面上，如表5.7所示，子代达到高中以上学历的比例为62.75%，其中接受高等教育的比例为37.40%。

表5.7　　　　　　　四个区域农村儿童最高学历分布情况　　　　　单位：%

最高学历	总计	西部地区	中部地区	东北地区	东部地区
文盲	0.88	0.90	0.92	1.49	0
小学	6.96	7.45	6.91	7.46	5.22
初中	29.41	34.09	28.73	20.90	23.48
普通高中	12.92	14.90	12.99	5.97	8.70
职业高中	6.02	4.06	7.16	0	5.22
技校	2.25	2.03	2.50	0	1.74
中专	4.16	3.84	4.58	0	3.48
大专	14.18	11.51	14.57	13.43	20.87
本科	21.80	20.77	20.07	47.76	28.70
硕士及以上	1.42	0.45	1.58	2.99	2.61

2. 子代教育的区域差距

各地区农村子代最高学历分布有差异，主要体现在高等教育完成水平上。首先如表5.7所示，各地区最高程度为初中的子代比例大致相当，平均值为29.41%，但在高中阶段以后，各地区最高学历的分布出现差异。

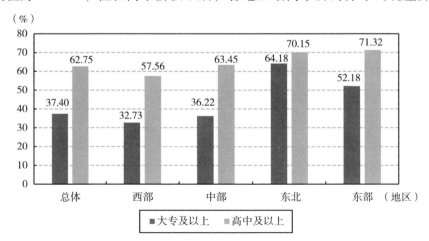

图5.14　四个区域最高学历为高中和大专及以上的子代占比

如图 5.14 所示，对于东北地区及东部地区来说，完成高等教育的子代比例较高，高于中西部地区。其中东北地区最高学历在大专以上的子代占比达到 64.18%；其次是东部地区，占比达到 52.18%；而中、西部最高教育学历在大专以上的子代比例分别为 36.22% 和 32.73%。

五个省份的调研显示，义务教育（小学、初中）毛入学率达到 94.63%（见表 5.8），其中四川义务教育入学率最高，为 98.77%，河南最低，为 90.00%。总体来看，2021 年高中或中专毛入学率为 73.91%。

表 5.8	五个省份农村子女毛入学率	单位：%
地区	义务教育	高中或中专
总计	94.63	73.91
四川	98.77	76.19
湖北	93.42	84.00
湖南	95.45	86.67
河南	90.00	70.00
江苏	96.88	36.36

3. 代际教育传递

相较于父代，农村地区子代的教育程度整体上提升，但存在教育的代际传递现象。如表 5.9 所示，农村地区子代的教育程度整体上高于父代。同时，子代的最高教育程度基本上随父辈教育程度的上升而上升。教育程度为文盲和小学的受访者，其子女的最高教育程度主要为初中；而教育程度为初中及以上的受访者，其子女的最高教育程度主要为大学。

表 5.9		不同父代教育程度下子代的教育情况		单位：%	
教育程度	文盲	小学	初中	高中	大学及以上
未上学	1.67	1.27	1.45	2.30	1.44
小学	25.54	19.82	21.71	23.97	31.65
初中	35.32	31.77	23.42	18.56	19.42
高中	20.76	23.41	22.31	21.18	12.45
大学及以上	16.70	23.73	31.12	33.99	38.28

　　五个省份的调研中也发现了教育的代际传递现象。受访者的教育水平越低，其子女的受教育水平就越低，子女的辍学率更高。如图 5.15 所示，教育水平越低的受访者，其子女辍学率越高，受教育程度为小学及以下的受访者，其子女的辍学率为 4.57%。这也从侧面印证了农村父母的教育水平和子女的教育水平呈正向相关关系，可能确实存在着寒门难出贵子的现象。

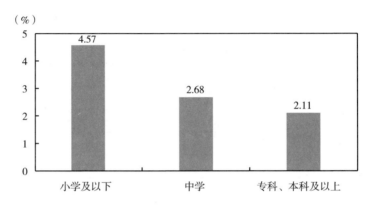

图 5.15　五个省份各学历样本家庭子女的辍学率

4. 农村教育支出

　　教育支出方面上，如图 5.16 所示，农村家庭在教育方面上的平均支出为 7085 元。其中，东部地区的教育支出最高为 9671 元，中部地区次之，为 8374 元，西部地区为 4586 元。同时，如图 5.17 所示，在政府补贴方面，接受过政府补贴农村居民占调查样本的比例为 54.25%。其中，西部地区 79.03% 的农村居民接受过政府补贴，中部地区 42.60% 的农村居民接受过政府补贴。东部地区和东北地区该比例分别为 33.80% 和 28.57%，这说明政府补贴对中、西部教育发展发挥了积极作用，有助于减少中、西部地区的教育负担，降低家庭的教育支出。

　　五个省份调研中显示，华中地区的农村子女在学前和中小学教育阶段家庭教育投入相较于之前全国农村平均水准有了较大进步，但相较于城镇及全国的平均水准来看，仍有不小的差距。2021 年受访者子女学前和中小学教育阶段各项教育支出如表 5.10 所示：学前和中小学教育阶

（元）

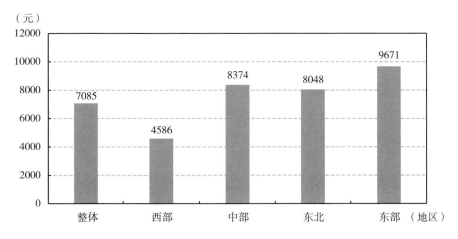

图 5.16　四个区域的教育费用情况

（%）

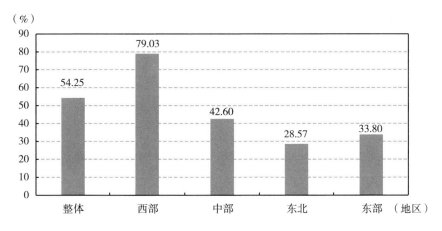

图 5.17　四个区域接受过政府补贴的比例

段子女学杂费（含学费、杂费、择校及借读费）平均为每人 4405.9 元，校外教育支出平均为 2101.5 元，生活费平均为 3710.2 元。北京大学中国教育财政科学研究所发布的 2017 年中国教育财政家庭调查结果显示[①]，全国学前和中小学教育阶段生均家庭学费支出为 8143 元，其中农村3936 元，城镇 10100 元。

———————

① 魏易. 2017 年中国教育财政家庭调查：中国家庭教育支出现状［C］//北京大学中国教育财政科学研究所. 中国教育财政政策咨询报告（2015—2019）. 北京：社会科学文献出版社，2019：57－65.

表5.10　　　　　五个省份2021年受访者子女学前和中小学教育阶段
各项教育支出　　　　　　　　　　　　　　　　　　单位：元

支出项目	均值	最大值	最小值
学杂费	4405.9	130000	0
补习费	2101.5	100000	0
生活费	3710.2	30000	0

从家长平均每天花在孩子学习教育的时间来看，农村家长在子女教育的时间投入较低。如表5.11所示，在五个省份的调研样本中，平均每天不在孩子的学习教育上花费时间的受访者占比最多，为71.85%；其次是1～2小时，占比11.69%，再次是2～3小时，占比9.32%，3小时及以上占比最小，为2.78%。分地区来看，河南的家长平均每天不花时间教育孩子的占比最低，为65.19%，四川最高，为74.31%。

表5.11　　　　　　　五个省份家长平均每天教育孩子的时间　　　　　单位：%

类别	总计	四川	湖北	湖南	河南	江苏
0	71.85	74.31	73.87	72.22	65.19	71.96
1小时以下	4.36	4.59	3.48	1.85	8.84	3.74
1～2小时	11.69	9.17	13.94	11.11	11.05	13.08
2～3小时	9.32	9.17	6.97	11.11	12.71	6.54
3小时及以上	2.78	2.75	1.74	3.70	2.21	4.67

5. 随迁子女的教育

在随迁子女的入学保障方面，随迁子女的入学率较高。五个省份调研数据显示，农民工随迁子女的基本入学需求得到了有力保障，随迁子女入学难的问题也得到了较好解决。在1391个样本家庭的2437位子女中，共有135名子女在外县就读，其中97名子女和父母一起生活在务工地点，除了1位子女的家庭表示，由于就读重点高中，因此没有在务工地点入学，其余均随父母在务工地点入学。

6. 农村早期教育

在学龄前子女的早期教育方面，如表 5.12 所示，有 49.82% 的适龄子女接受了儿童早期教育。中国教育财政家庭调查报告（2019）显示[①]，2017 年，一线城市的早教参与率约为 20%，农村地区仅为 2% 左右。可见与 2017 年相比，2021 年农村儿童早期教育参与率有较大的提升。而作为儿童早期教育投入的数量指标，农村地区早教平均支出为 2983.2 元/人·年。受访者早教平均支出占同年家庭 2021 年收入的 2.6%。中国教育财政家庭调查报告（2019）显示[②]，2017 年，总体家庭幼儿园教育年平均花费为 6879.7 元。这说明农村早教子女的人均支出和全国的平均水准有着较大的差距。

表 5.12　　　　　　　　　　　子代早期教育情况

适龄子女数 （人）	早教子女数 （人）	早教平均支出 （元/人·年）	早教子女占比 （%）	早教支出占比 （%）
281	140	2983.2	49.82	2.60

5.3.3　农村教育基础设施

农村教育设施作为农村教育的重要物质基础，是农村教育水平提升的重要保障。本部分主要从农村小学的建设情况入手，对农村教育设施的建设情况进行调查。本次调查的内容主要包括：学前教育覆盖率、离家最近的小学距离、从家到小学交通情况、本村是否经历过撤校或合并、撤校并点后教育质量是否改善等。

1. 学前教育覆盖率

学前教育覆盖率不高。如表 5.13 所示，在共计 157 个村庄中，仅有

---

①② 魏易.2017 年中国教育财政家庭调查：中国家庭教育支出现状［C］//北京大学中国教育财政科学研究所.中国教育财政政策咨询报告（2015—2019）.北京：社会科学文献出版社，2019：57－65.

43%的村庄有幼儿园或托儿所。学校覆盖率存在地区差异，中部地区该比例为44%，而西部地区该比例达到69%。另外，根据第二轮对四个区域的调研数据计算得出，中部地区和西部地区能够选择住宿的小学仅占22.73%和16%，提供营养膳食补助的小学占15.91%和24%。

表5.13　　　　　　　　　四个区域幼儿园、托儿所数量

分布	总村庄数（个）	有幼儿园或托儿所（所）	比例（%）
总计	157	68	43
西部地区	36	25	69
中部地区	90	40	44
东北地区	6	0	0
东部地区	9	3	33

2. 农村教育质量

农村教学质量提升，教师待遇较好。中央编办、教育部、财政部《关于制定中小学教职工编制标准的意见》中编制的农村小学生师比标准为23[①]。而在此次调查中，中部地区和西部地区该比值分别为11.48和14.15，生师比较低，班级规模较小。从师资队伍质量看，根据第二轮对四个区域的农村学校的教师学历水平调研发现，中部地区和西部地区大专以上学历的教师比例达到88.67%和79.83%，教师学历高，相对来说教学水平较高，因此教学质量较高。如表5.14所示，中部地区和西部地区中小学教师平均工资水平，与当地公务员平均工资水平相当甚至更高的比例，分别达到76.71%和83.33%，且享受生活补助的中小学教师比例分别达到13.33%和27.78%。

---

① 　教育部关于贯彻《国务院办公厅转发中央编办、教育部、财政部关于制定中小学教职工编制标准意见的通知》的实施意见［J］. 教育部政报，2002（Z2）：371－373.

表 5.14　　　　　　四个区域与当地公务员相比，中小学教师工资水平　　　单位：%

分布	较高	较低	差不多
总计	14.41	20.34	65.25
西部地区	11.11	16.67	72.22
中部地区	16.44	23.29	60.27
东北地区	0	0	100.00
东部地区	16.67	16.67	66.67

本项目调研数据显示，在全部受访者中，有 30.2% 的受访者表示自己所在的村经历了小学或教学点的撤校或合并，其中，大部分都是属于撤校情况，69.80% 的受访者经历过撤校或合并，如图 5.18 所示。

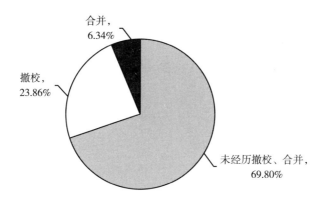

图 5.18　五个省份受访者所在村撤校、合并情况

撤点并校后，小学教育质量有所提升。五个省份调研还对撤点并校后的学校教育质量进行了调查，结果如图 5.19 所示。农村小学撤销或合并之后，大多数受访者都认为小学的教育质量有所提升，这可能是因为撤点并校后教育资源得到了较好的整合，教育资源也因此更加集中。从整体上来看，对农村学校进行撤校或合并，对我国农村教育质量的提升起到了一定的积极作用。同时，学校合并后认为教育质量有所提升的受访者接近 80%，明显高于撤校后教育质量有所提升的受访者比例，因此，可以认为学校合并带来的教育质量提升程度较之撤校而言更高。

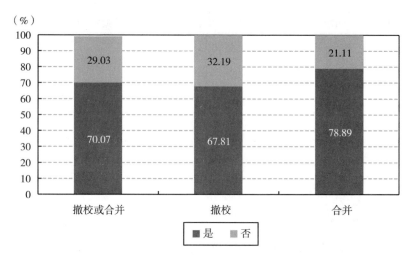

图 5.19　五个省份撤点并校后教育质量是否提升

3. 上学交通便利情况

农村孩子上学存在交通不便利的情况。如表 5.15 所示，受访对象最近的小学与家的平均距离为 3.11 千米，且有许多的样本村受访对象最近的小学到家的平均距离在 5 千米及以上，而离小学最远的受访者家校距离甚至高达 30 千米。考虑农村道路崎岖不平，这样的距离还是给农村家庭子女上学带来了一定困难，而且因为是小学，许多家庭可能还要接送孩子上学，这个距离可能也会给农村家庭接送孩子上学带来了一定困难。如图 5.20 所示，有 18.80% 的受访者表示从家到孩子所在小学的交通状况不便利。

表 5.15　　　　　五个省份受访对象最近的小学与家的平均距离　　　单位：千米

项目	均值	极大值	极小值
距离	3.11	30	0

大部分受访者子女所在的小学都并未配备校车。如图 5.20 所示，在"从您家到最近的小学是否有校车"这一题中，回答没有校车的受访者占总人数的 68.70%。可以看出，在我国农村，小学校车还并不普及，再结合前面的家校距离进行分析后发现受访者从家到学校的交通并不会太便利，我国农村教育的基础设施建设也还有待加强。

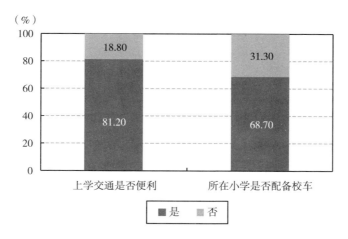

图 5.20　五个省份受访者家校交通便利度与小学校车普及度

5.4　农民创业

创新是经济活力的源泉。在乡村振兴过程中，创新和创业扮演了极为重要的角色，创业能够为当地农民提供工作岗位，带动集体增收，为农村地区的经济发展提供活力。习近平总书记在党的十九大报告中提出乡村振兴战略，强调要"促进农村一二三产业融合，支持和鼓励农民就业创业，拓宽增收渠道。"[①] 2020 年国务院办公厅通过颁发《关于农民工等人员返乡创业的意见》政策，积极推动大众创业、万众创新，农业农村经济新业态新模式蓬勃兴起，城乡交流日益密切。"三农"政策支持力度不断加大，为返乡下乡人员到农村就业创业提供了更多机会和要素，也为新型职业农民创新创业提供了更大舞台，推动形成了农村双创新热潮。而实际农村的创业情况如何，创业还面临怎样的难点、痛点，这些问题亟待进一步探究。

在本次调查中，我们重点关注了农村居民创业经历、创业行业、创业经营情况，其中包括创业规模、创业利润、互联网使用情况以及创业资金

---

① 习近平. 决胜全面建成小康社会　夺取新时代中国特色社会主义伟大胜利——在中国共产党第十九次全国代表大会上的报告 [J]. 中国经济周刊，2017，692（42）：68－96.

来源、政策支持情况等。

5.4.1　创业经历

1. 返乡创业比例

返乡创业比例显著增加。根据第二轮对四个区域农村居民创业情况的调研数据，农村居民创业比例的平均值为 8.92%，农业部公布的数据显示，2009～2011 年三年的年均成立的创业主体占总量为 4.5%，2014 年以来，是农村创业创新的高速增长期，四年内成立的创业主体占总量的54.1%，年均占 13.52%[①]。可见，相较于 2014～2018 年农村创业比例有所下降。但农民返乡创业的比例显著增加，返乡创业占外出务工人口的比例为 9.4%，相较于农业部 2015 年统计的农民工返乡创业比例的 2% 有显著提升[②]。

根据本项目的五省份调研显示，湖南有创业经历的受访者比例最高，达到 14.29%。江苏次之，为 11.72%。河南有创业经历的受访者比例最低，仅有 8.82%，如表 5.16 所示。

表 5.16　　　近五年来您是否有过创业经历（五个省份调查情况）

分类	四川	湖北	湖南	河南	江苏
0 = 否（位）	293	367	301	238	145
1 = 是（位）	27	35	43	21	17
百分比（%）	9.22	9.54	14.29	8.82	11.72

根据表 5.17，在有创业经历的 143 个样本中，仅有 1 次创业经历的受访者数量最多，共有 87 人，湖南在这 87 人中占据最高比例，共有 27 人，紧接其次是湖北，有 21 人有过 1 次创业经历。有 2 次创业经历的受访者共有 36 人，随着创业次数的增加，受访者人数不断减少。创业经历最多的受访者来自湖南，其总共创业了 6 次。

---

① 农村创业创新呈蓬勃发展趋势［EB/OL］. 农业部农产品加工局，2018 – 03 – 13.
② 中国农民工和大学生返乡创业人数持续增加，农民创业创新热潮正在形成——耕耘在梦想放飞的大地上［EB/OL］. 中央政府门户网站，2016 – 08 – 01.

表 5.17　　　　　　　　　　五个省份创业经历次数统计　　　　　　　　单位：人

创业次数	总计	四川	湖北	湖南	河南	江苏
1	87	15	21	27	12	12
2	36	8	10	10	5	3
3	15	3	2	5	4	1
4	5	1	2	1	1	
6	1			1		

2. 持续经营比例

五省份调研显示，有 70.62% 的受访者仍在经营自己的企业。如表 5.18 所示，湖南是企业经营比例最低的省份，与之前创业次数和创业人数的排名相反，仅有 62.79% 的受访者仍在经营企业；江苏是经营比例最高的省份，有 76.47% 的受访者仍在经营自身的创业企业；河南紧随其后，有 76.19% 的经营比例。在所有的创业者中，创业时间最早是 1993 年，这是一名来自四川的受访者，投资的是餐饮行业。

表 5.18　　　　　　　　　　五个省份持续经营比例调查

标签	总计	河南	湖北	湖南	江苏	四川
0 = 否	42	6	8	17	3	8
1 = 是	101	16	26	27	13	19
经营比例（%）		76.19	74.29	62.79	76.47	70.37

5.4.2 创业所在行业

创办企业的行业多以第三产业为主。根据四个区域的调研数据，与销售有关的创业活动占比为 33.73%，出现频次为 84 次，其中销售水果最多，出现 13 次，其次是销售生活用品和服装，分别出现 10 次。除此之外，销售蔬菜、食品出现的次数也较高，分别为 8 次和 7 次。根据图 5.21 可以看到，销售是农村创业群体主要从事的行业，并且生产、家电、百货、加工、养殖、超市是出现频率较高的关键词，可见受访者创办的企业以第三产业为主，第二产业、第一产业作为补充。

图 5.21 四个区域的创业所属行业的词云

资料来源：由笔者自行绘制。

五省份调查统计结果与四个区域的调研结果类似。销售作为关键词出现得最多，销售服装出现了 8 次，销售泡菜出现了 2 次，除此之外还有销售副食、日用品、水果、润滑油等作为受访者创办企业的主要业务。出现频率次高的是生产关键词，生产家具出现了 2 次，生产烟花也出现了 2 次，除此之外还有生产茶叶、豆制品等农产品也出现次数较多。行业的关键词结果生成的文字云如图 5.22 所示。

图 5.22 五个省份创业所属行业的词云

资料来源：由笔者自行绘制。

5.4.3 创业规模

在企业的经营规模方面，受访者创办的企业还是以小微型企业为主。雇用员工在一定程度上可以反映创业企业的规模。如表 5.19 所示的结果。在所有企业中，个体经营（不额外雇用员工）样本数量最高，有 55.02%的创业主体是个体经营。雇用人数在 10 人以上员工的企业占全部创业企业的比例为 9.59%，其中西部地区该比例为 4.55%，中部地区该比例为 11.68%。

表 5.19　四个区域的创业企业规模情况　单位：%

企业规模	整体	西部地区	中部地区	东北地区	东部地区
个体经营	55.02	52.27	53.25	100	88.89
1	8.61	13.64	7.14	0	11.11
2	9.09	11.36	9.09	0	0
3	5.26	4.55	5.84	0	0
4	2.87	4.55	2.60	0	0
5	2.39	2.27	2.60	0	0
6	2.39	2.27	2.60	0	0
7	0.96	0	1.30	0	0
8	1.91	2.27	1.95	0	0
10	1.91	2.27	1.95	0	0
10 人以上	9.59	4.55	11.68	0	0

五省份调研显示，在所有企业中，个体经营（不额外雇用员工）样本数量最高，如表 5.20 所示，总计有 72 家企业是个体经营。其次是雇用 2 名员工的企业，共有 16 家；雇用 1 名和雇用 3 名员工的企业数量较为接近，分别是 13 家和 12 家。雇用 10 人以上员工的企业仅有 15 家。这说明受访者创办的企业还是以小微型企业为主，规模并不大。

表 5.20　　　　　　　　　　　五个省份雇用员工数量　　　　　　　　　　单位：个

雇用员工数量	总计	四川	湖北	湖南	河南	江苏
个体经营	72	14	22	19	13	4
1	13	2	3	4	2	2
2	16	3	3	6	3	1
3	12	5	3	3		1
4	5			2	3	
5	2			1		1
6	2			2		
7	1					1
8	1					1
9	3		1		1	1
10 人以上	15	3	3	6		3

5.4.4　创业利润

创业企业的利润情况也是调研关注的信息。整体而言，如表 5.21 所示，创业企业的平均利润为 82385.21 元，其中中部地区创业群体的平均净利润最高为 95765.35 元。西部地区最低，为 34593.75 元。从分布来看，在下四分位数、中位数、上四分位数上，中部、西部地区均落后于东部地区和东北地区。

表 5.21　　　　　　　四个区域创业主体的经营净利润情况　　　　　　单位：元

地区	均值	下四分位数	中位数	上四分位数
总计	82385.21	12000	40000	90000
西部	34593.75	5500	20000	55000
中部	95765.35	15000	40000	100000
东北	81000.00	42000	81000	120000
东部	61487.50	19700	57500	105000

在五省份调研中，如表 5.22 所示，在所有样本中，暂未盈利的企业共有 17 家，湖北占据最多比例，共有 6 家企业未曾盈利。利润分布在 5 万元

以下区间的企业最多，共有 51 家，可见农村地区大多数企业并没有很强的盈利能力。

表 5.22　　　　　　　　　五个省份盈利情况　　　　　　　　　单位：家

利润	总计	四川	湖北	湖南	河南	江苏
暂未盈利	17	4	6	3	1	3
5 万元以下	51	12	15	12	9	3
5 万 ~ 10 万元	35	4	8	11	8	4
10 万 ~ 30 万元	27	6	4	12	2	3
30 万元以上	12	1	2	5	2	2

5.4.5　创业企业互联网使用情况

随着农村地区信号基站的普及，以及各大移动互联网公司陆续启动的下沉竞争战略，农村地区的移动互联网普及程度大大提升。互联网带来的便利也为农村地区的创业和生产提供了不小的助力。

1. 创业企业使用互联网情况

在五个省份调研覆盖的有创业经历的 148 个样本中，共有 67 个使用了互联网进行生产设备的购买，如表 5.23 所示。这说明物流基础设施的普及给农村地区企业主提供了更多的选择空间。

表 5.23　　　　　　五个省份使用互联网进行生产设备的购买情况　　　　　单位：个

分类	总计	四川	湖北	湖南	河南	江苏
0 = 否	78	13	20	21	16	8
1 = 是	67	14	15	23	6	9

除了生产端之外，互联网的便利性也对销售端产生了影响。通过互联网提供的便利渠道，企业所面向的市场不再局限于本地，有更多的消费者可以通过移动互联网手段接触到企业的产品，并通过社交平台或电商平台完成购买的操作。如表 5.24 和表 5.25 所示，在五个省份调研覆盖的有创业经历的 148 个样本中，共有 47 个样本表示使用了社交平台进行销售，共

有 20 个样本使用电商平台进行销售，使用社交平台销售的企业要比电商平台更多，这可能是因为社交平台具有更高的使用率和黏性，更容易解决销售中信任这一问题。

表 5.24　　　　　　　　　五个省份使用社交平台进行销售情况　　　　　　单位：个

分类	总计	四川	湖北	湖南	河南	江苏
0 = 否	98	19	26	32	11	10
1 = 是	47	8	9	12	11	7

表 5.25　　　　　　　　　五个省份使用电商平台进行销售情况　　　　　　单位：个

分类	总计	四川	湖北	湖南	河南	江苏
0 = 否	125	22	32	39	19	13
1 = 是	20	5	3	5	3	4

2. 创业企业使用互联网盈利情况

在创业企业互联网使用方面，使用互联网进行生产资料购买的企业盈利较高①。我们主要关注中部、西部地区。经调研发现，中部地区创业企业拥有网站的比例显著高于西部地区。同时，如图 5.23 所示，中部地区创业企业使用互联网进行产品销售和生产资料购买的比例均高于西部地区。其中 23.67% 的中部地区创业企业通过使用互联网进行产品销售，30.61%的创业企业使用互联网来购买生产资料。23.26% 的西部地区创业企业使用互联网进行产品销售，28.57% 的西部地区创业企业使用互联网来购买生产资料。

进一步对比创业企业使用互联网与不使用互联网的盈利情况发现，在生产资料的购买环节，使用互联网的企业的平均净利润远高于不使用互联网的企业；而在销售环节，使用互联网似乎并未给企业带来更高的净利润。

---

①　在企业互联网使用方面，由于未收集到东部和东北地区数据，因此本部分主要分析中部地区和西部地区企业使用互联网的情况。

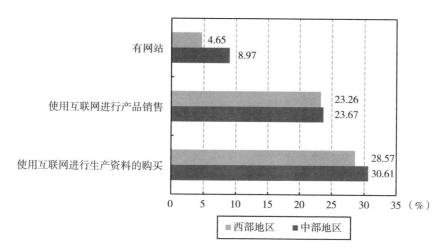

图 5.23　中部与西部地区创业企业使用互联网情况

5.4.6　创业企业资金来源

　　小微企业的第一笔启动资金对企业至关重要。在过去的乡村振兴战略中，政府一直强调要给小微企业提供贷款等金融服务作为支持，但实际落地的情况不得而知。本次调研也继续追加研究了投入资金筹措渠道的问题，根据四个区域的调研结果显示，创业企业资金主要来源于个人储蓄或家庭资助，占比为 58.37%。其次是来自亲戚朋友的资助或入股和政府或银行政策性扶持，所占比例分别为 16.27% 和 10.05%（见图 5.24）。

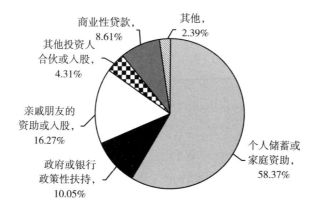

图 5.24　四个区域调研资金筹措渠道占比

　　五个省份调研得到的资金筹措渠道结果与上述结论类似，如图 5.25 所示。可见无论是在哪个省份，大部分的企业主要以个人储蓄和家人资助作为启动资金的来源。仅有 2 家湖北的企业投入资金来自商业贷款，1 家湖南的企业投入资金来自风险融资。

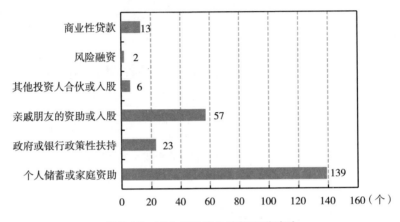

图 5.25　五个省份资金筹措渠道统计

5.4.7　创业政策支持

　　返乡创业补贴政策精确度较低。通过对第二轮四个区域调研数据中"是否享受了返乡创业扶持政策？"变量进行分析发现，在创业群体中，7.33% 的创业者获得返乡创业扶持政策支持。其中中部地区和西部地区获得返乡创业补贴政策支持的创业者占创业总人数的比例分别为 5.92% 和 11.9%。在享受到返乡创业政策扶持的群体中，创业群体主要享受的政策支持是贷款支持和财税支持政策，如图 5.26 所示。这方面的优秀经验如下：河南设立总规模 100 亿元的农民工返乡创业投资基金，通过撬动社会资本加大对初创型返乡创业企业的支持力度；江西赣州市南康区以县域金融改革创新试点为抓手，引导区内银行创新推出"产业升级贷""品牌贷"等 50 个金融创新产品，发行"双创债"，支持返乡创业企业融资；安徽太湖县建设了占地 47.7 亩新仓镇农民工返乡创业园，采取"财政补一点、税收补一点、金融机构贷一点、规费减一点、职能部门帮一点"的方式支持农民工进驻园区经营。[①]

图 5.26 四个区域创业群体享受返乡创业补贴政策情况
资料来源：笔者自行绘制。

第一轮调研的五个省份几乎都出台了专门面向乡村地区企业的返乡创业扶持政策。但根据调研结果，如表 5.26 所示，在 144 个有效样本中，仅有 10 个企业享受返乡创业扶持政策，表明扶持力度还需要加强。同时，在一系列返乡创业政策中，返乡创业企业主要获得的返乡创业政策支持为贷款支持、财税支持和创业培训支持，如表 5.27 所示。

表 5.26 享受返乡创业扶持政策情况　　　　　　　　单位：个

分类	总计	四川	湖北	湖南	河南	江苏
0 = 否	134	25	31	43	20	15
1 = 是	10	2	4	1	2	1

表 5.27 返乡创业扶持政策类型　　　　　　　　单位：个

类型	贷款支持	用电支持	财税支持	创业培训支持	其他
享受该政策的受访者数	6	1	5	5	1

---

① 国务院办公厅. 国务院办公厅关于支持农民工等人员返乡创业的意见 [N]. 中国劳动保障报，2015 – 06 – 24 (2).

调研也统计了受访企业所面对的外部环境情况。政府补贴对创业有着积极的影响，可以衡量当地政府对小微企业的扶持力度。如表 5.28 所示，在调研覆盖的有创业经历的 144 个样本中，创业活动获得补贴的样本共有 11 个，占比也不到 10%。每个省份收到补贴的企业数都很少，最少的是江苏。而获得的政府补贴类型主要为一次性创业补贴和担保贷款贴息，如表 5.29 所示。

表 5.28　　　　　　　创业活动获得政府补贴情况　　　　　　单位：个

补贴情况	总计	四川	湖北	湖南	河南	江苏
有	11	3	4	2	2	0
没有	133	24	31	42	19	17

表 5.29　　　　　　　　政府补贴类型情况　　　　　　　单位：个

类型	一次性创业补贴	担保贷款贴息	创业培训费用补贴	其他
获得该种补贴的受访者数	6	7	2	1

除此之外，本调研也统计了受访者对工作地经营环境的满意程度。如表 5.30 所示，大部分受访者对工作地经营环境较为满意，其中满意及非常满意的受访者占比为 53.05%，其中江苏满意的比例最高。

表 5.30　　　　　　　对工作地的经营环境满意程度　　　　　单位：个

满意程度	总计	四川	湖北	湖南	河南	江苏
1 = 非常不满意	4	1	2	1		
2 = 不满意	15	1	5	5	3	1
3 = 一般	50	11	6	19	8	6
4 = 满意	53	9	15	17	8	4
5 = 非常满意	23	5	7	2	3	6

5.5　本章小结

从农业技术进步整体情况可以看出，农业技术指导仍有较大的发展空间。尽管目前已经开展的农业技术指导已取得积极成效，但仍存在普及程度不高、开展频率较低及地区间不平衡的问题。

从农民健康水平整体情况可以看出，受访者健康状况主观评价较理想；测量过血压、血糖、血脂的受访者比例较高，患"三高"和其他慢性病的受访者比例较低；但 BMI 正常的受访者比例不够高，各地区均不超过70%，存在超重问题，有潜在患病风险。

教育方面，农村地区学前教育普及水平显著提升。相较于父辈，子代的教育水平显著提升。政府通过政府补贴的形式对中、西部教育发展进行了较大的扶持。但我国农村居民的教育水平仍低于全国平均水平。同时，农村教育存在区域和性别差距。中部、西部地区教育与东部、东北地区教育仍然存在较大差距。农村地区的男性教育水平高于女性教育水平。然而，教育代际传递现象依然存在，中部和西部地区在义务教育阶段以上的教育完成方面较东部和东北地区存在差距。

农民返乡创业比例显著增加，受访者创办的企业还是以小微企业为主。在创业企业互联网使用方面，使用互联网进行生产资料购买的企业盈利较高。获得返乡创业政策支持的群体主要获得的政策支持是贷款支持和财税支持政策。同时，目前存在返乡创业补贴政策精确度较低的问题。

第6章

乡村建设

乡村建设是实施乡村振兴战略的重要任务，也是中国式现代化建设的题中应有之义。2022 年 5 月，中央办公厅、国务院办公厅印发《乡村建设行动实施方案》，明确了乡村建设的重要意义、总体要求和重点任务。2022 年 12 月，《乡村振兴责任制实施办法》发布，就实行乡村振兴责任制的总体要求、落实乡村振兴部门责任、落实乡村振兴地方责任及如何强化考核监督等方面作出规定。党的二十大报告中提出"全面推进乡村振兴"，强调"建设宜居宜业和美乡村"①。乡村建设的含义是广泛的，既涉及乡村生产生活和人居环境等方面的硬件建设，也包括乡村公共服务保障等方面的软件建设。本章将在全面准确理解乡村建设行动的内涵和外延的基础上，分析当下我国乡村建设现状。

6.1 基础设施建设

农村基础设施是为发展农村生产和保证农民生活而提供的公共服务设施的总称，是提升农村生产力、发展现代农业、增加农民收入、全面改善农村面貌、建设现代化农村的重要物质基础。中共中央、国务院在 2021 年 2 月发布的《关于全面推进乡村振兴加快农业农村现代化的意见》中也提

---

① 建设宜居宜业和美乡村（全面推进乡村振兴）［EB/OL］. 光明网，2022 – 11 – 25.

出要加强乡村公共基础设施建设，继续把公共基础设施建设的重点放在农村，着力推进往村覆盖、往户延伸。农业生产性基础设施、生态环境建设、农村社会发展基础设施涵盖农业生产、生态保护、农村义务教育、农村文化事业等领域，会在其他专题涉及。此外，随着电子商务在农村地区的普及，农村地区的生产生活方式出现了很大的变革，与农村电子商务有关的基础设施建设，如快递收发点覆盖情况、电子商务服务站覆盖情况等，也日益成为农村重要基础设施建设的一类。因此，本章节将重点关注农业生活性基础设施和与农村电子商务相关的基础设施建设情况。

6.1.1 生活性基础设施建设

受访村庄的道路交通基础设施较为完善。农村道路建设属于新农村建设中的"五改"之一，加快农村道路建设的进程，对农村经济的发展、农业生产布局等都有着至关重要的意义。从四个区域的调研结果来看，受访村庄的通村道路主要为硬化路，即水泥路或柏油路，仅有极个别受访村庄的通村道路是泥土路，且超过80%的受访村庄内安装了可用路灯。受访村庄的通村道路宽度集中在3~6米，西部地区约30%的受访村庄的通村道路宽度甚至超过了10米。此外，从受访村客运班车通车情况来看，有2/3的受访村庄已经开通了客运班车，整体通车率较高，其中，东北地区黑龙江的受访村庄客运班车的通车率最高，达到100%，中部地区江西的受访村庄客运班车通车率最低，为50%。

受访村庄的交通通达程度在区域间发展不平衡。交通区位特征是决定农村区域经济分布的重要因素，其对农村居民的就业和生活的便利程度也有着直接影响。由于农村地区人口稀疏，市场规模有限，交通通达性较好、靠近城市和交通枢纽的农村地区往往具有更多的经济活力。从四个区域的调研情况来看（见图6.1），受访村庄离最近客运站的平均距离在4千米左右，东部地区受访村庄的情况要明显好于中部地区和西部地区，在中部、西部地区，如云南、宁夏、湖北等地，部分受访村庄离最近客运站距离超过了25千米。

从针对具体五个省份的调研来看，交通通达程度在地区间发展不平衡

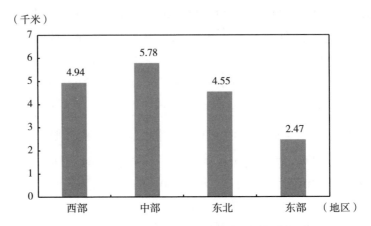

图6.1　四个区域受访村庄离最近客运站的平均距离

这一结论没有太大改变。在图 6.2 受访村庄距离最近客运站的距离调查样本中，0~5 千米的样本最多，占 52.55%，5 千米~10 千米的样本占 24.77%，10 千米~20 千米的样本占 14.63%，20 千米以上的样本最少，占 8.05%。客运站站点集中在农户居住密集的地方。由表 6.1 可知，农村居民与客运站的平均距离为 8.57 千米，其中，四川受调研村与各自村最近客运站的平均距离最短，为 6.49 千米，湖北受调研村与各自村最近客运站的平均距离最长，为 10.91 千米。

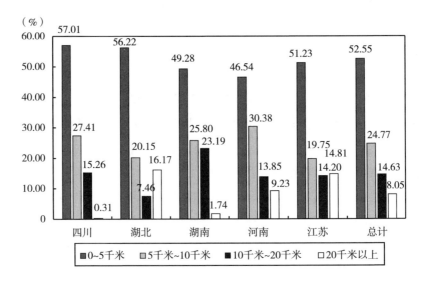

图6.2　五个省份的受访村庄距离最近客运站的距离

表 6.1　　　　　　五个省份的调研村距最近客运站、火车站的平均距离

省份	平均距最近的客运站距离（千米）	平均距最近的火车站距离（千米）
总计	8.57	44.14
四川	6.49	45.77
湖北	10.91	58.45
湖南	7.45	40.50
河南	8.31	40.86
江苏	9.70	18.53

在农村居民与最近火车站间的距离分布占比方面，如图 6.3 所示，42.58% 的受访农户村庄距离火车站 0～25 千米，26.19% 距离火车站 25 千米～50 千米，13.97% 距离火车站 50 千米～75 千米，10.95% 距离火车站 75 千米～100 千米，100 千米以上最少，为 6.31%。由表 6.1 可知，2021年农村居民与火车站的平均距离是 44.14 千米，其中，江苏受调研村距离各自村最近的火车站平均距离最短，为 18.53 千米，湖北受调研村距离各自村最近的火车站平均距离最长，为 58.45 千米。

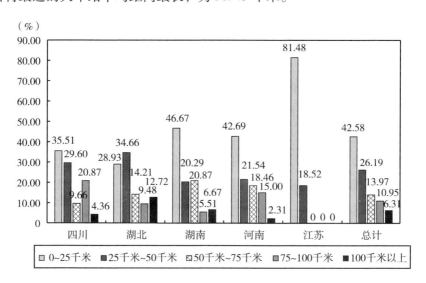

图 6.3　五个省份农村居民与最近火车站间的距离分布占比

农户对交通便利性的满意度评价偏低。图 6.4 描述了具体五个省份的受访农户对交通便利性的评价情况，农户到最近的客运站和火车站感到方

便的平均距离分别为 8.17 千米和 43.12 千米，而到最近客运站和火车站感到不方便的平均距离为 9.60 千米和 46.80 千米。根据表 6.1 可知，目前平均距最近的客运站距离为 8.57 千米，与农户评价交通方便的 8.17 千米还有差距；目前平均距最近的火车站距离为 44.14 千米，与农户评价交通方便的 43.12 千米较为接近，但仍有一定差距。

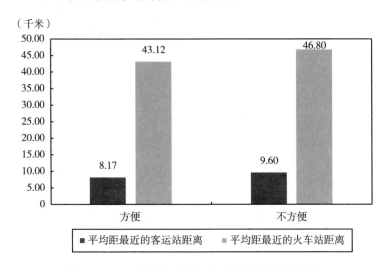

图 6.4　五个省份的受访农户对交通便利性的评价

乡村饮水困难和饮水不卫生基本得到解决。在饮水安全方面，受访村庄的饮用水来源主要是自来水，而纯净水和其他水源（井水、河水、山泉水等）占比较少。受访村庄的自来水单价集中在 2～5 元/吨，仅有中部湖北的部分受访村落自来水单价超过了 5 元/吨，达到了 8 元/吨。同时，受访村庄的饮水安全和饮水便捷性基本上能得到保障，饮水困难和饮用水不卫生的问题已基本被消除，仅有极少数村庄的村户存在饮水困难的情况，户数在 40～100 户以内，占所有受访农民的 5% 左右。存在饮用水不安全隐患的村户数量更少，仅有 5～10 户，占所有受访村庄的 5% 左右（见图 6.5）。

乡村沼气池数量有待增加。受访样本沼气池配置情况均不够理想，东部地区的受访村庄中，拥有沼气池的村庄不超过 20%，东北地区的受访村庄均没有沼气池，西部地区拥有沼气池的村庄所占比重为 29%，中部地区拥有沼气池的比重最大，为 31%（见图 6.6）。

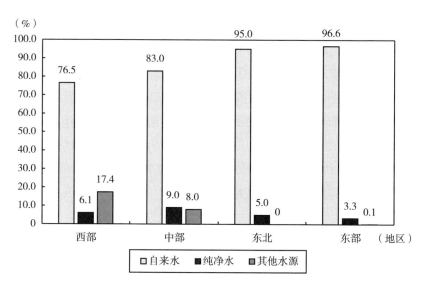

图6.5 四个区域受访村庄饮用水来源占比

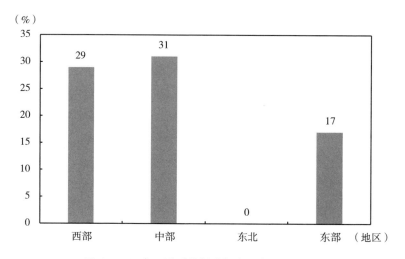

图6.6 四个区域受访村庄拥有沼气池的比重

乡村基本实现用电普及。在电力使用方面，除湖北、宁夏两地有极个别受访村庄的村户家里未通民用电，其他受访地区的村庄均已实现用电的完全普及。此外，受访村庄在用电质量方面也表现优异，除河南有两地受访村庄当年停电时间分别在20天和30天外，其他大部分受访村庄的当年停电时间均不超过10天，70%的受访村庄当年无停电情况。另外，受访地区的民用电单价在0.5元/度上下浮动，总体保持稳定。

从调研结果来看，受访村庄的生活设施建设总体来说已经获得较大改善，具体表现在受访村庄道路基础设施、客运班车通车率、饮水安全、沼气池配备、电力使用等方面的改善。但仍存在一些问题亟须解决，从调研省份的情况看，受访村庄农户对交通便利性的满意度仍然偏低，调研村距最近客运站、火车站的距离还达不到农户满意的标准。分区域看，部分中西部受访村庄的交通通达性差，离最近的客运站过远，这对村庄经济发展、村民交通出行均有不利影响。东部、东北地区的沼气池配备情况较差，不利于农村环境的保护和改善。

6.1.2　农村电商相关的基础设施建设

物流和快递驿站是电子商务的基础设施，快递驿站的普及率一定程度上反映了当地农村电子商务的普及程度和网购的便利程度。在乡村振兴战略实施的大背景下，农村快递量所占份额正快速增长。本次调研项目也着重关注了快递收发点和与电子商务相关的服务站或服务中心在乡村推广的情况。

受访农村快递收发点覆盖情况有待改善。从五个省份的调研结果来看，受访农村快递收发点覆盖率还不够高。表 6.2 展示了受访农户所在村的快递收发点覆盖情况，在总受访农户中，38.40% 的农户所在村具有快递收发点，其中江苏的受访农户所在村的快递收发点覆盖率最高，为 50.62%；河南的受访农户所在村的快递收发点覆盖率最低，仅有 32.82%。

表 6.2　五个省份受访农户所在村的快递收发点覆盖情况

省份	没有快递收发点		有快递收发点	
	样本数（个）	百分比（%）	样本数（个）	百分比（%）
总计	916	61.60	571	38.40
四川	196	61.06	125	38.94
湖北	245	61.10	156	38.90
湖南	221	64.24	123	35.76
河南	174	67.18	85	32.82
江苏	80	49.38	82	50.62

表 6.3 描述了受访农户距最近的快递收发站的距离情况，从五个省份的调研样本来看，所在村没有快递收发点的受访农户与最近快递点的平均距离为 4.45 千米，所在村具有快递收发点的受访农户与最近快递点的平均距离为 2.08 千米。其中，江苏的两个距离之间差距最小，为 0.71 千米；湖北的差距最大，为 4.39 千米。说明农村快递收发站的建设还有待推进。

表 6.3　　　　五个省份受访农户距最近的快递收发站的距离　　单位：千米

省份	没有快递收发点	有快递收发点
总计	4.45	2.08
四川	4.04	2.83
湖北	6.07	1.68
湖南	4.39	2.42
河南	3.62	1.48
江苏	2.52	1.81

受访农户所在村的电子商务服务点覆盖率较低。表 6.4 展示了受访农户所在村的电子商务服务站或服务中心的覆盖情况，在总受访农户中，仅有 26.97% 的农户所在村具有电子商务服务点，其中湖北的受访农户所在村的电子商务服务点覆盖率最高，为 34.91%。江苏的受访农户所在村的电子商务服务点覆盖率最低，仅有 19.14%[①]。

表 6.4　　　　五个省份受访农户所在村的电子商务服务站或服务中心的覆盖情况

省份	没有电子商务服务站或服务中心		有电子商务服务站或服务中心	
	样本数（个）	百分比（%）	样本数（个）	百分比（%）
总计	1086	73.03	401	26.97
四川	226	70.40	95	29.60
湖北	261	65.09	140	34.91
湖南	262	76.38	81	23.62
河南	206	79.23	54	20.77
江苏	131	80.86	31	19.14

---

① 一般认为东部地区是我国农村电商的主体市场，江浙地区的电子商务发展较其他地区要更加发达，此处调研数据与江浙地区电商发达的大背景不相符合，可能是针对该省的调研数据样本量较少，不具备较强的代表性。

受访农村的益农信息社的覆盖率较低。在本次调查的 1488 条样本数据中，据表 6.5 可知，仅有 18.41% 的样本表示村内有益农信息社或 12316 村级信息服务站，这说明益农信息社的普及程度还不高。其中湖北的普及率最低，仅有 7.21%，四川的益农信息社普及率最高，但仅有 28.04%。

表 6.5　　　　　　　　　五个省份本村是否有益农信息社

省份	否		有	
	样本数（个）	百分比（%）	样本数（个）	百分比（%）
总计	1214	81.59	274	18.41
四川	231	71.96	90	28.04
湖北	373	92.79	29	7.21
湖南	263	76.68	80	23.32
河南	210	80.77	50	19.23
江苏	137	84.57	25	15.43

农户参与益农信息社的意识薄弱。在已有益农信息社或 12316 村级信息服务站的村落里，调查也统计了受访者去过益农信息社的数量。据图 6.7 可知，去过 1~5 次益农信息社的受访者样本最多，超过 73 人，去过 10 次益农信息社的受访者最少，仅有 5 人。总体来看，益农信息社在已经普及了的乡村也并未取得较好的效果。

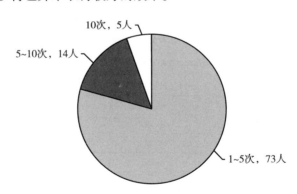

图 6.7　2021 年五个省份受访者去益农信息社的次数

从四个区域的调研结果来看，与电子商务相关的服务站或服务中心在乡村覆盖率不高这一现象同样存在。东部受访村庄的与电子商务相关的服务站覆盖率只达到了一半，但已经明显优于西部地区（34.0%）、中部地区（33.3%）和东北地区（17.0%）。从区域内具体省份来看，黑龙江和河南的与电子商务相关的服务站覆盖率在全国范围内最低，分别为16.6%和13.6%，安徽、江苏和云南的受访村庄情况较好，但也只在50%左右。而益农信息站和12316村级信息服务站在乡村的覆盖率同样不高，西部和东北地区受访村庄的益农信息站或12316村级信息服务站的覆盖率高一些，分别达到了44.4%和40.0%，而中部和东部分别只有32.4%和14.3%（见图6.8），从区域内具体省份来看，河南和江西受访村庄的情况亟待改善，益农信息站的覆盖率只有17%和10%。总的来看，虽然电子商务在农村的普及和发展在逐年加快，但是配套的服务设施和信息站的普及情况却不容乐观。

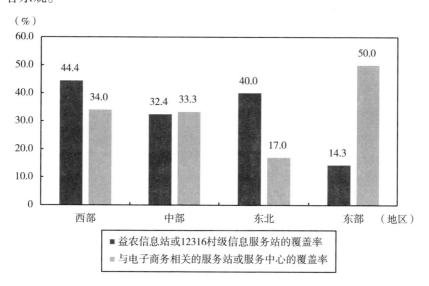

图6.8　四个区域电子商务相关基建在受访村庄的覆盖程度

6.2　人居环境整治

农村人居环境好与坏直接关乎着农村居民的身心健康和农村经济的发展，影响着城乡一体化实现的进程，更是建设社会主义新农村的主要内容。本章节将围绕生活垃圾处理、污水排放、厕所改造三个方面来刻画和概述受访村庄的人居环境整治情况。

受访农户参与生活垃圾分类意识不够强，乡村生活垃圾的分类、处理方面存在明显的区域差距。针对具体五个省份的调研结果显示，受访农户对生活垃圾分类的意识还比较淡薄。图6.9展示了受访者家庭生活垃圾的主要处理方式情况，在所有的受访者样本中，统一收集并投放到垃圾点有1197个样本，是最主要的生活垃圾处理方式。仅有137位受访者选择对垃圾进行简单的分类，这说明受访农村的垃圾处理在分类方面的意识还不太够。在生活垃圾处理上，受访村庄拥有专门垃圾场（垃圾池或集中堆放点）的数量集中在0~4个之间，并显示出明显的地区差异，以中部地区为例，湖北地区的受访村庄平均拥有专门垃圾场11个，但河南地区的受访村庄平均拥有专门垃圾场仅1个。除河南外，江苏、宁夏地区的受访村庄的平均专门垃圾拥有数也不乐观，分别是1个、2个。此外，除新疆地区有超过一半的受访村庄用掩埋或焚烧的方式处理生活垃圾外，其他受访村庄处理生活垃圾的方式基本上是由专门机构运走处理。在生活垃圾分类方面，中部、西部受访村庄的情况要劣于东部地区受访村庄，河南、江西、云南、新疆四个地区的受访村庄普遍不会对生活垃圾做分类收集处理，而东部地区的情况要好很多，如江苏的受访村庄中90%都会对生活垃圾做分类收集处理。

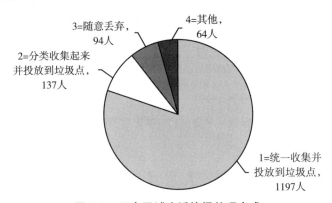

图6.9　四个区域生活垃圾处理方式

乡村污水处理有了较大的改善，且东部和中部地区要明显优于其他地区。在污水排放方面，总体来看，受访地区50%~70%的村庄都安设了生活污水排污管道（排污渠或下水道），但从具体区域来看，东北地区受访村庄的生活污水排污管道安设情况不如其他地区，如黑龙江的受访村庄普遍没有安设排污管道。在生活污水最终去向方面，东部和中部地区省份表现要明显优于其他地区，如江苏绝大部分受访村庄的生活污水会由管道或排污渠通往污水处理厂，或是先流向本村污水净化池（化粪池），再排放至附近水域，只有极少受访村庄产生的生活污水会直接流向附近河流、小溪、湖泊或大海。但在东北地区，有近70%的受访村庄生产的生活污水会直接流入附近河流、小溪、湖泊或大海，或是流入或渗入到附近土壤里，如图6.10所示。

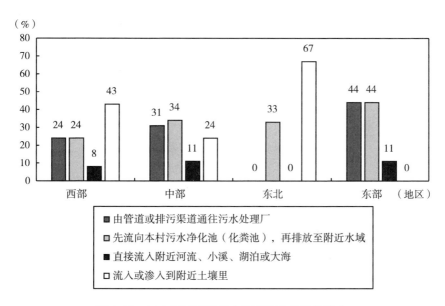

图 6.10 四个区域受访村庄生活污水的最终流向

乡村的厕所改造情况整体良好，表现在公共厕所的普及和家用厕所的升级，但西部地区要明显滞后于其他地区。总的来看，受访村庄的公共厕所普及程度良好，普及率在50%~90%之间，但存在明显的地区差异，东部地区和部分中部地区的受访村庄公共场所普及率达到了80%以上，要明显高于东北和西部地区的50%。从公共厕所的类别来看，受访村庄的公共厕所类别基本上都是乡村公厕，极少受访村庄安设了旅游厕所和交通厕所。而从家用厕所的改造情况来看，东部、中部地区的受访村户家用厕所基本上都换成了水冲式，西部地区的家用厕所改造情况不够理想，40%的村户家用厕所还是旱厕或是简易厕所（见图6.11）。

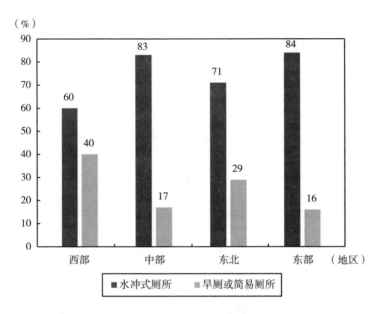

图6.11　四个区域受访村户的家用厕所类型

　　总的来看，受访村庄的人居环境整治情况已经得到了明显改善，表现在生活垃圾处理越来越规范，污水排放越来越合规，公厕普及越来越广泛等方面，但从调研的具体五省份的情况来看，受访农户参与生活垃圾分类意识还比较淡薄。分区域来看，东北、西部地区部分受访村庄的人居环境整治要明显落后于东部地区受访村庄。如西部地区很多受访村庄处理生活垃圾的手段（掩埋或焚烧）较为原始，且会对环境造成严重破坏；东北地区很多受访村庄没有配备公共厕所，西部地区的受访村户家里仍未普及水冲式厕所。

6.3　数字化服务建设

　　数字乡村是伴随网络化、信息化和数字化在农业农村经济社会发展中的应用，以及农民现代信息技能的提高而内生的农业农村现代化发展和转型进程，既是乡村振兴的战略方向，也是建设数字中国的重要内容。本部分分别从网络宽带和智能手机的使用、互联网金融使用和家庭的电子商务经营三个方面对乡村数字化服务发展情况进行分析。

乡村互联网应用程度较高。在针对四个区域的调研中，总调研样本中家庭的网络宽带和智能手机使用率分别为81.73%和85.05%，其中东北地区使用率最高，分别为91.87%和98.37%；西部地区的网络宽带使用率仅有70.72%，与其他地区相比依然有较大差距（见图6.12）。

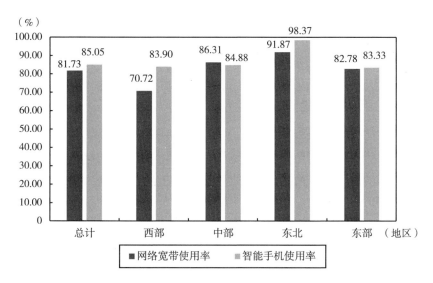

图6.12 四个区域受访村户的网络宽带和智能手机的使用率

根据调研样本统计结果，目前农民使用智能手机主要用于休闲娱乐和网上支付，特别是东北地区农民休闲娱乐的比例高达95.12%。用于工作技能提升、农业生产和农产品销售的比例较低，占总样本比例分别为14.95%、5.98%和6.05%（见表6.6）。

表6.6　　　　　　　　　四个受访农户使用智能手机的用途

地区	工作技能提升		农业生产		农产品销售		网上支付		休闲娱乐	
	样本量（个）	百分比（%）	样本量（个）	百分比（%）	样本量（个）	百分比（%）	样本量（个）	百分比（%）	样本量（个）	百分比（%）
总计	450	14.95	180	5.98	182	6.05	1691	56.18	2278	75.68
西部	129	14.53	65	7.32	63	7.09	572	64.41	680	76.58
中部	283	15.56	101	5.55	109	5.99	955	52.50	1352	74.33
东北	14	11.38	9	7.32	7	5.69	56	45.53	117	95.12
东部	24	13.33	5	2.78	3	1.67	108	60.00	129	71.67

互联网金融使用比例较低。调研总样本中农民使用互联网金融的比例仅有 14.55%，其中东部地区使用率最高为 23.33%，其次为中部和西部地区，分别为 16.33% 和 10.02%，东北地区最低，为 8.13%（见表 6.7）。不使用互联网金融的原因主要是缺乏对互联网金融的了解，缺乏电脑、移动端等设备，投资风险大，以及资金、信息不安全等。

表 6.7　　　　　　　四个区域受访农户的互联网金融使用情况

地区	是		否	
	样本量（个）	百分比（%）	样本量（个）	百分比（%）
总计	438	14.55	2572	85.45
西部	89	10.02	799	89.98
中部	297	16.33	1522	83.67
东北	10	8.13	113	91.87
东部	42	23.33	138	76.67

乡村的电子商务经营比例较高。在全部村镇中，电子商务经营比例高达 71.88%。在东北地区的 3 个样本中，本乡镇本村的家庭都在经营电子商务，交易的商品主要是农产品和杂粮。西部地区的样本中有 83.78% 的家庭在经营电子商务，交易的商品主要是农产品、纺织类、日用品和玩具。东部地区的比例为 75.00%，交易的商品主要是农产品和特产。中部地区最低，比例为 65.00%，交易的商品主要是农产品、农副产品、日用品、化妆品和家具等（见表 6.8）。关于农产品电商创业盈利模式主要依靠直销自营模式，其他模式还有入驻平台模式和供应链模式。

表 6.8　　　　　　　四个区域家庭的电子商务经营比例（样本数：人）

地区	是	否	百分比（%）
总计	92	128	71.88
西部	31	37	83.78
中部	52	80	65.00
东北	3	3	100.00
东部	6	8	75.00

在四个区域的调研样本中，电子商务产业园建设比重为 10.16%，其中，东部地区的电子商务产业园比重最高为 25.00%，中部地区为 10.00%，西部地区比重最低，为 8.11%。电子商务平台建设比重为 41.41%，相对高于电子商务产业园的比重，其中，西部地区比重最高，为 43.24%，中部地区比重为 42.50%，东部地区为 37.50%。各地区直播带货助农模式开始发展，总样本比例为 32.81%，东部、西部和中部地区比例分别为 37.50%、35.14% 和 32.50%（见表 6.9）。而东北地区的乡镇样本只有 3 个，并不能观察出该地区目前的乡镇电子商务设施发展情况。

表 6.9　　　　　　　四个区域电子商务产业园、电子商务平台

和电商直播带货助农情况

地区	本乡镇有电子商务产业园		本乡镇有电子商务平台		本乡镇有电商直播带货助农	
	样本量（个）	百分比（%）	样本量（个）	百分比（%）	样本量（个）	百分比（%）
总计	13	10.16	52	41.41	42	32.81
西部	3	8.11	16	43.24	13	35.14
中部	8	10.00	33	42.50	26	32.50
东北	0	0	0	0	0	0
东部	2	25.00	3	37.50	3	37.50

6.4　基本公共服务建设

根据村户调研发现，农村养老主要依靠与子女同住和老人独居的方式。有 45% 的老人依靠与子女同住的方式，有 35% 的老人独居养老（见图 6.13）。养老保险的参与类型主要是农村养老保险，但从总样本来看，依旧有 30.65% 的农民还没有参与养老保险。在预期自己能领到的养老金上，农民平均预期能领到 103.68 元/月。

乡镇医疗水平有待提高。在乡镇调研样本中，乡镇卫生院的平均数量为 3.44 个，其中中部地区的平均值最大，为 4.46 个；东部地区次之，为 2.88 个；西部和东北地区较低，分别有 1.53 个和 1.00 个。在乡镇卫生院上转县级医院的患者数量占比上，平均占比为 6.61%，其中中部地区最

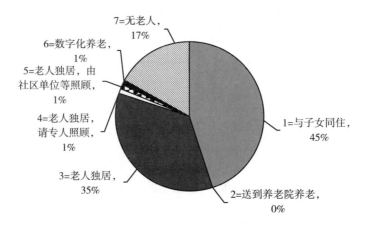

图 6.13　四个区域农村养老方式

高，上转县级医院的患者数量占比为 7.56%，东部和西部地区分别为 5.00% 和 5.48%，东北地区占比最低，为 1.67%（见表 6.10）。

表 6.10　　　　　　　四个区域乡镇卫生院平均数量和上转县级医院的患者占比

地区	乡镇卫生院平均数量（个）	转县级医院的患者占比（%）
总计	3.44	6.61
西部	1.53	5.48
中部	4.46	7.56
东北	1.00	1.67
东部	2.88	5.00

　　从村庄数据来看，调研样本中平均每村的卫生室数为 1.30 个，平均药店数为 2.83 个，平均全村医生人数为 2.39 人（见图 6.14）。

　　此次调研并未统计村庄的活产儿数，所以无法计算孕产妇死亡率及 5 岁以下儿童死亡率。5 岁以下儿童 0 死亡的行政村个数占总有效样本的比重为 71.15%，其中东北地区比重最高，为 100%；西部地区比重最低，为 63.41%。孕产妇 0 死亡的行政村个数占总有效样本的比重为 76.28%，其中东北地区比重最高，为 100%；西部地区比重最低，为 73.17%（见表 6.11）。

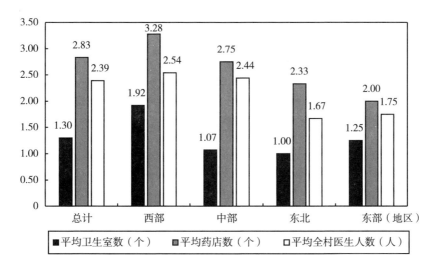

图 6.14　四个区域的村庄平均卫生室、平均药店数和平均全村医生人数

表 6.11　　四个区域的村庄当年 5 岁以下儿童 0 死亡的行政村占比、

当年孕产妇 0 死亡的行政村占比情况　　　　单位：%

地区	当年 5 岁以下儿童 0 死亡的行政村占比	当年孕产妇 0 死亡的行政村占比
总计	71.15	76.28
西部	63.41	73.17
中部	73.91	76.29
东北	100.00	100.00
东部	77.78	77.78

6.5　本章小结

　　根据调研数据发现，受访村庄的生活设施建设、人居环境整治总体来说已经获得较大改善，农村的交通基础设施、水电使用方面、垃圾处理和厕所改造等方面均有明显改善，但在区域间的发展还存在不均衡的问题。受访村庄的数字化服务水平得到提升，互联网应用与电子商务经营比例较高，但互联网金融使用水平较低。受访村庄的基本公共服务建设方面，依旧有小部分农民没有参与养老保险，且乡镇医疗水平还有待提高。

第 7 章

乡村治理与支农惠农政策

乡村治理是国家治理的基石，也是乡村振兴的基础。乡村治、百姓安、国家稳，乡村治理不仅关系到农业农村改革发展，更关乎党在农村的执政基础，影响着社会大局的稳定。乡村治理的核心是"人"，其背后必然涉及与人相关的制度体系、组织架构、资产管理等一系列问题，是一个庞大的治理体系问题。支农惠农政策指政府为了支持农业的发展、提高农民的经济收入和生活水平、推动农村的可持续发展而对农业、农民和农村给予的政策倾斜和优惠。在当前全面推进乡村振兴、国家继续加大支农投入的背景下，让党和国家的各项财政支农惠农阳光政策遍及千家万户，真正打通财政部门服务人民群众的"最后一公里"显得尤为重要。

本章第一部分从村级组织构成、村务管理和财政支出三个方面来展示所调研地区的乡村治理基本面貌，第二部分从乡镇产业园引进、农村失业补贴、作物最低收购价、创新创业政策、农业补贴五个方面来展示所调研地区的支农惠农政策，从而探讨乡村振兴战略背景下如何构建中国特色乡村治理体系，以及如何通过恰当的支农惠农政策积极发挥政策引导作用。

7.1 乡村治理

党的十九大报告对实施乡村振兴战略提出了"产业兴旺、生态宜居、乡风文明、治理有效、生活富裕"的总要求。其中，"治理有效"作为推动乡村振兴的保障性要素，在诸多因素之中起着举足轻重的作用。乡村振兴、治理有效是基础和根基。加快推进乡村治理体系和治理能力现代化是实现乡村振兴的必由之路。

分析中国村级组织构成有助于深入了解党的领导下符合中国国情特点、多元共治的新型乡村治理体系具体是怎样的；村务管理作为党组织领导下现代基层治理体系的重要表现形式，分析村务管理可初步窥见中国乡村的治理面貌；而分析村集体经济组织的财政收支情况、用途及其来源则有助于进一步探究壮大农村集体经济的方法和路径。因此，本书通过村级组织构成、村务管理和财政支出三个视角来详细展示所调研村庄的乡村治理体系基本面貌。

7.1.1　村级组织构成

中国农村基层组织（村级组织）的主体主要有两个，即村中国共产党支部委员会（以下简称"村党支部"）和村民自治委员会（以下简称"村委会"），分别通过村党员代表和村民直接选举产生。在中国乡村治理的实践中，主要是"两委"在扮演着积极的角色，但两者相比较下，村党支部始终处于领导核心位置，几乎涵盖所有的村庄公共事务，这也体现了党领导的政治意涵。尽管如此，村民的自我管理、自我服务、自我监督仍然存在一定的发展空间，中国乡村治理在党的领导下呈现出村民自治有序发展，具备"多元融合"的特性。

1. 乡村基层组织形式

村民代表会议由村民委员会成员和村民代表组成，村民代表按照我国法律规定的男女比例、户数比例推选产生，是村民会议的常设权力机构，根据村民会议授权讨论决定事项。村民小组会议是由本村民小组十八周岁以上的村民组成，是集体讨论本村民小组具体事务的会议组织。红白喜事理事会规范理事会成员行为，家族祠堂则体现一种社会管理的"软性"实力。

目前，村民小组会议、村民代表会议是乡村自治体系的重要表现。由

图 7.1 可知，受访者表示乡村基层组织形式除了村党支部和村委会外，主要包括村民小组会议和村民代表会议，其比例分别为 38.14% 和 31.83%，红白喜事理事会也成为了重要的基层自治形式，比例为 19.52%。而家族祠堂、宗教组织等其他组织形式占比较小，加起来只有一成左右。分区域看，东北和东部地区的乡村自治体系主要是村民小组和村民代表会议，其他组织形式很少；而中部和西部地区则是以村民小组、村民代表会议、红白喜事理事会作为主要的基层组织形式，同时也存在家族祠堂、宗教组织等其他形式。这也侧面反映了中部、西部地区的乡村治理模式更加多元化。

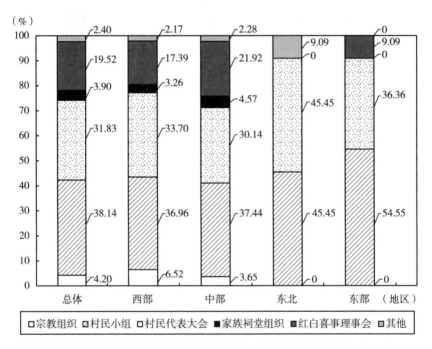

图 7.1　四个区域乡村基层组织形式（不含村委会和党支部）

2. 村支书兼任村主任情况

《乡村振兴战略规划（2018—2022 年）》第五章"乡村振兴战略规划主要指标"的专栏中设定的"村党组织书记兼任村委会主任的村占比"预期性指标：2016 年基期值为 30%，2020 年的目标值为 35%，2022 年的目标值为 50%。过去，村支书和村主任（村长）分开由人担任，处理村事务的时候，在工作思路、操作方法上很难统一意见，办事流程也相对复杂，对村民办事增加不少弯路。2021年后，全国慢慢开展将由村支书兼任村主任实现"一肩挑"，村支书与村主任职位"一肩挑"能够将工作统一，提高工作效率与协调性，村民办事也更直观方便。

目前，大部分村庄已经实现了村支书兼任村主任"一肩挑"的局面。由图7.2可知，受访者中表示所在村庄支书和村主任由同一人担任的比例占到了76.19%。其中，西部、中部、东北、东部地区该比例分别为52.50%、83.87%、100.00%、87.50%，四个区域均完成了"村党组织书记兼任村委会主任的村占比"的2022年预期性指标50%。从调研数据看，东北、东部和中部地区落实村干部选举新规定的情况较好，而西部地区仍然存在较多的村庄没能实现村支书兼任村主任"一肩挑"的情况，这可能与西部地区村庄存在一些体制机制障碍制约了新规的落实有关，也可能是这些村庄根据实际情况保留了分开担任政策，具体情况有待进一步考察。

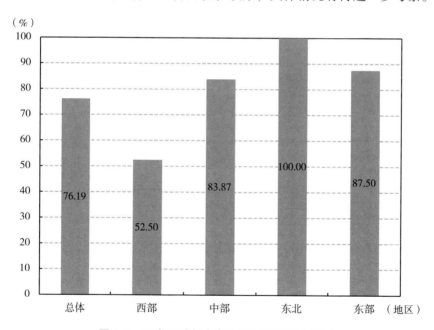

图7.2 四个区域村支书兼任村主任试点情况

3. 驻村"第一书记"选派情况

驻村"第一书记"制度是国家层面以精准扶贫、乡村振兴为抓手，推动国家治理体系和治理能力现代化的重要乡村实践，是联结脱贫攻坚与乡村振兴的重要实践力量。因此，发挥驻村"第一书记"在乡村振兴中的领导核心作用，与村"两委"共同做好各项工作至关重要。

总体来看，超过六成的乡村驻扎有第一书记，其中西部地区的比例最高，中部地区其次。由图7.3可知，中西部乡村派驻"第一书记"的占比明显高于东北和东部地区。而中部、西部地区的广大农村正是乡村振兴的主战场，巩固脱贫攻坚成果任务较重，也存在一些党组织软弱涣散村，这些均是选派第一书记的重点区域。

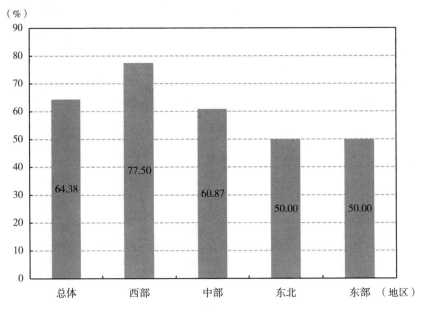

图7.3　四个区域驻村"第一书记"选派情况

4. 驻村"第一书记"主要来源

下派的在职干部是目前驻村"第一书记"的最主要来源，东部地区通过本村选举的干部也是重要途径。近年来，向"软弱涣散"村派驻"第一书记"已经成为党基层组织建设工作中的一项有效的举措。"第一书记"存在着工作时间短、困难大的特点。要想在短时间内解决问题，必须要有丰富的基层生活和工作经验，才能尽快投入工作。如图7.4所示，目前驻村"第一书记"的来源主要包括本村选举、下派的在职干部、离退休干部等多种来源，其中下派的在职干部是其最主要的来源渠道。无论其来源如何，都要从有基层工作经验的干部中选择。

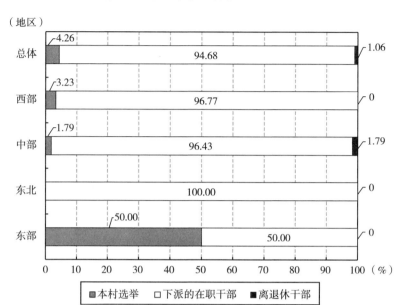

图7.4　四个区域驻村"第一书记"的主要来源

7.1.2　村务管理

1. 村规村约普及程度

村规村约是村民进行自我管理、自我服务、自我教育、自我监督的行为规范，是受道德约束的行为规则，也是健全和创新党中央领导下自治、法治、德治相结合的现代基层治理体系的重要形式，是德治的具体化、条理化，是推动基层治理的重要内容。提高乡村治理水平需要在乡村治理中切实强化村规村约，依法推进村民自治。

目前绝大部分区域存在村规村约。由图7.5可知，受访者中表示所在村庄有村规村约的比例占到了95.10%，东部、东北、中部、西部地区的比例分别为100.00%、100.00%、95.65%、91.89%，四地区均超过90%。从总体看，村规村约已经成为乡村基层治理体系中的重要组成部分，且地区间差异并不大，西部地区村规村约的比例相比其他三地区较低。

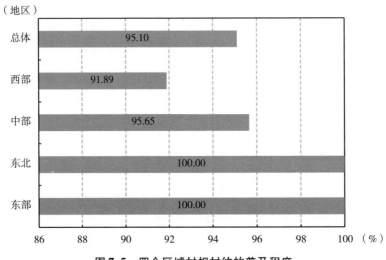

图 7.5　四个区域村规村约的普及程度

2. 村规村约主要内容

　　如图 7.6 所示，村规村约主要包括改善村居环境、维护公共设施；移风易俗、文明乡风；社会公共道德、精神文明建设；提倡遵纪守法、维护本村社会秩序，在所有的村居受访样本中分别占比 22%、21%、21%、21%。而针对鼓励创业、发展经济相关的村规村约占比相对较小，约为 14%。与此同时，有 4 位受访者选择了其他方面的村规村约，如婚丧嫁娶礼金。

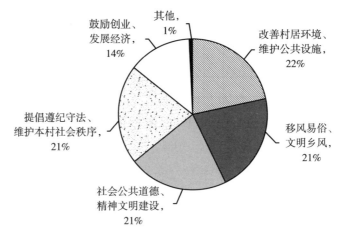

图 7.6　村规村约包含的主要内容

3. 村务公开普及程度

村务公开是指村民委员会组织把处理本村涉及国家的、集体的和村民群众利益的事务相关情况，通过户外 LED 屏宣传栏、手机 App、触摸查询机、电脑等一定形式和程序告知全体村民，并由村民参与管理、实施监督的一种民主行为。村务公开是农村村务管理的重大改革，是促进村干部廉洁自律、强化农村监督机制的重要环节，尊重和保证了村民的知情权、参与权、决策权、监督权，是人民群众评判农村党风政风好坏的一个重要标志，是加强基层民主政治建设和党风廉政建设的一个基础性工作。

目前绝大多数乡村已经落实了村务公开，中部、西部地区仅有极少数乡村未能落实。从总体来看，如图 7.7 所示，表示本村开展了村务公开的受访者占比达到了 92%，明确填无的仅有 1%（其中还存在 7% 的缺失值）。从样本中删除缺失值重新计算四个区域村务公开普及程度，如图 7.8 所示。东部和东北地区明确表示所调研乡村已经落实了村务公开（普及程度均为 100%）。然而，西部和中部地区仍存在个别调研乡村没有落实村务公开（普及程度分别是 97.50% 和 98.92%），这两处村庄可能存在监督机制的严重缺失。但从样本总体情况来看，村务公开已经成为了中国农村村务管理的常态化基础性工作。

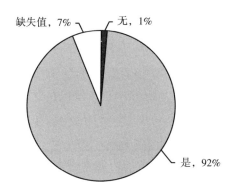

图7.7　本村是否开展了村务公开（整体情况）

4. 村务公开主要方式

村务公开的方式主要包括村务公开栏、微信/QQ 群和召集村民进行报

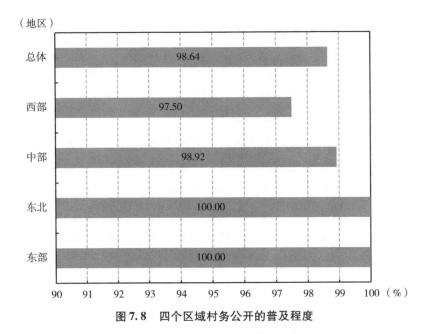

图7.8 四个区域村务公开的普及程度

告会议。从总体来看，如图 7.9 所示，村务公开栏是村务公开的最主要方式，占比达到了 48%。另外两个重要的村务公开方式分别是微信/QQ 群和召集村民进行村务公开报告会议，其比例分别为 23% 和 19%。比较小众的村务公开方式还有建立村务公开网站和为每户村民家中发村务信函，其比例分别为 8% 和 2%，另外调研样本中还显示一村庄通过入户宣讲来进行相关的村务公开。分区域来看，如表 7.1 所示，村务公开栏是各地区最主要

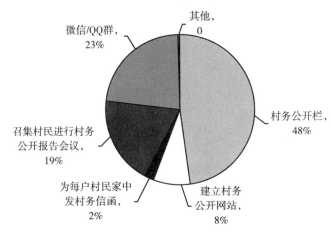

图7.9 村务公开方式（整体情况）

的村务公开方式,并且在各地区的差异不大。然而建立村务公开网站在东部地区更为明显,其比例大约是东北和中部地区的两倍以上,西部地区则普遍没有建立村务公开网站,占比仅为3.8%。微信/QQ群作为村务公开方式在东北地区明显弱于其他地区,而召集村民进行村务公开在东北地区和西部地区表现尤为明显,东部地区用该种方式的频数则明显弱于其他地区。通过分地区的比较,能明显感知不同地区对村务公开方式有着不同的偏好。

表7.1　　　　　　　　四个区域村务公开方式频数及其所占比例

村务公开方式	总体	西部地区	中部地区	东北地区	东部地区
村务公开栏	139	38(47.5%)	88(48.6%)	6(46.2%)	7(43.8%)
建立村务公开网站	23	3(3.8%)	16(8.8%)	1(7.7%)	3(18.8%)
为每户村民家中发村务信函	6	0	5(2.8%)	1(7.7%)	0
召集村民进行村务公开报告会议	55	19(23.8%)	31(17.1%)	3(23.1%)	2(12.5%)
微信/QQ群	66	20(25.0%)	40(22.1%)	2(15.4%)	4(25.0%)
其他	1	0	1(0.6%)	0	0

7.1.3　财政支出

发展壮大农村集体经济,是实现共同富裕和乡村振兴的必由之路。尽管各地村级集体经济发展取得了一定的成绩,但是在部分地区、部分领域仍然存在着村级集体经济发展基础不牢、办法不多,农村集体资产管理还有待加强等诸多问题制约着村级集体经济发展质量的提高。

1. 村集体财政收支状况

目前村集体财政收支状况中存在负债的占比达到了两成,中部、西部地区村集体的财政紧平衡现象更加突出。从总体来看,如图7.10所示,调研的村庄收支保持基本平衡的比例达到了58.74%,表示所在村庄收大于支的比例为18.88%,而表示所在村庄有负债的比例为22.38%。分区域来看,东部和东北地区的村集体财政收支状况要好于中部和西部地区,但由于东部和东北地区样本量较少，该结论不具有一般性。中部和西部地区调研村庄收大于支的比例则明显小于东部和东北地区，有负债的情形也更加突出，反映出中部和西部地区的村集体可能存在财政紧平衡现象，甚至有不少村集体入不敷出。

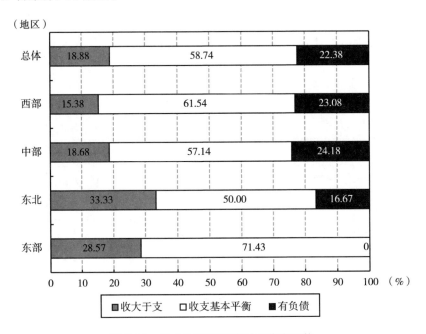

图 7.10　四个区域村集体财政收支现状

2. 村集体财政支出用途

从总体来看，村集体财政支出主要用于水利、电力等基础设施建设，修公路，援助贫困家庭和提供村民文化娱乐场所。其所占比例分别为 22.7%、22.0%、19.6% 和 19.4%，义务教育的比例为 9.0%，而其他项的比例为 7.2%（见表 7.2）。分区域来看，义务教育在财政支出中的比例在西部地区为 12.8%，明显高于中部地区的 8.2% 和东部地区的 5.9%，援助贫困家庭的财政支出占比在东北地区、中部地区、西部地区都超过了两成，然而东部地区调研的村庄没有将村集体财政用于贫困家庭，这也反映了东部地区经济较发达，村集体用于义务教育和援助贫困家庭的财政资金较少。

表7.2　　　　　　　　四个区域财政支出用途频数及其所占比例

村集体财政支出的用途	总体	西部地区	中部地区	东北地区	东部地区
义务教育	35(9.0%)	14(12.8%)	20(8.2%)	0	1(5.9%)
修公路	85(22.0%)	20(18.3%)	55(22.5%)	6(35.3%)	4(23.5%)
水利、电力等基础设施建设	88(22.7%)	20(18.3%)	61(25.0%)	2(11.8%)	5(29.4%)
提供村民文化娱乐场所	75(19.4%)	24(22.0%)	44(18.0%)	3(17.6%)	4(23.5%)
援助贫困家庭	76(19.6%)	23(21.1%)	49(20.1%)	4(23.5%)	0
其他	28(7.2%)	8(7.3%)	15(6.1%)	2(11.8%)	3(17.6%)

3. 公共产品建设资金来源

各级政府财政转移支付是中西部地区农村公共产品建设资金主要来源，而村级组织的集体收入则是东部地区的主要来源。如表7.3所示，总体来看，农村公共产品建设资金依次来自各级政府财政转移支付（48.2%），村级组织的集体收入（28.6%），采用"一事一议"方式收取资金（12.5%）及通过民间资本筹集（8.9%），而其他项的比例仅为1.8%。分区域看，中部、西部地区来自各级政府财政转移支付的资金占一半左右（分别是48.6%和52.5%），来自村级组织的集体收入比例分别是27.5%和24.6%。而东部地区来自村级组织的集体收入则达到50.0%，来自各级政府的财政转移支付仅28.6%，与中部、西部地区构成了鲜明的对比，东北地区的上述两种筹措资金来源相当。采用"一事一议"方式收取资金及通过民间资本筹集在各地区没有太明显的差距，两种方式占比约两成。

表7.3　　　　　四个区域农村公共产品建设资金来源频数及其所占比例

农村公共产品建设资金来源	总体	西部地区	中部地区	东北地区	东部地区
各级政府财政转移支付	108(48.2%)	32(52.5%)	69(48.6%)	3(42.9%)	4(28.6%)
村级组织的集体收入	64(28.6%)	15(24.6%)	39(27.5%)	3(42.9%)	7(50.0%)
采用"一事一议"方式收取资金	28(12.5%)	9(14.8%)	16(11.3%)	1(14.3%)	2(14.3%)
通过民间资本筹集	20(8.9%)	4(6.6%)	15(10.6%)	0	1(7.1%)
其他	4(1.8%)	1(1.6%)	3(2.1%)	0	0

7.2　支农惠农政策与地方政府作用

党的二十大报告提出，中国式现代化建设，要通过缩小城乡差距、地区差距，持续推进共同富裕，要以共建共享的方式实现共同富裕、社会和谐和人的全面发展。缩小城乡差距，要以实施乡村振兴战略为统领，致力于高质量发展现代农业、服务要素下沉农村和财政支农惠农等方式推动农村经济发展、产业兴旺和市场繁荣，夯实农村居民增收的经济基础，不断缩小城乡居民收入差距，进而缩小城乡居民服务消费差距。

乡村振兴战略中，基层政府扮演着极为重要的角色。如何落实支农惠农政策，解决人民群众的切身问题，对于实现乡村振兴有着极为重要的意义。对于支农惠农政策在基层的落实情况，本次调研通过收集覆盖东部、东北、中部、西部四大地区 15 个省份超过 180 个乡镇的一手数据，丰富了乡镇、村落级别样本的信息，具有极大的价值与意义。

7.2.1　乡镇产业园引进

2020 年底，我国已全面完成脱贫攻坚工作，农村地区的工作重心转向乡村振兴，"产业兴旺"则是实现乡村振兴的关键。乡村地区的产业发展不仅可以带动当地就业，提供工作岗位，巩固脱贫攻坚，更是推动欠发达地区经济发展的重要动力。

农村地区受到资源禀赋、营商环境、政策力度等条件的限制，自发孵化产业较为困难。尤其是在农村人口持续流失的大背景下，缺乏资本积累、招工困难等因素制约了当地产业的发展。因此，由政府主导引入外地资本，并兴建产业园，是一种实现产业兴旺的有效手段。

在调研覆盖的四大地区中，东部地区乡镇有引入产业园的比例最高，达到 62.50%，西部地区引入产业园的比例最低，达到 59.46%（见图 7.11）。其中，中部地区共有 5 个乡镇引入国家级产业园，东北地区调研所覆盖区域暂无乡镇引入国家级产业园（见图 7.12）。

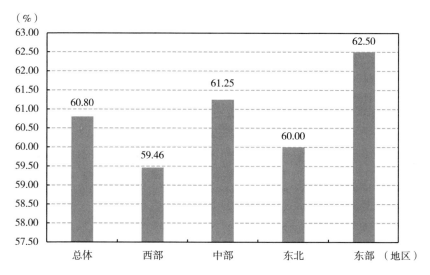

图 7.11　四个区域的乡镇引入产业园比例

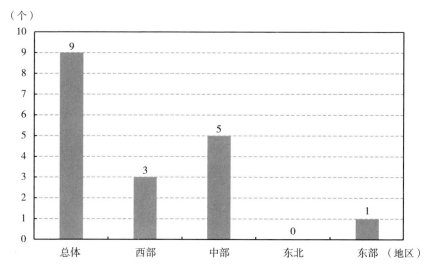

图 7.12　四个区域的乡镇引入国家级产业园数量

　　在引入产业园后，地方政府还应该注重配套设施的建设和人才培养。对于乡村地区而言，其积累的人力资本在一定程度上决定了该地产业结构是否能够实现升级。如何留住高素质的劳动力在本地工作，为当地民众创造更优越的就业条件和生活水平，是基层政府未来应该关注的目标。

7.2.2 农村失业补贴

农村的劳动力适龄人口相较城市更少，拥有劳动技能的人口不多。即使引入产业园，为当地人民群众提供了基础的就业岗位，但由于劳动技能、年龄不匹配等诸多复杂因素，结构性的失业仍然难以消除。农村社会保障一直是地方政府保证当地居民温饱的重要手段，对失业者的培训、补助、帮扶也是地方政府社会保障工作的重要一环。及时为失业者提供资金补助和劳动技能培训，能够帮助失业者迅速完成角色转换，更快地投入就业市场中，减少摩擦性失业。

在调研覆盖的各个地区中，绝大多数的乡镇都向失业人群提供了失业帮扶政策（见图7.13）。这些政策包括：提供免费再就业培训、发放对应补贴金和给予职业学习激励（见图7.14）。

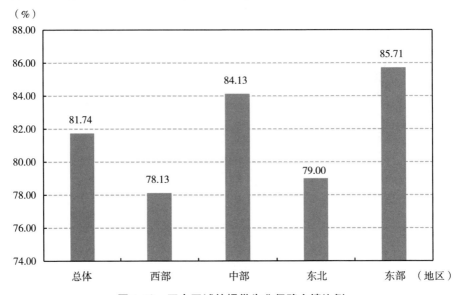

图7.13　四个区域的提供失业保障乡镇比例

但值得注意的是，再就业培训能否为失业劳动者提供足以找到下一份工作的劳动技能这一问题暂无定论。受限于地方财政、执政效率等因素，失业措施的具体落实情况仍待考察。只有较好地解决产业结构升级等问题，结构性的劳动力失业才可以被避免。

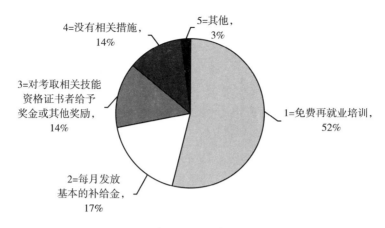

图 7.14　四个区域的乡镇具体失业措施

7.2.3　作物最低收购价

2022 年初，《中共中央国务院关于做好 2022 年全面推进乡村振兴重点工作的意见》（以下简称"2022 中央一号文件"），对当前国家粮食安全的坚实保障与规模性返贫的遏制防范措施作出了宏观性引导和制度性设计。同时，2022 中央一号文件明确提出"适当提高稻谷、小麦最低收购价，稳定玉米、大豆生产者补贴和稻谷补贴政策"，通过各种政策的统筹衔接，积极探索以市场供求为导向的价格形成机制与"价补分离"模式。

最低收购价具有稳定粮食产出，保障农民收益的重要意义。但在实践中，受到交通、物流成本、季节性因素的影响，农民最终成交的收购价格往往会发生偏移。在调研所覆盖的四个地区中，小麦、稻谷的最低收购价格出现了较为明显的地区性差异。中部地区具有较低的收购价格。如图 7.15 所示，西部地区小麦、稻谷收购价均高于平均水平，分别达到 1.24 元/斤和 1.21 元/斤，东北、东部地区的最低收购价较为均衡。中部地区的最低收购价最少，小麦的最低收购价是 1.07 元/斤，稻谷的最低收购价是 1.12 元/斤，均低于平均水平。

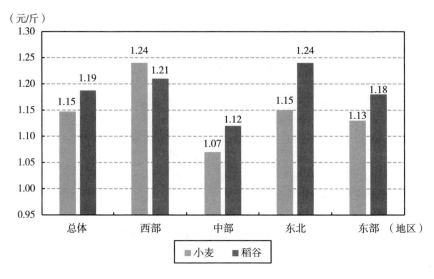

图 7.15　四个区域的作物最低收购价（成交价格）

　　实际的收购成交价格与原有的粮食最低收购价存在偏移，这可能是因为原有的机制缺乏弹性，难以全面反映粮食市场供需关系与运行实效，易导致政府储粮的滞后与被动。为解决这一难题，近年来，中央政府已逐步探索基于市场资源配给的"价补分离"机制，由传统的"价补合一"逐步转向"价补分离"，进一步核定并管控政策粮的收购规模，推行目标价格补贴与实际生产者直接补贴政策，切实发挥市场资源配给与生产主体反馈参与的关键作用，逐步减少政府对粮食价格的直接性行政干预。

7.2.4　创新创业政策

　　随着我国经济迈入新阶段，创新成为经济发展的第一动力，创业创新的重要性迅速提升。各级政府都针对创新创业提出了一系列公共政策，而作为政府的最基层，村庄级的政策落地情况无疑对于实现政策目标有着极为重要的意义。从基层的角度看，乡村"底层"策略行动状况很大程度上决定了整体乡村创业创新的政策环境和氛围。

　　创新创业政策能鼓励本地产业发展，创造更多就业岗位，提高生产效率。本项目通过对东北、中部、东部、西部四个地区超过 150 个村庄进行调研发现，在调研覆盖的所有地区中，西部地区村庄的落地政策比例最高，有 75.68% 的村庄为当地居民提供创新创业政策扶持。东部、东北、中部地区的比例接近，均在 30% 左右（见图 7.16）。此外，各地区利用"互联网＋"进行创新的人员占比中，东部地区具有最高比例，达到 1.09%，东北地区较低，达到 0.97%（见图 7.17）。

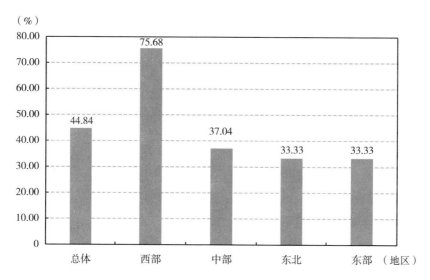

图 7.16 四个区域的有创新创业政策乡镇比例

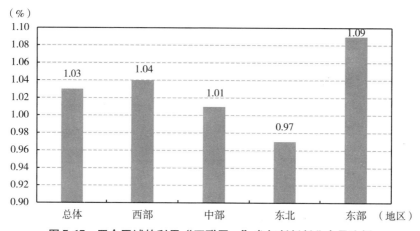

图 7.17 四个区域的利用"互联网＋"参与创新创业人员比例

调研覆盖的五个省份中，专门面向乡村地区企业的返乡创业扶持政策主要为贷款支持、财税支持和创业培训支持，但存在落实力度不足的现象（见

表7.4）。在144个有效样本中，仅有10个样本享受到返乡创业扶持政策。

表7.4	五个省份的返乡创业扶持政策类型				单位：个
类型	贷款支持	用电支持	财税支持	创业培训支持	其他
享受该政策的受访者数	6	1	5	5	1

　　本项目调研还统计了受访者企业所面对的外部环境情况，发现政府补贴对创业有着积极的影响，可以衡量当地政府对小微企业的扶持力度。在调研覆盖的有创业经历的144个样本中，创业活动获得补贴的样本共有11个，占比也不到10%。每个省份收到补贴的人数都很少，最少的是江苏（见表7.5）。而获得的政府补贴类型主要为一次性创业补贴和担保贷款贴息（见表7.6）。

表7.5	您的创业活动是否获得了政府补贴					单位：个
选择	河南	湖北	湖南	江苏	四川	总计
有	2	4	2	0	3	11
5＝没有	19	31	42	17	24	133

表7.6	政府补贴类型			单位：个
类型	一次性创业补贴	担保贷款贴息	创业培训费用补贴	其他
获得该种补贴的受访者数	6	7	2	1

7.2.5　农业补贴

　　农业补贴在一定程度上可以促进农业发展、增加农民收入，它是一个国家工业化发展到一定阶段的必然选择。过去的农业补贴政策主要以种粮直补、良种补贴、农资补贴和农机具补贴为主，有着"普惠性"的特征，但这种补贴方式缺乏针对性，使真正种地种粮的农民得不到相应的补贴额度，导致农民积极性减弱。本章节的最后一部分关注农业补贴情况，主要关注了各农业经营主体的补贴数量及多种地是否能获得更多补贴。

　　新型经营主体相比普通农户获得的农业补贴更多，多种地种粮的农户能够获得更多的农业补贴。

图 7.18 表明，四个区域不同农业主体的农业补贴调研情况也类似。四个区域中一共有 2392 个普通农户，407 个新型经营主体，新型经营主体的农业补贴为 1548 元/年，普通农户的农业补贴为 1080 元/年。同样验证了新型经营主体的农业补贴要高于普通农户这一结论，说明目前补贴具有一定的精确性，能够对多种地种粮的农户给予更多的补贴，从而促进适度经营规模。

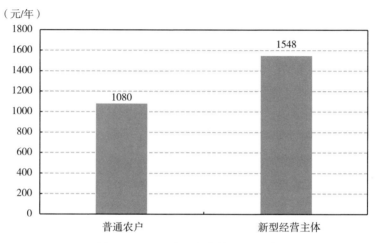

图 7.18 不同农业主体的农业补贴

图 7.19 表明，调研的四个区域中也呈现相同特征，即选择转入土地的农户比不转入土地的农户能够多获得近 3000 元的农业补贴，而选择转出土

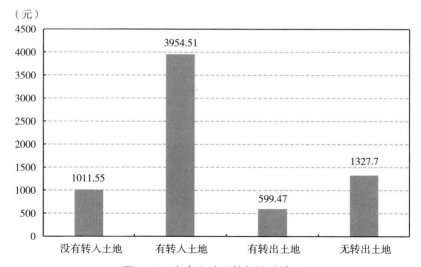

图 7.19 农户土地流转与补贴情况

地的农户比不选择转出土地获得的农业补贴要少获得约800元的农业补贴，也说明补贴具有一定的精确性，能够对多种地种粮的农户给予更多的补贴，从而促进适度经营规模。

7.3　本章小结

在中国乡村治理的实践中，主要是村党支部和村委会在扮演着积极的角色，同时也有村民小组会议、村民代表会议、红白喜事理事会等乡村自治体系作为重要补充，中国乡村治理呈现出在党的领导下村民自治有序发展，具有"多元融合"的特性。

村务管理作为党组织领导下现代基层治理体系的重要表现形式，是推动基层治理的重要内容。当前绝大部分区域存在村规村约，主要包括改善村居环境、维护公共设施、移风易俗、文明乡风等内容。村务公开作为农村基层建设的基础性工作，绝大多数乡村也已经基本落实，其主要形式包括村务公开栏、微信/QQ群和召集村民进行报告会议。

发展壮大农村集体经济，是实现共同富裕和乡村振兴的必由之路。目前村集体财政收支状况中存在负债的比例达到了两成，中、西部地区村集体的财政紧缩现象更加突出。中、西部地区农村公共产品建设资金主要的来源是各级政府财政转移支付，而东部地区则主要来自村级组织的集体收入。

在支农惠农政策方面，调研表明绝大多数的乡镇都向失业人群提供了失业帮扶政策。这些政策包括提供免费再就业培训，发放对应补贴金和给予职业学习激励。受限于地方财政、执政效率等因素，失业措施的具体落实情况仍待考察。只有较好地解决产业结构升级等问题，结构性的劳动力失业才可以被避免。

同时，各地乡镇也出台了创新创业扶持政策，但是还具有较大的提升空间。专门面向乡村地区企业的返乡创业扶持政策主要为贷款支持、财税支持和创业培训支持，但存在落实力度不足的现象。在144个有效样本中，仅有10个样本享受到返乡创业扶持政策。

第 8 章

全面推进乡村振兴的
政策建议*

总体来看，我国全面推进乡村振兴迈出了坚实步伐，主要表现为脱贫攻坚成果得到巩固拓展、农民收入水平和生活水平显著提升、农业综合生产能力增强、农村面貌焕然一新。但持续全面推进乡村振兴、促进共同富裕仍面临着一系列的问题与挑战。全面实施乡村振兴战略必须加强顶层设计，守住保障国家粮食安全和防止规模性返贫两条底线，加快乡村产业发展，扎实推进乡村建设、乡村治理等乡村振兴重点工作，有效发挥地方政府作用，进一步释放支农惠农政策红利。

8.1　主要的成效

在过去的 2022 年，巩固拓展脱贫攻坚成果同乡村振兴有效衔接取得重大进展，防止返贫的措施初见成效，衔接乡村振兴的机制初步形成，农村居民尤其是建档立卡贫困户的收入水平和生活水平逐步提高；农村生活环境明显改善，美丽乡村和数字乡村建设有序展开；乡村治理进一步加强和完善，支农惠农政策取得成效。

---

* 本章如无特别说明，数据即为调研统计的结果。

8.1.1　粮食单产稳定，脱贫攻坚成果得到巩固拓展

粮食单位面积产量稳定。各地区粮食作物以种植水稻、玉米和小麦为主，种植比例分别为 34%、36% 和 25%。水稻、玉米和小麦的亩产量分别为 519 公斤/亩、613 公斤/亩和 389 公斤/亩，均高于 311 公斤/亩、388 公斤/亩和 236 公斤/亩的世界平均水平，其中小麦的单位面积产量均处于世界前列。

脱贫成效明显。从脱贫成效来看，曾经是建档立卡贫困户的居民人均可支配收入超过了 1.2 万元，高于 2020 年国务院扶贫开发领导小组办公室制定的脱贫标准（人均可支配收入 1 万元）。从消费支出结构来看，调研各地区的恩格尔系数均小于 0.35，生活质量较高。从扶贫项目开展情况来看，调研各地区通过产业扶贫、光伏扶贫、一村一品、乡村旅游等形式，中部地区平均每个村解决了 123 人的就业，西部地区平均每个村则解决了 228 人的就业。

农民收入水平和生活水平总体较高。从收入水平来看，东部、中部、东北地区的农村居民人均可支配收入较高，平均达到 1.97 万元。各地区收入水平呈现差异，其中东部沿海地区农村居民收入较高，东北、中部地区次之，西部最低；农民收入来源较为多样化，包括务工等工资性收入，农业收入、开店等非农经营收入，租金分红、退休金低保、农业补贴等转移性收入，等等。从农村居民就业情况来看，就业渠道较为多样化，农村居民以自家农活为主，同时还会外出务工，外出务工类型大多是非农自雇，从事行业包括农产品加工业、乡村旅游业等。打工地点多在本地区及东部、东南等沿海地区，表明农村劳动力有一定的流动性。

8.1.2　农业生产经营现代化体系初步显现，第三产业加快发展

农业生产经营总体情况稳中向好，逐步形成新型农业经营体系。新型农业生产经营主体初具规模，并且有一定比例的农户参与农业组织，初步形成了以家庭承包经营为主体，农民专业合作社、家庭农产、农业社会化

服务组织、种植/养殖大户作为补充的新型农业经营体系。

乡村旅游发展态势较好，产业种类丰富，特色鲜明。在调研的 128 个乡镇样本中，接近一半数量的乡镇有旅游景区。2021 年，受调研乡镇休闲农业与乡村旅游业平均接待游客 77.99 万人次，接待游客最多达 673.20 万人次；同时，乡村旅游发展能够带动当地居民就业，平均带动就业 4325.73人，带动就业人数最多达 40000 人。

8.1.3　农业技术供给增强，农村学前教育普及率进一步提升

农业技术指导取得积极成效。本次调研结果显示，虽然农业技术指导开展频率不高，但在接受过农业技术指导的农户中，有 13.86% 的农户认为农业技术指导使其大幅增产增收，有 55.45% 的农户认为农业技术指导使其有一定幅度增产增收。可见目前已经开展的农业技术指导反馈较好。

农村儿童的教育相较于父辈阶段显著提升。相较于父代，农村地区子代的教育程度整体上有了提升。例如，农村学前教育普及率显著提升，94.23% 的农村儿童接受过学前教育。特别地，中部、西部地区的学前教育普及率有较大提升，其中中部地区有 95.83% 的农村儿童接受过学前教育；西部地区有 91.57% 的农村儿童接受过学前教育。

8.1.4　乡村建设有所成效，农村居住环境明显改善

农村交通、信息等基础设施和公共服务建设步伐加快，为居民生产生活提供了便利。受访村庄道路基础设施建设较为完善。受访村庄的通村道路以水泥路或柏油路为主。有 2/3 的受访村庄已经开通了客运班车，乡村基本实现用电普及。乡村饮水困难和饮水不卫生基本得到解决，乡村污水处理有了较大的改善。乡村的厕所改造情况整体良好，受访村庄的公共厕所普及程度良好，普及率在 50%~90% 之间。乡村互联网应用程度较高。2021 年，总调研样本中家庭的网络宽带和智能手机使用率分别为 81.73% 和 85.05%。家庭的电子商务经营比例高达 71.88%。在电

子商务产业园和电子商务平台的建设方面，调研样本中建设比例分别为10.16%和41.41%。

8.1.5　乡村基层治理体系较为完善，乡村振兴有抓手

中国乡村治理在党的领导下呈现出村民自治有序发展、"多元融合"的特性。乡村基层组织形式除了村党支部和村委会外，还有村民小组会议、村民代表会议及红白喜事理事会等自治形式，占比分别为38.14%、31.83%和19.52%。村规村约已经成为乡村基层治理体系中的重要组成部分。受访者中表示所在村庄有村规村约的比例占到了95%，四大地区均超过90%；目前，绝大多数乡村已经落实了村务公开，从总体来看其占比达到了92%，明确填无的仅有1%。总体来看，超过六成的乡村驻扎有"第一书记"，中部、西部地区的比例较高，下派的在职干部是目前驻村"第一书记"的最主要来源，作为联结脱贫攻坚与乡村振兴的重要实践力量，驻村"第一书记"能在乡村振兴中发挥其应有的领导核心作用。

8.1.6　支农惠农政策红利进一步释放

农业补贴精准性进一步提升。多种地种粮的农户能够得到更多的农业补贴，选择转入土地的农户比不转入土地的农户能够多获得更多的农业补贴，而选择转出土地的农户比不选择转出土地获得的农业补贴要少。因此，我国正在实施差异化的农业补贴政策，符合我国"三补合一"支持粮食适度规模经营的政策目标，有利于扩大土地经营规模，提高农民生产积极性。

中部、西部教育扶持政策落实到位，农民教育负担有所下降。相较于东部和东北地区，中部、西部地区农村居民接受教育政府补贴的比例更高，这有助于减少中部、西部地区的教育负担，降低农村居民的教育支出。

失业帮扶政策较为完善。地方政府采取了一系列措施，帮助失业群体重新融入劳动力市场，从多个维度对失业群体进行帮扶。具体包括为失业群体提供免费再就业培训，发放对应补贴金和给予职业学习激励。

8.2 面临的问题

8.2.1 保障粮食安全与防止规模性返贫

粮食安全存在隐患。一方面，随着全球变暖、极端气候频发，导致粮食生产环境和条件不断恶化，粮食生产的自然风险不断增大，因此，要重点注意气象灾害和病虫灾害等问题，农户普遍受重大灾害影响；另一方面，土地撂荒问题严重，55%的农户种植面积为0，并且没有转出土地。其中东部地区土地撂荒比例高于整体平均水平。

疾病和资金缺乏是农户可能的返贫因素。中部地区和西部地区普遍反馈因病、因资金缺乏是可能的返贫因素，且脱贫后，中部地区和西部地区的内部资金支持、地区内受助情况不均衡，地区间受助差距较大。

8.2.2 农村产业发展

农业现代化发展存在明显短板。一是农业规模经营程度较低。主要体现在新型农业经营主体占比较低，全国平均占比仅13.3%。农户参加农业组织的比例也较低，只有11%。土地细碎化问题仍然存在，调研区域的耕地平均地块面积为3.70亩，其中东部地区即江苏的土地细碎化问题最严重。土地流转率不足，流转对象集中于亲朋好友等熟人，并且存在严重土地撂荒问题，大量土地闲置，制约了农业生产规模化、集约化发展，土地的活力尚未突出显现。二是农业品牌相关政策宣传推广力度不足。农户对农产品地理标志的了解程度和种植比例较低，种植比例更是低至1.82%。未种植地理标志的最主要原因是不了解相关政策，有44.70%的农户不了解政策，且农业品牌发展的传播和推广也存在问题，部分农户认为没有合适的销售渠道。三是农业机械化使用率较低。制约我国农业机械化率提高的主要因素有两个：一方面农民对机械化认识不足，农民文化素质普遍偏低，且缺乏对农民机械设备使用的宣传推广和培训；另一方面以小农户为主的农业经营主体使用机械的成本较高，农用机械一次性投资大，作业成本和维护成本均较高，由于农民收入水平较低，对农业机械的购买力不足。四是农业社会化服务供给规模小。从产业链条看，无论是分散的小农户还是新型经营主体，对于产前的市场预警、产后的初加工及销售等服务需求都很迫切，但就目前生产性服务供应而言，产中阶段还相对充分，产前和产后环节则相对滞后。仅有 1.13% 的农户从事农业生产服务且产业规模较小，大部分农机户拥有的机械数量在三台及以下。此外，农业机械中智能化技术应用率较低，有定位装置和有无人驾驶技术的农用机械占比较低，不足 5%。

一二三产业融合深度不够。一是特色农业产业链的纵向发展延伸程度不够深入，大量的农副产品暂时均未达到深加工的技术水平和管理水平，并且在农产品加工质量、加工环境、加工设备条件上都存在较大的制约性；二是对文化旅游产品的文化附加值没有做到科学有效开发利用；三是融合项目规划层次不高，缺乏创意和内涵，大多为观光采摘类休闲活动等旅游项目，大同小异，缺乏深度体验项目，对外地游客缺乏吸引力。大部分项目仅满足了人们的休闲观光需求，与文化、餐饮、娱乐没有进行深度融合，难以形成新业态和新的商业模式。

8.2.3　技术与人才支撑

农业技术的普及程度不高且地区间存在不平衡。接受过农业技术指导的农户中，超过半数认为农业技术指导有助于增产增收，可见推广农业技术指导对农业生产存在积极效果。但也存在推广力度较低、农业技术普及程度不高的问题。本次调研结果显示，受到农业技术指导的比例仅有 10.96%、四地区均未超过 20%，其中超过半数的农户在半年或更长时间内才受到一次技术指导，且地区间存在较大差异，东部地区接受过农业技术指导的农户比例与其他地区相比较低。

农村居民存在超重问题。BMI 正常的受访者比例为 56.92%，各地区 BMI 正常的受访者比例均在 50%~60%，各地区均有超过 20% 的受访者超重，整体来说受访者 BMI 合格比例不够高，存在超重问题。这可能有消耗减少和摄入增加的两方面原因：一是如今的劳作方式与传统相比消耗的能量更少；二是各类食品加工行业向农村深入，越来越多农民开始尝试高热量加工食品。

我国农村居民的教育水平仍低于全国平均水平。同时中部、西部地区教育与东部、东北地区教育仍然存在较大差距，教育的代际传递现象依然存在。首先，与 2020 年我国 15 岁及以上人口平均受教育年限 9.91 年相比①，农村居民的教育程度仍然偏低。其次，中部、西部地区教育仍存在一些薄弱环节，主要体现在高中以上教育阶段，中部、西部地区达到高中以上学历的比例低于东部地区和东北地区。在性别方面，教育的性别差距在农村地区依然存在，其中中部地区教育的性别差距最大。最后，子代的教育程度随父亲的教育程度上升而上升，教育程度为文盲和小学的父代，其子女的最高教育程度主要集中在初中程度，远低于教育程度为初中及以上的父代子女。

8.2.4　乡村建设

基础设施和公共服务设施存在配置不合理、区域不平衡问题。在受访村庄的交通基础设施建设上，中部、西部地区情况要差于东部地区，如云南、宁夏、湖北等地，有的受访村庄离最近客运站距离超过了 25 千米。乡村沼气池建设有待加强。全国的受访样本沼气池配置情况均不够理想，东北地区、东部地区的受访村庄中，有配置沼气池的占比不超过 15%，宁夏、黑龙江的受访村庄均没有配备沼气池。与电子商务相关的服务站或服务中心在乡村的覆盖率不高。黑龙江和河南的与电子商务相关的服务站覆盖率在全国范围内最低，分别为 16.6% 和 13.6%。益农信息站和 12316 村级信息服务站在乡村的覆盖率同样不高，河南和江西的受访村庄的情况亟待改善，益农信息站的覆盖率分别只有 17% 和 10%。在生活垃圾分类方面，中部、西部地区的受访村庄情况要劣于东部地区的受访村庄，河南、

① 第七次全国人口普查公报（第六号）——人口受教育情况 [J]. 中国统计，2021（5）：11 – 13.

江西、云南、新疆四个地区的受访村庄处理生活垃圾的手段（掩埋或焚烧）还比较原始，对环境会造成严重破坏；黑龙江超过一半的受访村庄没有配备公共厕所，西部地区的受访村户家里水冲式厕所仍未普及等。西部地区乡镇医疗水平有待提高，西部和东北地区乡镇卫生院的平均数量低于东、中部地区。

信息化手段对村民农业生产的赋能作用有待提升，移动互联网应用场景亟待拓展。从网络信息的应用用途看，智能手机并没有成为农民生产的"新农资"。绝大部分村民可能只是利用手机网络进行娱乐、放松等活动，仅有 1 成的受访者会关注与农业生产、农产品销售等相关的手机资讯，移动互联网在农业生产的应用场景匮乏，数据并没有真正成为农业生产的新型生产要素。互联网金融使用比例较低，调研总样本中农民使用比例仅有 14.55%，东北地区占比最低，仅有 8.13% 的受访农户使用互联网金融。不使用的原因主要是对互联网金融缺乏了解，缺乏电脑、移动端等设备以及投资风险大，资金、信息不安全等。

8.2.5　乡村治理

中部、西部地区村集体的财政不平衡现象较突出。中部、西部地区调研村庄收入大于支出的比例明显低于东部和东北地区，有负债的情形也更加突出，反映出中部、西部地区的村集体的财政不平衡现象更加突出。西部地区较多乡村没能实现村支书兼任村主任"一肩挑"的局面，这可能与新规落实不够、体制机制障碍和地区差异等因素有关。

8.2.6　强农惠农政策与地方政府作用

最低收购价机制缺乏弹性。最低收购价具有稳定粮食产出，保障农民收益的重要意义。但由于实践中，粮食收购受到交通、季节等多种因素的影响，农民的最终成交收购价格往往会与最低收购价产生较大偏移。现有的最低收购价，难以全面反映粮食市场供需关系与运行实效，需要基于市场机制进行探索与更新。

返乡创业扶持政策覆盖度较低。在创业群体中，享受到返乡创业补贴的比例仅为 7.33%，创业政策落地还有较大空间。关于农民工创业经济利益、权益保护等方面的法律零散，缺少一个以稳定规章制度为基础的管理体系。国家虽然鼓励农民创业就业，并出台了相关政策，但仍不能满足创业农民工的需求。如金融部门没有出台对农民工创业的优惠信贷政策，财政部门没有对农民工创业贷款提供相应担保或给予财政贴息等。

8.3　政策建议

8.3.1　确保粮食安全，严防大规模返贫

狠抓防灾减灾，严守18亿亩耕地红线。加强气象灾害监测预警，科学防范干旱等灾害，强化重大病虫害防控，抓好农业生产技术指导，提高农业生产抵御自然灾害风险的能力。确保耕地播种面积稳定，增加面积考核权重，将粮食生产目标任务下达至各省份，压实地方政府责任，最大限度挖掘撂荒地潜力。

及时掌握已脱贫建档立卡户和非贫困户的情况，形成稳定脱贫长效机制。应该及时掌握已脱贫建档立卡户和非贫困户因病、因灾、因突发事故导致易返贫的基本信息，在风险可控的前提下，对症下药，提供稳定资金支持，采取有效帮扶措施及时跟进帮扶。保持对医疗卫生服务等领域的投入力度，并且向重点地区、重点县倾斜，尤其是对于自然条件差、历史欠账多、自我发展能力较弱的脱贫县，要开展针对性帮扶。

8.3.2　大力发展乡村产业，促进产业兴旺

深化农业土地制度和经营体制改革，提升农业现代化能力。一是深化"三权分置"改革，推动农业规模经营。强化农地产权制度改革，持续推进所有权、承包权和经营权三权分离，盘活、集中闲置土地，规范土地流转。通过政策扶持、典型引领、项目推动等措施积极培育新型农业经营主

体，有效发挥新型经营主体引领作用，促进农业专业化、标准化、集约化、规模化生产。二是提升农业机械化水平，壮大社会化服务体系。一方面，制定相关扶持农业机械化生产的政策，改善人们对农业机械化生产认识的局限性，加大资金投入，要为农业机械化发展提供资金保障。另一方面，要加大农业机械的投入，加大农业机械生产的宣传，强化农业机械化技能培训。三是推进农业生产"三品一标"。重视"三品一标"认证工作，深入挖掘当地产品特色，加大政府宣传推广力度。在利用传统传播推广媒介推广的基础上进一步拓宽渠道，借用数字平台和互联网等新媒体进行宣传，积极开拓销售渠道。

积极推进农村产业多元融合，构建现代农业产业体系。积极推进农村一二三产业融合，重点关注产业融合的模式，促进不同模式相互之间的优势互补、有机共生和协同发展，采用多元复合融合型模式。首先，通过融入创意元素，开发、深度体验项目。目前"农业＋旅游"是农村一二三产业融合的主要形式，以农业观光游、休闲游为主，与文化、餐饮、娱乐、教育等产业融合深度不够。要振兴乡村经济，真正实现农村产业升级，就要在此基础上融入更多的创意和创新元素，实现多样化全方位的深度融合。其次，发挥龙头企业作用。龙头企业普遍具有思想走在时代前沿、技术支撑与时俱进、经营管理能力较强等特点，并有一定经济实力、产业发展基础，以及相对稳定的销售渠道和互联网销售基础。充分发挥其资源优势、产业优势、科技优势、市场优势，可以起到较好的带动和帮扶作用。

8.3.3　加快农业技术发展，加强农村人才培育

进一步推广农业技术指导，促进增产增收。结合各地区产业特色，实际制定有针对性的农业技术推广方案。充分发挥各类农业技术推广部门作用，进一步完善农业技术推广人员绩效评价机制，使农业技术推广收入与绩效评价结果挂钩。定期开展农业技术推广情况调查，掌握农业技术推广进度，及时协调并解决存在的问题。

加强对农村居民进行营养知识和健康生活方式的宣教、提高农村居民的身体素质。生活方式的调整是控制超重肥胖的最有效手段，要从源头上

解决肥胖问题，需引起农村居民对健康生活方式的关注和重视。邀请营养和健康从业者普及超重肥胖问题相关的知识、肥胖可能带来的危害、均衡膳食对健康的重要性、管理体重和改进生活方式对慢性病预防的意义。

进一步提高农村地区教育水平与质量，做好乡村人才培养工作。提升农村教育水平，持续优化服务供给。加大农村地区基础教育改革的力度，推进农村普惠性学校建设和高水平师资配备，有序推进和普及高中教育。鼓励社会力量参与职业教育发展，改善职业学校办学条件。促进职业教育和普通教育双轨推动、双向推动，合理引导学生进入职业教育。国家继续实施中、西部地区高等教育振兴计划、面向贫困地区定向招生专项计划和支援中、西部地区招生协作计划，扩大中、西部地区学生公平接受优质高等教育的机会。充分发掘在线教育资源与技术的潜能。对优质线上教育资源进行有效整合与开发，将发达地区优质课程资源引入中、西部地区农村中小学，使其充分惠及西部地区并促进教育事业的发展。

8.3.4　加快乡村绿色化、数字化、共享化建设，打造美丽乡村和数字乡村

继续强化基础设施建设，提升公共服务供给。加快对中、西部地区的基础设施布局与建设，完善安全便捷的基础设施网络，推动农村地区公路提档升级，加大对农村道路、桥梁安全隐患排查和整治力度，加大农村公路危桥改造力度，改善农村客运安全通行条件。继续加强沼气服务体系建设，推进后续服务管理提升行动，着力提高沼气使用率和"三沼"利用率，促进农村沼气发展上规模、上水平。加快发展农村寄递物流，推进村级电子商务服务站点全覆盖，对镇村站点配齐相关设施设备，组织开展站点服务职能、业务培训会，着力解决镇村电商服务站点建设运营工作中的难点、痛点问题，实现电商物流配送服务"最后一公里"。加大对益农信息社的宣传和推广，健全完善益农信息社的建设运营机制。加快对生活垃圾收运处置体系尚未覆盖的农村地区，配置生活垃圾收运处置设施设备。重点推进东北地区和西部地区农村厕所革命，加快研发干旱、寒冷等地区卫生厕所适用技术和产品，因地制宜选择改厕技术模式，引导新改户用厕

所基本入室，合理规划布局公共厕所，稳步提高卫生厕所普及率。重点支持农村公共卫生和医疗防疫体系建设，加强农村大病医疗救助，改善农村公共卫生环境。

扩展对移动互联网的多元化应用，提高农户对专业 App 的利用效率。互联网的普及率提高是有限的，但是基于移动互联网的应用却有着无限的可能性。加强农户对移动互联网 App 在农业农村现代化中的使用，可以不断拓展移动互联网使用的边际效应。建议相关政府部门通过宣传或培训引导农户使用更多、功能性更专业的移动互联网 App。例如，求职就业、农产品交易、农业气象等多元化的涉农专用 App，将其建设成为新的农业生产要素，使"互联网＋农业"升级成为"移动互联网＋农业"，在加快农业农村现代化、助力全面乡村振兴方面做出新的贡献。

8.3.5　加快乡村治理体系现代化，提高基层治理水平

对脱贫村、易地扶贫搬迁安置村（社区），继续选派"第一书记"和工作队，将乡村振兴重点帮扶县的脱贫村作为重点，加大选派力度。对巩固脱贫攻坚成果任务重及存在党组织软弱涣散的乡村继续全覆盖选派"第一书记"；对其他类型村，则可根据实际需要作出选派安排。积极推行村党组织书记通过法定程序担任村民委员会主任和村级集体经济组织、合作经济组织负责人，推行村领导成员交叉上任，将农村工作的领导权、人事权、财权一把抓，提高工作效率与协调性。在有条件的地方实施村支书兼任村主任试点，因地制宜、不搞"一刀切"。

继续发扬村民小组、村民代表会议、红白喜事理事会、家族祠堂等在乡村基层治理中的重要作用。如通过红白喜事理事会规范理事会成员行为，倡导村民破旧俗、树新风，厚养薄葬，从而减轻村民负担，促进社会稳定。家族祠堂则有着立足基层第一线，联系群众面广，便于解决实际问题的突出优势，在道德教育、营造良好道德环境方面大有作为。也可以通过祠堂帮助宗亲发展实体经济，通过引进人才、项目等参与家乡建设，成为助力乡村社会经济发展的一支重要力量。

应继续加大对中、西部等地区的财政转移支付，健全以财政投入为主

的稳定的村级组织运转经费保障制度，同时夯实其自我造血功能。要想方设法打破"穷家难当""巧妇难为无米之炊"这类制约农村经济发展的"瓶颈"，走"以资源换资金、以存量换增量"之路，依靠农村生产力的自我发展和外部资源的综合利用，不断发展壮大村级集体经济。

8.3.6 推动强农惠农政策落实，发挥政策引导作用

实施直接补贴收购价制度。将最低收购价格作为目标价格的直接补贴，既能确保农民种植粮食的积极性，又能有效解决当前最低收购价格政策执行过程中遇到的问题。让市场机制自然运作。政府可以制定明确的直接补贴政策，并设立专门农业补贴资金，通过建立粮食市场价格监测机制，实时掌握市场价格动态，在市场价格低于最低收购价时启动补贴政策以更好地保护农民利益和促进农业发展。

落实创业扶持政策，加大返乡入乡创业政策支持力度。首先，实施支持政策。明确规定返乡创业者享有与当地创业者相同的扶持政策。对于符合条件的返乡创业者，要实施税费减免、场地安排政策，并提供一次性创业补贴。其次，落实创业担保贷款政策。探讨建立信用乡村、信用园区、创业孵化示范基地、创业孵化实训基地推荐免担保机制，缓解返乡创业者的担保难题。同时，还需优化创业服务，提高服务能力，完善社会保险和社会救助机制，开展新业态从业人员职业伤害保障工作。对于返乡创业失败的劳动者，依据规定提供就业服务、就业援助和社会救助。最后，政府牵头搭建创业平台。以创业孵化园、电商园等平台为载体，通过"市场引领、政府搭台、企业唱戏"的模式，不断优化创新创业体制机制、提高政府管理服务水平、完善基础条件和设施，引导、培养、壮大农村创业企业。

参 考 文 献

[1] 包中伟. 农业机械化与自动化推广的现状与对策分析 [J]. 现代农机, 2022 (1): 52 - 53.

[2] 蔡起华, 朱玉春. 社会信任、关系网络与农户参与农村公共产品供给 [J]. 中国农村经济, 2015 (7): 57 - 69.

[3] 蔡洋萍. 湘鄂豫中部三省农村普惠金融发展评价分析 [J]. 农业技术经济, 2015 (2): 42 - 49.

[4] 陈剑宇. 绿色发展视野下乡村旅游资源生态开发与整合策略 [J]. 农业经济, 2021 (8): 20 - 22.

[5] 陈学云, 史贤华. 促进我国农业科技成果转化的产业化路径——基于农业科技的供求分析 [J]. 科技进步与对策, 2011, 28 (14): 73 - 77.

[6] 郭琳. 农村土地撂荒的成因及对策研究 [J]. 四川经济管理学院学报, 2009 (4): 11 - 13.

[7] 蒋好. 浅谈无锡市滨湖区农文旅融合发展 [J]. 上海农业科技, 2020 (1): 8 - 9, 11.

[8] 冷博峰, 李谷成, 冯中朝. 从不种地农民也能领取农业补贴谈起——兼论农业 "三项补贴" 改革后的补贴发放方式 [J]. 农业经济问题, 2021 (5): 54 - 65.

[9] 李继尊. 关于互联网金融的思考 [J]. 管理世界, 2015 (7): 1 - 7, 16.

[10] 李建军, 彭俞超, 马思超. 普惠金融与中国经济发展: 多维度内涵与实证分析 [J]. 经济研究, 2020, 55 (4): 37 - 52.

[11] 李鎏, 蔡键, 林晓珊. 农业补贴政策 "三补合一" 改革: 演进轨迹、作用机理与发展策略 [J]. 经济体制改革, 2021 (3): 80 - 85.

［12］李田田，张小伟，程曼，等．赴江浙地区考察巩固拓展脱贫成果与乡村振兴衔接的调研报告［J］．农业开发与装备，2022（1）：19－21．

［13］李万君，李艳军．农业企业科技创新的模式、风险、问题及对策探讨［J］．科技管理研究，2015，35（21）：7－12．

［14］李文明，罗丹，陈洁，谢颜．农业适度规模经营：规模效益、产出水平与生产成本——基于1552个水稻种植户的调查数据［J］．中国农村经济，2015（3）：4－17，43．

［15］刘军凯．乡村振兴战略实施背景下农村产业融合发展探索［J］．农家参谋，2022（6）：84－86．

［16］刘同山，陈晓萱，周静．中国的农地流转：政策目标、面临挑战与改革思考［J］．南京农业大学学报（社会科学版），2022，22（4）：176－186．

［17］罗先菊．以农文旅康深度融合推动民族地区乡村振兴：作用机理与推进策略［J］．价格理论与实践，2022（2）：188－191，203．

［18］马敏劲，杨秀梅，丁凡，谭子渊，李旭．中国南北方大气污染物的时空分布特征［J］．环境科学与技术，2018，41（5）：187－197．

［19］苏毅清，游玉婷，王志刚．农村一二三产业融合发展：理论探讨、现状分析与对策建议［J］．中国软科学，2016（8）：17－28．

［20］唐代盛，李春兰，胡豪．土地"撂荒"的制度分析及对策［J］．财经科学，2002（2）：116－120．

［21］汪本勤，王云鹤，王家祥，等．六安市"农文旅"产业融合发展的现状及对策研究［J］．皖西学院学报，2022，38（4）：46－50．

［22］许庆，田士超，徐志刚，邵挺．农地制度、土地细碎化与农民收入不平等［J］．经济研究，2008（2）：83－92，105．

［23］许庆，尹荣梁，章辉．规模经济、规模报酬与农业适度规模经营——基于我国粮食生产的实证研究［J］．经济研究，2011，46（3）：59－71，94．

［24］寻舸，宋彦科，程星月．轮作休耕对我国粮食安全的影响及对策［J］．农业现代化研究，2017，38（4）：681－687．

［25］张胜利．中国休闲农业发展现状与对策研究［D］．长沙：湖南

农业大学，2014.

　　［26］张士功. 耕地资源与粮食安全［D］. 北京：中国农业科学院，2005.

　　［27］张照新. 中国农村土地流转市场发展及其方式［J］. 中国农村经济，2002（2）.

　　［28］章权莹，程梓茹，谢汪送，等. 普惠金融背景下产业融合助推乡村振兴的路径研究——基于江浙沪地区的成功案例［J］. 产品可靠性报告，2022（6）：75－77.

　　［29］赵锦春. 培育壮大江苏新型农业经营主体研究［J］. 江南论坛，2022（2）：6.

　　［30］中共中央 国务院关于做好二〇二二年全面推进乡村振兴重点工作的意见［N］. 人民日报，2022－02－23（001）.

附录

我国农业农村现代化的现状、问题与对策

——基于湖北、湖南、河南、四川、江苏五省百村千户的调研

习近平总书记在党的二十大报告中指出："从现在起，中国共产党的中心任务就是团结带领全国各族人民全面建成社会主义现代化强国、实现第二个百年奋斗目标，以中国式现代化全面推进中华民族伟大复兴。"① 而全面建设社会主义现代化国家，最艰巨最繁重的任务仍然在农村。乡村振兴战略是实现农业农村现代化的关键举措，经济高质量发展的"压舱石"，也是全面建设社会主义现代化的重要抓手。2022 年初，我国第十九个中央一号文件特别部署了推进乡村振兴各项重点工作。为深入贯彻落实党中央、国务院关于实施乡村振兴战略的决策部署，增强调查研究对"三农"工作的决策支撑作用，华中科技大学经济学院于 2021 年 12 月发起"乡村振兴与共同富裕"百村调查，前往湖北、湖南、河南、四川、江苏 147 个村庄进行调查，根据随机抽样和分层抽样的科学原则，累计收回有效问卷分别为 402 份、347 份、260 份、321 份和 162 份，总计 1492 份。本次调研全面收集关于农业、农村、农民的一手资料，了解农村经济发展全貌、农业生产经营情况和农民生活环境与生活水平，科学评估中国乡村振兴战略实施的进展，试图找准制约乡村振兴进程的问题根源，进而探索实现乡村振兴与共同富裕的实现路径。

---

① 习近平. 高举中国特色社会主义伟大旗帜 为全面建设社会主义现代化国家而团结奋斗 [N]. 人民日报，2022 – 10 – 26（001）.

一、乡村振兴战略取得的阶段性成效

2022 年中央一号文件提出了要"实现巩固拓展脱贫攻坚成果同乡村振兴有效衔接"。目前，巩固拓展脱贫攻坚成果同乡村振兴有效衔接取得了重大进展，防止返贫的措施初见成效，农村居民尤其是建档立卡贫困户的收入水平和生活水平较高，乡村建设正在有序开展。总体来看，以江苏为代表的东部地区比中、西部地区农业现代化发展更快。

一是粮食生产稳定，脱贫攻坚成果得到巩固拓展。一方面，粮食单位面积产量稳定。各省粮食作物以种植水稻、玉米和小麦为主，平均水稻、玉米和小麦的亩产量分别为 696 公斤/亩、499 公斤/亩、466 公斤/亩，其中，水稻和小麦的单位面积产量均处于世界前列。另一方面，农民收入水平和生活水平总体较高且呈现东中西部的区域差异性。湖北、湖南、河南、四川、江苏的农村家庭 2021 年收入分别为 9.90 万元、10.80 万元、10.15 万元、8.95 万元、15.36 万元，东部地区平均收入水平要高于中、西部地区；村民收入构成多元化，包括务工等工资性收入，农业收入、非农经营收入、农业补贴、退耕还林补贴等转移性收入。从脱贫成效来看，曾经是建档立卡贫困户的居民人均可支配收入超过了 15000 元，远高于 2020 年国家扶贫标准（人均纯收入 10000 元）。从消费结构来看，恩格尔系数均小于 0.4，属于富裕水平，支出最大的是食物和教育。农村居民就业渠道较为多样化，农村居民以务农为主，同时还会外出务工，而外出务工类型大多是非农自雇，职业类型有个体户、司机、工人等。

二是农业生产经营总体情况稳中向好，新型农业经营体系初步显现，新品种、新技术、新装备加快应用。其中，江苏的新型农业经营主体占比较高，接近 20%。农业补贴普遍具有精确性，新型经营主体和多种地种粮的农户能够获得更多的农业补贴，符合"三补合一"支持粮食适度规模经营的政策目标，确保稳产增收。

三是乡村建设行动有所成效，居民幸福感较高。农村基础设施建设步伐不断加快，尤其在交通、能源、信息、教育等方面不断完善。宽带安装率和智能手机使用率均超过了 80%，手机已成为农民生活的"新农具"。

农村能源使用多种相互补充，其中电气等二次低碳能源使用比例较高，达到60%以上，从而能够有效缓解环境污染问题、碳排放问题。80%的受访者表示其对生活的满意度及幸福感较高，这种幸福感很大一部分来源于农村基础设施和公共服务体系的不断改善。

二、全面推进乡村振兴面临的问题与挑战

尽管脱贫攻坚成效显著，农业农村发展取得新的历史性成就，但持续全面推进乡村振兴，促进共同富裕仍面临着一系列问题与挑战。

（一）脱贫农户存在一定返贫风险

一方面，精准脱贫的农户家庭具有一定脆弱性。从收入结构看，曾经是贫困建档的家庭收入超过60%来自打工等工资性收入及农业收入，而外出打工易受新冠疫情影响，较不稳定。从人口结构来看，精准贫困户家庭总人口更少，求学人口更多，没有劳动能力的人口比例更高，劳动力的缺乏和知识技能偏低可能导致持续增收能力较为不足。从家庭消费支出来看，家庭总支出中医疗支出占比平均为12.79%，且有40.55%的农户家庭该比例高于10%，说明农户的医疗支出压力相对较重，健康情况堪忧。另一方面，还有较大一部分相对贫困人群存在。精准贫困户人均可支配收入（超过15000元）高于收入最低10%的家户（低于7000元），甚至高于25%的家户（平均为9000元左右）。分省份来看，河南、湖北、湖南、四川各省份曾经是建档立卡贫困户的居民人均收入分别为11000元、11500元、10200元、9900元，湖南与四川的水平均低于湖北与河南，这两省份防止规模性返贫的压力相对较大。

（二）农业现代化发展存在明显短板

一是农业土地制度有待改进，土地撂荒问题较为严重。土地闲置不仅浪费土地资源和加剧人地矛盾，也给国家粮食安全带来严峻挑战。调研结果显示，13.56%农户有土地撂荒行为，其中，江苏比例为25.00%，情况较为突出，河南和四川的比例低于8%。二是农业规模经营程度较低。主

要体现在新型农业经营主体占比较低，农业社会化服务水平不高，五省份的普通农户和新型农业经营主体参加农业组织的比例分别为 6% 和 25%。土地细碎化问题仍然存在，五省份平均种植土地面积为 5.34 亩，平均耕种的块数为 3.72 块，超过 78% 的农户种植面积低于 5 亩，地块整合、地块平整、水利设施、道路设施、电力设施等田间基础设施建设水平较低，进而难以有效推进高标准农田建设。三是农业品牌建设不足。农户对地理标志产品的了解程度和种植比例较低，只有不到 3% 的受访者表示种植或养殖了本地的地理标志产品，不到 10% 的农户听说过地理标志产品。听说过地理标志产品的受访者有 68% 的比例是通过政府宣传了解地理标志产品，但对于地理标志产品种植或养殖的相关政策还不够了解。其中，河南在地理标志产品的推广及认证比例方面更高。

（三）乡村振兴缺乏科技支撑

一是农业机械化短板依然明显。调研发现，农户在平地投入的平均农业生产固定资产为 18780 元，而山地和丘陵的平均农业生产固定资产仅有 5050 元和 5903 元，远低于平地。说明对于部分地形如高山、丘陵等，大型农业机械难以开展规模化作业，不利于新型机械和技术的应用。二是新型农业科技产品推广和应用程度低。对于种植水稻的各农业生产经营主体，农业科技产品推广程度不高，受到生产技术指导或培训的比例只有 17%，江苏相对较高，比例达到 29%。新型农业科技产品推广应用率低，如水肥一体化技术、生物农药、杀虫灯等，应用率低于 10%。测土配方肥的使用率不到 5%，商品有机肥的使用率约为 32%，与《"十四五"推进农业农村现代化规划》中持续推进化肥减量增效、深入开展测土配方施肥、增加有机肥使用的要求存在差距。三是抵御自然灾害能力较弱，部分农户粮食减产现象凸显。旱灾、病灾等农业自然灾害会减少粮食亩产量。如 10% 的农户种植水稻过程中遭受了旱灾、虫灾和病灾。其中，遭受旱灾的水稻亩产量从 486.07 公斤下降到 341.03 公斤，遭遇病灾的水稻亩产量从 494.83 公斤下降到 428.17 公斤，亩产量分别下降 29.84% 和 13.47%。

（四）乡村人力资本建设水平不高

一是农村人口老龄化严重，大量劳动力流失。受访农户中 60 周岁及

65 周岁和以上人口的比重超过了 40%，老龄化程度远超全国，并且 60 岁以上老龄人口的健康水平较低。同时五省份中均有超过 50% 的农户外出打工，导致农村空心化，这也是土地撂荒严重的主要原因。二是农民教育整体发展水平低，并且可能存在着代际间教育的不平等传递。81.8% 的农户受教育程度在初中及初中以下，农户整体教育水平较低。调研发现教育水平越低的受访者，其子女辍学率越高，存在着寒门难出贵子的现象。三是农村缺少创新创业人才。调研的五省份中仅有 10% 有过创业经历，创业行业主要集中在销售、百货、加工、养殖等低门槛、低利润行业，这与创业者教育水平偏低、缺少知识技能、创业环境有关。

（五）乡村数字化、绿色化、共享化建设不足

一是乡村数字化中存在多维不平等。农村居民在互联网的使用方面存在明显群体差异，网络信息还未能充分共享。移动互联网在农业生产的应用场景匮乏。二是农村能源使用结构仍有待优化。农民新能源使用比例相对仍然很低，调查结果显示仅有 1% 左右的受访者在生活中会使用太阳能风电等绿色能源，这与当今光伏发电、风力发电项目建设的热潮形成较为鲜明的对比。三是公共服务设施布局不够合理。还存在物流服务点覆盖率较低，益农信息社推广度较低，乡村学校距离较远、校车普及率低的问题。

三、推进乡村振兴的几点建议

全面实施乡村振兴战略必须加强顶层设计，守住保障国家粮食安全和不发生规模性返贫两条底线，以更有力的举措、汇聚更强大的力量，全面推进乡村产业、人才、文化、生态、组织振兴，加快农业农村现代化，促进农业高质高效、乡村宜居宜业、农民富裕富足。为此提出以下几点思考与政策建议。

第一，建立动态监测与帮扶机制，谨防规模性返贫。一是各地应根据实际情况动态调整相对贫困指标体系。行政村要随时更新村民家庭情况，对家庭收入、支出等情况进行动态监控，将返贫人口和新发生贫困人口及

时纳入帮扶。二是提升帮扶举措的精准性和有效性。对脱贫不稳定户、边缘易致贫户、突发严重困难户群体的返贫原因进行研究，区分因灾返贫、因疫返贫或因病返贫等，针对风险类型的差异形成专门性的帮扶举措。三是当地政府应给予相对贫困家庭更大的倾斜力度，比如医疗保障、养老保险、就业保障、教育投入等公共服务方面，尤其是在新冠疫情期间要重点关注相对贫困家庭的医疗、就业帮扶。

第二，深化农业土地制度和经营体制改革，提升农业现代化能力。提高农业规模化、机械化和技术化程度，推进农业生产"三品一标"，善于借助新媒体平台，加大政府宣传推广力度。提升当地政府对农业品牌发展的重视程度，了解自身区域优势，对农业产品发展进行长远规划和顶层设计，对各农业经营主体进行针对性宣传，大力发展"三品一标"认证，形成特色鲜明的区域优势。各省份可参考河南"三品一标"提升行动，结合实际出台相应方案。

第三，强化农业技术服务供给。一是从源头提升农业科技研发投入，紧贴实际需求加快短板机具研发推广，例如积极发展丘陵山区农业生产高效专用农机，培育一批高产优质品种，强化土壤保育与地力提升。二是加大农业技术智能化、数字化、机械化应用。将人工智能、大数据等技术应用农业生产，加强农作物重大疫情灾害防控，实施实时监控农业生产，打造"智慧农业"。三是积极开展农业科技普及推广工作，提高农业科技水平。深化农技站、科技特派员、科技下乡等强化农业技术推广体系建设，鼓励各省份建设产业技术体系创新团队，可参考借鉴江浙地区产权交易平台创新、社会化服务联盟及人才招引计划等模式。

第四，加强乡村人力资源建设。一方面，加大农村教育投入，积极推进基础教育改革。另一方面，加强职业技能培训，鼓励农民创新创业。建立健全创业就业技能培训体制机制，培育更多新型农民，各地出具有竞争力的人才优惠政策，鼓励农民返乡创业和就地创业，创造就业岗位，带动当地农民就业增收。

第五，加强乡村基础设施和公共服务建设，加快农村共享化、绿色化、数字化发展。一方面，继续强化基础设施建设，合理规划村庄建设，加快能源绿色化转型，提升公共服务供给。加快发展农村寄递物流、村级电子商务服务站点、乡村农贸市场建设，加强农村教育基础设施建设，提高校车普及率，加强乡村寄宿制学校建设，建立义务教育有保障长效机制。加强乡村清洁能源建设，因地制宜建设光伏、风电、水电等项目。加强农村养老服务供给，健全农业保险和医疗保险等多层次社会保障，缩小公共服务城乡差异。另一方面，强化数字红利的包容普惠性，降低乡村数字化中的多维不平等。定期在农村开展智能手机应用培训，扩展农民对移动互联网在农业生产生活方面的多元化应用。加速释放农村电商的巨大潜能，通过数字化生产、生活变革重塑县域农村大市场。

（执笔人：张建华、文艺瑾、龚长安、周玉雯、詹闻喆、赵紫锦、晏琦、赵彦堃、周怡休、贾静、康昊、陈伯华、胡锦澄）

湖北农业农村发展的现状、难点与对策

——基于"乡村振兴与共同富裕"百村千户调研

党的二十大报告对全面推进乡村振兴进行了专题阐述，围绕坚持农业农村优先发展，巩固拓展脱贫攻坚成果，扎实推动乡村产业、人才、文化、生态、组织振兴，全方位夯实粮食安全根基，牢牢守住18亿亩耕地红线等目标任务进行了重点部署。作为农业大省，湖北在取得打赢脱贫攻坚战、全面建成小康社会伟大胜利的基础上，接续推进乡村振兴，是实现全体人民共同富裕的题中应有之义和必由路径。本课题组于2022年春节期间启动《"乡村振兴与共同富裕"百村千户调研》项目，通过对农民入户调查的方式，前往湖北、湖南、河南、四川和江苏等五个省份共计147个村庄，累计收回有效问卷1492份，其中湖北有402份。调查内容涉及乡村振兴、共同富裕及数字经济等方面，具体包括调查村户的农业绿色生产、低碳生活、脱贫巩固、就业、创业、教育、农村信贷、基础设施、互联网使用等方面。本报告着重从湖北农户的基本情况、农业生产和乡村发展等方面出发，对照其他省份调研情况，剖析湖北农业农村现代化遇到的问题与难点，并为湖北下一步乡村发展提出对策建议。

一、湖北乡村发展的主要成效

此次调研覆盖湖北12个地级行政区，样本主要集中在湖北省黄冈、恩施土家族苗族自治州、十堰和宜昌，分别占到19.9%、13.68%、11.44%和10.2%。其他区域还涉及黄石、荆州、潜江、武汉、仙桃、咸宁、襄阳和孝感。结合调研数据，我们发现：湖北在巩固拓展脱贫攻坚成果同乡村振兴有效衔接上已经取得良好成效。

（一）农民生活水平总体改善，脱贫攻坚成果得到基本保障。到2020

年底，全省 581 万名贫困人口全部脱贫，37 个贫困县全部摘帽，4821 个贫困村全部出列。此次，在湖北的受访农户中包含了部分脱贫村户。从所有受访户看，农民收入水平和生活水平总体较高。湖北受访家庭 2021 年平均收入为 9.7 万元，按照四口之家计算，我国全国农村家庭年均收入为 7.6 万元左右，可以看出受访家庭收入超过全国平均水平。曾经是建档立卡贫困户的居民人均可支配收入超过了 15000 元，远高于 2020 年国家扶贫标准（人均纯收入 10000 元）。农民增收渠道进一步拓宽。分析受访家庭的收入来源发现，外出打工占比为 77.6%，显著高于其他方面的收入，其他收入主要来源于农业收入和非农业经营收入，分别占比为 14.6% 和 7.8%。

（二）新型农业经营体系初步显现，农业综合生产能力稳步提升。农民专业合作社、家庭农产、农业社会化服务组织、种植/养殖大户为补充的新型农业经营体系开始涌现，湖北以种植/养殖大户为主，占总受访农户的 8%，高于河南和四川，且种植/养殖大户的平均农业总收入为 8.6 万元，显著高于其他经营主体。土地安全性提高，粮食保障能力提升。通过调查发现，传统农药、化肥等使用比例进一步下降，生物农药、有机肥等新型农业科技产品使用比例提升，规模化生产成效显著。种植主要以水稻、玉米为主，其中种植两种及两种以上农作物的农户较多。水稻、玉米的亩产量分别为 484.1 公斤/亩、502.87 公斤/亩，均高于 311 公斤/亩、388 公斤/亩的世界平均水平。

（三）农村交通、信息基础设施较为完善，乡村建设行动取得较大成效。湖北 62.8% 的受访者认为去往附近交通站点交通方便，调查数据显示，距离客运站的平均距离为 10.90 千米，其中 76.3% 的受访者距离为 5 千米以内；距离火车站的平均距离为 58.58 千米，其中 63.5% 的受访者距离为 50 千米以内。80% 左右的受访者表示其家中已经安装宽带。村民智能手机的使用率也超过了 80%，创业人群的宽带安装率和智能手机使用率则均超过了 90%，手机已成为农民生活的"新农具"。农村公共服务设施短板加快补齐。在湖北的受访农户中，34.91% 的受访农户所在村有电子商务服务点，覆盖率为调研五省份最高。其次，物流和快递驿站是电子商务的基础设施。而 61.1% 的受访村庄设有快递收发点，这类村庄的农户距最近的快递点平均距离为 4.39 千米。农村的撤点并校效果显著，教育资源也因此更加集中，农村教育质量有所提高。乡村支柱产业注入发展活力。受访农户中48.3%的农户所在村庄已经发展起支柱产业，其中56.1%的农村产业为农业，旅游业占24.2%，但农户的参与率还有待提高。

二、当前湖北乡村发展面临的主要问题与难点

（一）脱贫农户家庭存在一定的返贫风险。一是农户收入还不够稳定。从农户收入来源看，工资性收入超过家庭总收入一半的农户占比为74.13%，经营性收入和财产性收入均不是主要收入来源，而外出打工易受新冠疫情等外部影响、收入较不稳定。二是劳动力短缺、增收能力不足。从人口结构看，65岁以上的老人及15岁以下的非劳动力人口占比平均为30.90%，其中，十堰市郧阳区南化塘镇新庄的该项比例甚至高达45.07%。人口老龄化、劳动力缺乏导致增收能力较为不足。三是存在因病返贫风险。从医疗支出占比看，家庭总支出中医疗支出占比平均为12.79%，且包括襄阳市南漳县九集镇马家洲村在内的三个村该比例在20%以上，曾建档立卡农户的医疗支出占比平均为13.88%，其中大幕村和沙坪村该比例高达50%，可见，农户存在医疗支出较大导致返贫致贫的风险。四是农户受教育程度较低、平均收入水平偏低。从受教育程度看，81.8%的农户受教育程度在初中及初中以下，且包括潜江市张金镇白鹭湖管理区田阳三队在内的三个村全部受访农户受教育程度均在初中及初中以下，可见农户整体教育水平较低，影响农户在就业市场的竞争力，使农户家庭收入不稳定。五是存在部分潜在返贫人群。曾是精准扶贫对象的家庭平均总收入高于最低收入10%的客户，可见部分低收入人群比较脆弱，收入增速低于曾经建档立卡贫困户，这部分人群有潜在返贫风险。

（二）农业现代化存在明显的短板。一是土地撂荒问题较为严重。调研结果显示，湖北有18.48%的受访农户存在土地撂荒行为，特别是武汉、孝感样本中土地撂荒比例接近50%，远高于调查样本平均水平13.56%，而河南和四川的土地撂荒比例不足8%。二是农业规模经营程度较低。新型农业经营主体占比仅有7.93%，与之相比，江苏占比为17.12%。农业社会化服务水平不高，参加农业组织的普通农户仅占5%，远低于江苏的

18%。土地细碎化问题仍然存在，土地流转市场不发达，湖北转出土地比例为 15.44%，低于全国样本平均水平的 19.96%；转入土地比例为 8.93%，与四川和江苏的 15.72% 和 15.92% 差距较大。三是农户对农业品牌意识不够。农户对农产品地理标志的了解程度和种植比例较低，只有 20.25% 的农户听说过地理标志产品，而这些农户中有 68% 的比例是通过政府宣传了解地理标志产品。种植地理标志产品的农户比例低于 3%，主要原因包括不了解相关政策、认证程序复杂、达标成本过高和没有合适的销售渠道等。

（三）人力资源短缺问题较为突出。一是青壮年劳动力不足。所有接受调查的农村居民中，年龄超过 50 岁的占比达到 72.18%，所有样本的平均年龄为 54.15 岁。一半以上受访者家庭都有年轻人外出打工，农村里青壮年劳动力人数锐减，多为老人和小孩居住。二是农民受教育水平低。在所有受访者中，拥有初中及以下学历的人数占据 81.84%，仅有 1.49% 拥有本科学历。未能接触高等教育极大限制了农村居民的生产力，成为乡村振兴的"阻力"。湖北有 53% 的农村居民选择长期外出打工，这部分劳动力的缺失使本地企业招工困难，土地的抛荒现象严重，人口流失也带来了留守儿童等一系列社会问题。

（四）农业现代化所需要的科技支撑能力不足。一是农业机械化水平偏低。调研发现，湖北的机械化水平远远落后于河南和江苏，湖北的农户平均用于农业生产的固定资产不足 8000 元，而河南和江苏平均固定资产达到 50000 元和 18000 元。按生产土地类型进行划分，湖北丘陵地区农户平均用于农业生产的固定资产为 7321 元，低于本省平原地区的 7737 元和山地地区的 8180 元。二是新型农业科技产品应用程度低。在水稻生产过程中，湖北的农户遭遇虫灾和病灾的比例均占到 10%，水稻的病害主要有稻瘟病、稻曲病、纹枯病等。而可用于应对这些灾害的新型农业科技产品使用范围较小，如水肥一体化技术、生物农药、杀虫灯等，应用率低于 10%。对于湖北省内种植水稻的各农业生产经营主体，受到生产技术指导或培训的比例只有 19%，低于江苏的 29%。三是抵御自然灾害能力较弱，部分农户粮食减产现象凸显。旱灾、病灾等农业自然灾害会减少粮食亩产量。如 10% 的农户种植水稻过程中遭受了旱灾、虫灾和病灾。其中，遭受旱灾的水稻亩产量从 486.07 公斤下降到 341.03 公斤，遭遇病灾的水稻亩产量从 494.83 公斤下降到 428.17 公斤，亩产量分别下降 29.84% 和 13.47%。

（五）乡村公共服务设施建设比较薄弱。一是农村能源使用结构仍处于转型升级阶段，电气化程度相对较低。仅有 1% 左右的受访者生活中会使用太阳能等绿色能源；同相邻的湖南相比，电气的使用比率仍然较低，约 50% 的受访者主要使用的能源仍为柴草等初始能源，尤其是在经济基础较为薄弱的贫困地区更为普遍。相比于非贫困县，贫困县使用初级能源的比例高出约 20%；而按照一主（武汉市）、两副（襄阳、宜昌）及省内其他地区划分时，一主和两副的使用比例较为接近，均为 13%，远低于其他地区 60% 的使用比率，反映出乡村能源使用上的区域差异。二是公共服务设施布局不够合理。物流服务点覆盖率较低，仅有 38.40% 的农户所在村具有快递收发点，26.97% 的农户所在村具有电子商务服务点，农民在快递的收取上依然存在不便。湖北益农信息社的普及率在上述几省份中为最低，仅有约 8%，即使农户所在村已普及益农信息社，农民参与率依然很低，与湖北作为农业大省的地位存在较大反差。农村基础教育设施上存在距离较远的问题，且高达 68.7% 的受访者表示没有校车。在信贷网点的设置上，网点与受访居民的平均距离则是一主远低于两副和其他地区；且与网点超长距离的居民（大于等于 20 千米）主要集中在鄂西恩施、宜昌等地。三是在数字基础设施建设上有待提高。仅有 60% 受访者用智能手机进行网络购物，无智能手机的群体以年龄较高、受教育程度较低的村民为主；从网络信息的应用用途看，仅有 1 成的受访者会关注农业生产、销售等相关资讯，数据并没有真正成为农业生产的新型生产要素。电商平台利用程度不足，仅有 23% 的农户所在企业使用电商平台。同东部地区较为发达的江苏省相比，仍然存在着较大的差距。

三、湖北全面推进农业农村发展的对策建议

（一）建立常态化返贫预警检测机制，健全防止返贫动态监测与帮扶机制。一是提升防返贫动态监测与帮扶机制的灵敏度和有效性。对应不同类型的风险形成不同的监测手段，提升防返贫动态监测机制的灵敏度，同

时针对风险类型的差异形成专门性的帮扶举措，提升帮扶举措的精准性和有效性。根据湖北各地的经济发展水平与文化社会特点，明确各地的防返贫动态监测范围的指标体系，为帮扶工作的顺利开展奠定基础。二是加大对就业保障、医疗保障等方面公共服务的投入。应给予潜在返贫人群更大的倾斜力度，降低其收入不稳定性，重点开展相对贫困农户帮扶项目。此外，特别是在新冠疫情期间，应重点关注农村医疗保障公共服务，严防因病返贫。三是持续加大对农村教育的投入、持续优化教育服务供给、提升农村教育水平。加大基础教育改革的力度，推进农村普惠性学校建设，加强农村师资配备，有序推进和普及高中阶段教育，降低农户受教育程度在初中及初中以下的比例。

（二）深化农业土地制度和经营体制改革，提升农业现代化能力。一是深化"三权分置"改革。强化村级集体功能，建立土地经营合作社、村级集体经济股份合作社，整合抛荒土地和闲置土地发展村级集体经济。二是加大对规模化集约化农业经营的补贴力度。按流转面积大小确定补贴额度高低，对达到一定规模的新型农业经营主体给予奖励和补贴。根据流转集约面积的大小，对村给予奖励，充分调动其主动性积极性。在生产经营中，录用本乡本土的农民，给予人工补贴，带动家门口就业。在农田改造、科技生产、农机、种子、农药等方面给予补贴，实现土地的规模高效利用。三是推进农业生产"三品一标"。当前农户对"三品一标"了解渠道以政府宣传为主，需要各级政府提升对农业品牌发展重视程度，综合运用传统媒体和新媒体，推介一批可看可学可复制的典型案例，依托农交会、农民丰收节等活动，推介优质产品，讲好品牌故事，营造良好氛围。可参考河南省"三品一标"提升行动，结合实际出台相应方案。

（三）强化新农人队伍建设，夯实乡村人才基础。一是优化本地就业创业环境。对回乡创业人员给予土地租赁、贷款等方面的优惠，保障租赁土地通水通电，并在条件允许的情况下推进乡村的基础设施建设，优化创业环境。切实从保障农民基本需求出发，力促当地整体居住环境的改善，积极修缮学校、卫生院等基本场所，并支持乡村医护人员、教育工作者队伍建设，帮助广大居民病有所医、学有所教，解决他们的后顾之忧，让他们安心留在本地发展。二是加大农民技能培训。结合农村劳动力的实际情况，开展有目的、实际效果好的技能培训，包括开展特色养殖、种植技术培训班等，将农村剩余劳动力转化为有一技之长的业务能手。

（四）加强农机优质产品服务创新，推动农业高质量发展。一是创新发展多元化农机产品。针对小农户的农机需求，加大田间管理环节机械的研发和推广，努力满足小农户田间管理环节农业机械化生产服务需求。鼓励和引导科研院所和制造企业针对丘陵山区的地形地貌和农业生产现状，创新研制一批适应性强、操作简单、可靠性能好的小型轻简农机装备。二是大力推广农业科技成果。通过政府、农业社会化服务平台开展农业科技普及推广工作，宣传推广优良品种、实用技术，加强对农业虫灾、病灾的预防。加大对育种、栽培等农业新技术的研发、推广和成果转化的投入，提高农产品单产水平。

（五）推进绿色化与数字化双转型，优化公共品供给制度。一是优化农村能源使用结构，提高清洁能源的使用占比。湖北自然地理条件得天独厚，多数农村地区有开发清洁能源的条件。鄂西山区水力资源丰富，可以借助当地水电资源开发，保障农村地区电力供应；且不少地区可以开发风电资源。而江汉平原地区地势平坦，日照较为充足，可以进行光伏项目建设。二是降低乡村数字化中的多维不平等，强化数字红利的包容普惠性。乡镇基层政府可以定期在农村开展智能手机应用技能培训，提升农民信息供给能力、传输能力、获取能力，加速释放农村电商的巨大潜能，通过数字化生产、生活、消费方式变革重塑县域内农村大市场。交通便利的地区能够利用交通物流优势将电商发展与农产品"三品一标"建设有机结合，促进贯通农产品种植、加工、分配、流通、消费等各环节，推动农产品电商优质品牌建设，发展订单农业。推动直播电商、网红带货等模式在农村地区的渗透，拓宽农产品的销路，全面释放农村的发展潜力。

（执笔人：张建华、赵紫锦、龚长安、周玉雯、詹闻喆、文艺瑾、晏琦、赵彦堃、周怡休、贾静、康昊、陈伯华、胡锦澄）

调研报告（一）

国家级贫困县脱贫乡村的
考察与发展思考

地处秦巴山深处的湖北省十堰市郧西县，曾是国家新阶段扶贫开发工作重点县，也是湖北9个深度贫困县之一。2019年底，全县84个贫困村全部脱贫出列；2020年初，郧西整县脱贫退出通过国家评审，历史性地摘掉了数千年来的"贫困帽"；2022年春节前夕，我回到了我的家乡郧西县。在这里，我分别在两个村子开展走访调研：上津镇王家湾村和香口乡孟川村。两个村子相距不过短短20千米，但发展水平却有较大差异。

一、村庄脱贫情况概述

在脱贫攻坚期间，郧西县以产业扶贫为主攻方向，把易地扶贫搬迁作为打赢脱贫攻坚战的"头号工程"，给予生态补偿，发展教育脱贫，实施健康扶贫，社会保障兜底，因地制宜综合施策，同时通过郧西县各类乡亲扶贫协会引进资金，各方协作确保贫困县全部摘帽，解决区域性整体贫困问题。

在孟川村和王家湾村，两个村子的脱贫攻坚行动均取得一定成效，主要体现在全村实现通网通电，人居环境达到干净整洁基本要求，居民享受部分产业发展带来的发展机遇；同时政府建设了集中住房，基本养老保险、医疗保险、大病保险实现了基本覆盖。在近十几年的发展中，最明显的是集中住房的建设：很多人从老房子搬进集中楼房，老屋闲置；田地中出现了集中连片的大棚，可见乡村农业产业的发展。但结合现状，脱贫攻坚与乡村振兴的接续还需要摸索和实践，很多问题也有待更深入的研究讨论。

二、脱贫后村庄现状分析

王家湾村整体呈现出新农村的面貌，242 国道宽阔平坦，依山而建，带动整个村子向远处蔓延。王家湾村在 20 多年前，住房多为泥土房，猪圈、鸡圈建在门前平地下，道路多为宽阔的泥土路。但短短十几年的时间，新的独栋民居依次建起，道路布局在旧有基础上划定了新的走向，现在的格局规划偏向严整。能有如此变化的主要原因归结于王家湾村的地形，王家湾村地处两山之间的河谷平原上，地势开阔平坦，从国道公路向东边的马家沟河逐级下降，河流附近地势和缓放平，在凸岸形成大面积平地，村民的田地就分布在这片平地上。从远处看，田地棋盘式分块分布，中间沟渠纵横。

而孟川村近十几年来变化较小。孟川村没有大的河流流经，只有一条小的沟渠（渠宽约 2 米，地面距渠底面约 1.5 米，走向与公路一致），两侧高大山体距离较近，山间谷底面积狭小，阳光直射时间少，是真正意义上的"山沟沟"，交通条件恶劣、地理位置偏远一定程度上制约了孟川村的发展。孟川村民居分散，在近几十年，孟川村格局变化不大，村内建筑物基本不变，部分泥土房墙面刷上白漆。因为集中住房的建设，部分泥土房无人居住，但仍旧保留，与其相连的猪圈等设施也大都废弃。在农业发展方面孟川村与王家湾村不同的是，在山坡地上，孟川村开发出类似于梯田的大型阶梯式农田，这些农田大部分种植葡萄等经济作物，是村收入的重要来源。同时，在平坦的地面农田，部分区域出现接连成片的大棚，属于政府和企业合作的经济项目。

（一）生活水平总体较低，必要基础设施老旧或缺乏

两个村庄虽然能够保证基本的生活需求，但总体的生活水平仍旧较低，信息不通畅，交通条件还需完善。

1. 生活基础设施普遍老旧

两个村庄基本都实现了通网通电，除年龄大的老人，大多数村民都拥有智能手机。每个家庭基本都有冰箱、电视等电器，但空调仍只有少数人

家才选择安装，而电视也多是城市中已经淘汰的"大屁股"型。村民的日常出行主要依靠摩托车或直接步行，只有去镇里或更远的市里，村民才会选择搭乘小汽车。多数村民家中配备了液化气，但在日常做饭中还是更习惯使用柴火灶。冬季取暖村里使用烧柴和碳的土炉子，很少用电暖器取暖。原因在于电费贵，且土炉比电炉暖和。公共卫生方面，基本环境达到整洁，村中放置了回收垃圾的大型回收箱来处理生活垃圾。并且许多村民家的楼顶都放置了太阳能，用于烧热水。

2. 交通基础设施亟须改善

两个村庄的生活水平有一定的差异，孟川村在几十年前的发展水平要高于王家湾村，但近十年发展速度大不如前，相反王家湾村近十年发展速度则正在加快。相较之下，两个村庄差异最直接体现在交通条件上。王家湾村有国道穿过，地势开阔，公路车流量明显较大。较为便利的交通使得村民进出村庄方便，距离最近的集市约有 5 千米。居民购物一般选择在住宅附近的小商店，但小商店服务水平有限，商品种类和数量较少。更多居民选择前往 5 千米外的集市上购物。集市距离一个较为有名的景点——上津古镇较近，所以这里集市的规模较大，甚至出现了商业街的雏形，餐馆数量多，拥有部分旅游纪念品店。近些年政府对上津古镇投入资金，对建筑物进行修缮美化，古镇环境得到优化，但因为位置偏僻和知名度低的原因游客数量少，总体经济发展水平低，但相较之下的优势仍为王家湾村带来了一定的发展红利。

而在孟川村，极其不便的交通使得这里的生活条件也较差。进村道路基本为盘山公路，深山之中存在很多挖石基地，分布集中，附近的山体多为裸露的山岩，植被破坏非常严重。进出基地的大型工程车破坏了盘山公路，水泥路面被压碎，路面崎岖不平，给通过的小型车带来了危险。

（二）教育水平低制约村庄发展

1. 教育水平普遍低下，多数人倾向于外出务工

两个村庄的教育水平都很低：没有幼儿园，村小学数量少且规模小，教育水平低，初高中要到市镇里去上。村中"70后"到"00后"，大部分人都是初中学历，初中毕业后直接外出打工，不再接受进一步的教育。其中有很多原因，如缺少学习环境和硬件、村内教育水平低、很难竞争过市里的学生、家庭贫困、不具备上学的条件、父母不重视、不监管……这些因素都导致了村内平均受教育水平低。

受教育水平低使得整体人群素质低下，劳动力能够获得收入的途径有限，且大多为体力劳动。通过分析调研数据可知，53%的人一年中9个月以上的时间在外打工，他们认为外出的工作不太好找，而且其找到的工作基本不会涉及网络的使用。最基础的体力劳动很难带给他们足够的收益，村庄的劳动力经济难以发展。

2. 务工人口外迁，孩童教育地区差异大

伴随着"80后""90后"大批外出打工，其眼界及见识都在上升，下一代"00后"和"10后"的教育逐渐被重视。然而这些人选择在成家立业后迁往城市，也更愿意花钱把孩子送往昂贵的私立学校。通过走访调查显示，"10后"的几个孩子上小学一年的学费平均在7600元，有25%的孩子会选择课外辅导、网课等额外的教育。但地区的差异对他们的学习成绩有很大的影响，50%的孩子在乡镇上初中，他们的预期成绩很不理想，但另外50%的孩子则会被父母送到市里去读初中，父母认为在那里他们会接受更好的教育，以后有机会接受高等教育。

（三）劳动力大量流失，农村资源浪费

1. 县城经济落后导致乡村劳动力大量流失

这两个村庄的整体发展水平差，它们都属于郧西县，而郧西县又是湖北的经济贫困县之一。2020年的数据显示，郧西县的年度城镇常住居民人均可支配收入20853元，农村常住居民人均可支配收入7509元。在县城中，人均工资在3000～4000元，但郧西的物价又很高，形成了"低收入，高物价"的尴尬局面。收入不够、生活成本高、生活水平低等因素造成了大量劳动力外流。而县城劳动力外流，又给村镇的劳动力提供了就业机会，整体形成了劳动力由乡镇流向县城，又由县城流向城市的局面。而大城市人口回流极少，也多回到县上，很少到乡里。2019年，郧西县有14.3万人转移就业，其中县外务工人员12.3万人，劳动力外流严重。并且这些流失的劳动力在大城市有了一定的经济基础后，又会将户口整体迁至城市

定居。

2. 劳动力流失致使乡村空心化

劳动力流动现状造成了农村壮劳力的大量流失，调研数据显示：很多"70后""80后"已经没有做过农活，他们只在幼年时跟随父母做过农活，一旦开始上学就很少接触农田事务，一直到外出工作这期间都不再关注家里的田地，许多人不清楚家里田地的具体情况。农业耕种断层的情况让农村发展失去基本动力。目前仍在农村的大多为空巢老人和留守儿童。王家湾村老人大多到了60岁、70岁的高龄，很多都不再做农活，大片的农田荒废。因为旧有观念等原因，村民很少将土地承包出去，细碎的土地不能满足企业的承包条件，承包项目很难开展。

同样的项目在孟川村有了发展，但相较于被承包的土地，仍有许多土地荒废。经了解，这些村民的自留地很多都是40多年前按照人头分下来的，面积较大，但很多人家的地都距离较远，耕作不方便。而且40年前分到地的有很多小孩子，如今大多在外务工，老人又没有精力看管土地，致使土地荒废。甚至许多村民的地免费交由他人种植，而本人不甚在意。

（四）政府引导难，经济发展后继无力

1. 村民收入来源少，收入水平低

现阶段村民的收入主要来自务工收入，农业补贴少，其余财产性收入、红利性收入等几乎没有：家中有壮劳力的家庭年收入大多维持在3万~6万元，少数能够达到10万元。一年的收入在花费基本的伙食费、水电费、网费、学费和医保等后，能够积攒下来的所剩无几。如果碰上红白事，那么一年几乎没有存余，甚至会出现欠有外债的情况。

2. 政府政策解读传递难

政府面对如此发展状况也做出过决策：如发展旅游业、售卖特色农产品等。但政府收支不容乐观，再加上基层政府本身的局限性，这些政策很难真正落实。很多村民一年中超一半的时间在外打工，对自己的村庄了解不深，而农村消息传递的局限性也决定了村民收到的政策消息大多是由村委会传递。消息闭塞导致他们对政府的行动不清楚、不知道、不理解，能够接受消息并做出决定的人多为高龄老人，很难向其说明情况，政府也很

难有办法解决这些问题。调研中，有村民"悄悄"告知，有一些村上给农户的指标，只有跟那些"当官的"有关系才能拿得到。与基层政府交往之间存在信息不对称性及各种关系属于基层不可避免的弊端，尤其是在这样闭塞的小村子中。

　　分析郧西县整体的经济发展态势，2020 年全县实现生产总值 95.15 亿元，按可比价计算，同比下降 3.1%（见附图 1）。其中，第一产业产值增长 0.7%；第二产业产值下降 2.5%；第三产业产值下降 5.2%。从构成看，一二三产业占全县生产总值的比重为 26.5:20.2:53.2。第一产业同比上升 2.1 个百分点，第二产业同比下降 1.6 个百分点，第三产业同比下降 0.6 个百分点。一产的上升和二三产的下降不乏 2019 年以来新冠疫情的持续影响。对于农村发展而言，上级政府经济发展策略对其有重要的影响。2020 年郧西县整体经济态势不容乐观，政府会把更多的注意力放在维持现有经济基础、发展有经济潜力的对象上，对于脱贫后的乡村基本策略还是维持现状不返贫，对进一步的乡村振兴有心无力，这就一定程度上造成了脱贫后乡村发展后继无力的状况。

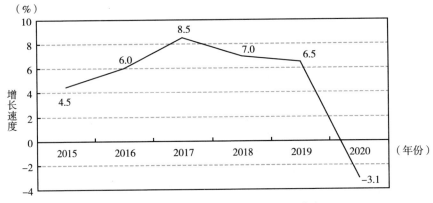

附图 1　2015~2020 年郧西县 GDP 增速

资料来源：《郧西县 2020 年国民经济和社会发展统计公报》。

三、思考：脱贫后乡村致富难原因多样，发展需要各方努力

　　王家湾村和孟川村在 2020 年实现了脱贫，目前总体上正在由脱贫攻坚向乡村振兴过渡。政府在里面扮演了极其重要的角色，很多发展项目都是

由政府牵头开展。并且精准扶贫也是由政府大力推进，帮扶许多经济困难家庭脱离贫困。但脱贫后的致富却是一个很大的问题，怎样致富？靠什么致富？致富的人从哪里来？这些都是困扰政府的难题。问题的主要结点：交通闭塞，教育水平低，劳动力外流严重，土地利用率低，政府信息传递难，政策解读难，实施更难。还有一个关键结点就是基层政府财政收入不足，每年保持收支平衡已不容易，很难有充足预算来谋划大步的发展。

　　未来可以从四个方面加以改善：一是中央可以考虑增加基层政府的拨款，对下属乡村发展提供建议和支持。基层政府要合理利用各级财政转移支付，好钢用在刀刃上。二是支持返乡创业。加大对返乡创业人员的支持，在资金支持、教育优惠、人员培训、税费缴纳上给予补贴与政策优惠。同时，因地制宜发展当地特色产业及新兴产业来吸引人才。2020年的郧西县政府报告中就提到了在农村地区发展特色农产产业、发展电商等发展计划。三是加强基础设施建设，破除人员流动障碍，让返乡和外来建设者有发展的基础。四是盘活土地资源，加快土地流转，增加农民财产性收入。

（执笔人：王盛阳）

重庆市万州区茶坪村农文旅融合
发展困境与对策研究

推动农村产业融合发展是拓宽农民增收渠道、构建现代农业产业体系的重要举措。在乡村振兴背景下，农文旅多产业的融合是现代产业发展的必然趋势。促进农文旅三者的融合发展，能有效带动乡村的产业振兴、人才振兴、文化振兴、生态振兴和组织振兴，促进乡村经济各产业纵、横向融合和发展，最终实现乡村的全面振兴。位于重庆市万州区长滩镇的茶坪村文旅资源丰富，农业发展成效突出，在农文旅融合方面进行了多年探索，先后被评为"重庆市美丽宜居乡村""重庆市休闲农业和乡村旅游示范村""重庆市'一村一品'示范村"等。本文则以茶坪村为调研对象，围绕当地农文旅融合的现状、面临的问题展开调研，并尝试提出对策建议。

一、茶坪村农文旅产业发展现状

茶坪村是重庆市万州区长滩镇下辖的行政村，茶坪村地处低山丘陵地貌，全村面积 9.17 平方千米，耕地面积 3614 亩，林地面积 6115 亩。下辖 8 个村民小组，共 562 户，村内有户籍人口 2042 人，但常住人口不足 800 人。该村的农文旅产业发展情况如下。

（一）农业基础牢固

2021 年茶坪村农业产值占总产值约 80%，第三产业占总产值约 20%。第二产业是茶坪村产业结构中十分薄弱的一个环节，产值几乎为零。2021 年，茶坪村村民年均可支配收入 12000 元，主要以种养殖产业和农业生产为主。茶坪村的种养殖产业情况如附表 1 所示。村域有李子种植基地、梨种植基地、蓝莓种植基地、火龙果种植基地、养鱼场、小龙虾养殖基地等，农业生产主要种植有水稻、玉米等传统农作物和中晚熟青脆李、翠冠梨、蓝莓、火龙果、西瓜等经济作物。中晚熟青脆李是茶坪村的主要经济作物。2018 年，茶坪村的青脆李获得了中国商标局的商标认证——茶浓果艳。2021 年，茶坪村还凭借着青脆李入选了重庆市第三批"一村一品"示范村。2022 年，茶坪村向市农委申请了青脆李的无公害农产品认证。

附表 1　　　　　　　　　　茶坪村的种养殖产业情况

企业名称	产业类型	产业规模
重庆市万州区徐文军李子专业合作社	李子种植	1200 亩
重庆市万州区天能农业开发有限公司	水果种植、水产养殖	158 亩
万州区长滩镇丰乐家庭农场	水果种植、水产养殖	50 亩
重庆詹峰农业开发有限公司	蓝莓种植	50 亩
重庆市万州区陈志萍水产养殖场	水产养殖	30 亩
重庆市万州区熊小东水产养殖场	水产养殖	6 亩
重庆市万州区旭辉养鱼场	淡水鱼养殖	6 亩
重庆市万州区长滩镇槐树林养猪场	生猪养殖	200 头

（二）文化资源丰富

茶坪村文化资源丰富，主要景点如黄家湾院子，农耕文化与当代艺术在这里交相融会，既有农家风情，又有文化内涵。院子里最引人注目的是一栋保存完好的清代砖木结构古建筑。据当地人介绍，该房屋至少存世百年，由青砖和木头构成。屋内墙壁上挂着格外引人注目的美术画，这就是贵之美术馆茶坪分馆，里面陈列有来自英国、德国、澳大利亚、塞尔维亚等国当代艺术家和我国当代艺术家的几十幅作品，是渝东北片区乃至全国首个乡村当代艺术美术馆。

"热爱祖国热爱党；邻里和睦、尊老爱幼、扶弱助残……"黄家湾院子里还有映入眼帘的院落公约，以及村民活动室、读书室。茶坪村创新乡村"微治理"结构，发挥村民自治主体作用。按照"因地制宜、有利发展、群众自愿、便于组织、规模适度"的原则，将各村民小组分片区组建村民理事会。搭建了"村委会—村民理事会—农户"三级治理平台。修订"五提倡""五不准"门前"五包"守则等村规民约，形成基层"有地管事、有处议事"的良好自治局面，黄家湾"议事厅"目前已经成为万州区委党校社会治理校外教学基地。

"要耍就来茶坪耍，长滩茶坪有老家；春天漫山李子花，夏日乘凉吃西瓜；蓝莓等你来采摘，镇口桥下捉鱼虾；诗白旧居长冲院，白墙绿瓦忆芳华；溶洞幽幽好神秘，梯田层层走犁铧；登高望远悬空坪，神清气爽话桑麻……"① 在黄家湾院子入口处的院落墙壁上写着"要耍就来茶坪耍"几个大字，这是茶坪村的村歌名字，诗意的歌词描绘出了茶坪村美丽的自然景色和深厚的人文底蕴。

（三）乡村旅游规划合理

2021 年，茶坪村被评为"重庆市休闲农业和乡村旅游示范村"。因此，乡村旅游是除了农业生产之外的另一个乡村振兴重要经济增长点。黄家湾院子、贵之美术馆茶坪分馆等，既能够算作茶坪村的文化资源，也可以算作旅游资源。除上述文化和旅游资源外，茶坪村正在积极整合现有的农业、文化和旅游资源，进一步打造具有吸引力的乡村旅游示范村。根据茶坪村 2021～2025 年乡村振兴规划蓝图，茶坪村将以乡村振兴实际为出发点，秉承可持续发展原则，通过关键要素整合，打造生态人文和谐、规模化种养殖业与城郊乡村旅游业联动发展的美丽乡村，尽显农村的自然之美、文化之美、生活之美。

茶坪村根据其地形地貌、产业情况、人文历史、自然资源等分布情况，规划形成"一心、一带、三区"的总体结构。一心：以茶坪村委和现有居民集中点为村级多功能服务中心，为茶坪未来产业和乡村旅游的发展形成接待、人流聚集、生产加工多位一体核心。一带：以现有村级主干道为交通枢纽带，打通村级种、养殖产业规模化发展。三区：充分利用好茶坪村的地形地貌优势、乡村产业优势和乡村人文资源，形成以种、养殖一

---

① 作词朱美丞，作曲易良军，演唱（奏）谢熔. 要耍就来茶坪耍［Z］. 中国曲谱网，2018 – 07 – 11.

产为主体，发展乡村旅游休闲产业，最终形成三产融合发展，着力打造出集"现代种养殖业、休闲度假观光、采摘、垂钓。具体包括中晚熟青脆李种植区、翠冠梨种植区、大樱桃种植区、荷田鱼种养区和稻田鱼种养区在内的 5 个种养示范基地及 3 个乡村旅游休闲区，即双河桥乡村休闲多功能综合区、门闩丘乡村水上娱乐区和悬空坪高山生态度假区，综合利用地域优势，修建乡村水上休闲景观休闲环道，形成乡村旅游接待、乡村民宿体验、生态水果采摘和休闲健身等为一体的休闲度假区。

二、茶坪村农文旅融合存在的问题

农文旅融合发展所形成的产业、文化、生态振兴、乡村宜居宜业和农民增收致富效应，必须建立在其发展层次和水平不断提升上（罗先菊，2022）。首先，要充分肯定茶坪村自脱贫攻坚和乡村振兴战略实施以来取得的可喜成绩。同时，也应该认识到由于产业融合深度不够、乡村振兴人才不足、营销宣传手段老套和基础服务体系薄弱等原因，影响了要素优化配置和产业交叉融合，进而在一定程度上制约了茶坪村农文旅深度融合发展。主要的调研结论如下。

（一）产业融合深度不够

茶坪村农文旅融合发展的过程中，出现了如专业合作社、家庭农场、种养殖示范基地等在内的新型农业经营主体，但是产业融合形式还比较粗放，产业融合深度和广度都有待提高。具体表现在以下三个方面：一是农业与文化、旅游产业的融合深度不够。由于对旅游资源的整体规划设计不足，资金投入力度不够，农业与文化、旅游产业之间的有效连接不够强，一二三产业的融合深度不够。二是产业结构的配置不合理。第一产业占比过大，第二产业严重缺失，第三产业占比较小，产业融合的广度和韧性不足。三是对乡村本土人文底蕴挖掘不足。茶坪村在致力于打造休闲农业和乡村旅游示范村，但是在其产品开发过程中，乡村休闲旅游项目的形式不多，旅游产品的文化内涵不够，导致其同全国其他乡村旅游的项目雷同，没有能够凸显出自身的特色。

（二）乡村振兴人才不足

人才兴则乡村兴，人气旺则乡村旺。随着乡村振兴战略的不断推进，一部分农民工、大学生、退役军人等群体开始返乡就业创业，给农村经济注入了更多的发展动力。随着乡村振兴战略的持续深入推进，乡村旅游已经步入了多元化发展的新阶段，对现代农业发展和乡村旅游人才的要求越来越高。目前，茶坪村高度聚焦队伍建设，高质量完成村"两委"的换届工作，回引本土人才 2 名，村"两委"班子成员 40 岁以下 5 人，大专以上学历 5 人，但还不能满足乡村振兴背景下茶坪村农文旅融合发展的人才需求。高等院校优秀人才愿意到基层服务的专业人才相对较少，大部分乡村旅游从业人员以文化水平偏低的当地农民为主，他们虽然熟悉农业知识，却不知道如何管理旅游产业。因此，在农业旅游产品的服务与开发、营销策划等方面，仍然十分缺乏高质量的实用人才，制约着农文旅深度融合的高质量发展。

（三）营销宣传手段老套

茶坪村在宣传乡村旅游方面缺乏创新营销模式，具体表现在两个方面：一是针对乡村旅游的线下营销方式比较老套，主要以集市销售和上门收购为主，缺乏线上营销方式的创新，网上销售渠道主要以微信朋友圈和抖音短视频为主，整体的规划和系统性不强；二是品牌营销的理念不强，还不能够产生足够规模的经济效应，导致很多本土优质的旅游产品没有能够宣传出去、许多外地优质客源没有进来，即主要表现为对外省的目标客源市场的关注度不够，产品的辐射区域范围有限，主要以万州县城及周边地区为主。

（四）基础服务体系薄弱

近年来，农村地区的产业融合发展迅速，但是相关基础设施及配套服务体系还很薄弱。例如，茶坪村村委会虽然集中配套了较为完善的公共服务设施，基本可以满足村民日常生产生活需求，但是农业合作社办公地点规模较小。村内缺乏教育设施、养老服务设施和容纳较大规模游客车辆的停车场。村内的垃圾回收点规模较小，尚未建成污水处理设施，村民生活污水散排，公共厕所的数量需要增加。此外，茶坪村虽然实现了"家家门口通公路"，但是由于设计标准低，路面较为狭窄，旅游大巴车在村级公路上的通行和会车困难，严重影响外地旅客乡村旅游体验。总体而言，基础服务体系薄弱增加了对乡村特色旅游资源开发利用的难度，制约了新产业的发展，也加大了产业融合发展的成本和风险。

三、茶坪村农文旅融合对策建议

基于调研获得的数据和资料，为使茶坪村农文旅深度融合进而持续发展催生出农村新产业、新业态，进一步促进农民增收创富，最终真正实现乡村振兴战略目标，从拓展产业融合深度、优化人才队伍结构、创新营销宣传模式和完善乡村基础建设等角度，为茶坪村农文旅深度融合发展遇到的困境提出对策建议。

（一）拓展产业融合深度

要对不同的农业、文化和旅游资源有机整合，大力提升品牌的集合效应。目前，茶坪村乡村旅游产业各要素之间普遍空间分散、功能单一，难以产生聚集和规模效应。建议借鉴学习"江浙经验"（章权莹，2022；李田田，2022），要坚持政府主导与市场需求互补的原则，将不同类型产业资源"串珠成链、链接成网、全域发展"，进而形成产业共同体，这样不仅能够保证旅游者之间有效流动，还可以促进当地"三品一标"农产品的推广。持续优化农村产业融合的外部环境，积极培育新型农村经营主体，提升产业融合层次，合理配置农村一二三产业结构，进一步加强农产品的区域品牌建设。总体而言，促进农业、文化、旅游三个产业的深度融合，需要在当地乡土文化、农耕文化、民族风情等文化内涵上下功夫，把农村的自然风光、人文遗迹、农民的生产生活等资源融为一体，提升乡村旅游的附加价值。

（二）优化人才队伍结构

加强专业复合型人才培养，回引建设家乡优秀本土人才，建设高素质的人才队伍。习近平总书记指出，乡村振兴，人才是关键①。茶坪村的农文旅融合发展面临着人才短缺的问题。农文旅产业融合发展需要的是既懂农业、文化和旅游等方面的知识，又懂市场营销的复合型管理人才，必须要加强对复合型人才的培养。首先，加强对乡村本土人才的培养。要坚持政府主导、经营主体参与，对现有的从业人员进行集中培训，提高他们的文化素养、技术能力和管理能力，使之成为休闲农业的有力推动者，强化乡村本土人才的培育转型，让农民成为乡村旅游的参与者、宣传者和创意者；其次，要回引建设家乡优秀本土人才和大量引进乡村旅游的专业人才，本土企业积极与高等院校建立长期的校企合作机制，共同培养乡村旅游产业的专业人才。特别是对有志于从事这一行业的大学生，帮助他们树立好职业精神和理念，做好人生规划，提供奋斗舞台，鼓励大学生村官扎根基层，打造一支强大的乡村振兴人才队伍，在乡村形成人才、土地、资金、产业汇聚的良性循环，从而为当地农文旅深度融合发展提供有力的人才保障。

（三）创新营销宣传模式

充分运用现代网络营销新手段，探索线上和线下相结合的新型营销宣传模式。针对农产品、旅游产品等的售卖和宣传，不能局限于传统的集市售卖和上门收购，也不能仅使用单一的微信和抖音平台。在现代各种自媒体流行的网络时代，对各种网络营销资源进行有机整合。因此，建议先选用目前流行的网络传播方式为主进行宣传，如微信朋友圈、公众号、微博、美团、抖音、快手、飞猪、携程、大众点评、小红书等，优化组合各种营销资源，探索直播电商、社交分享网站、搜索引擎等营销创新模式，不断拓展网络社交平台的营销方式，利用大数据开展网上精准营销，向潜在的目标客户进行当地旅游资讯的精准推送，以此带动乡村旅游经济的快速发展。同时，还要积极建设线下实体产业园，要集成旅游参观、线下体验等功能，通过开展农博会等各种活动，全面展示和树立优质农特产品和特色"农文旅"产业园区的良好形象（蒋好，2020）。总之，通过线上和

---

① 王浩．用好乡村本土人才（乡村振兴，人才是关键①）［N］．人民网－人民日报，2023－02－10．

线下相结合的新型营销宣传模式，进一步为农文旅深度融合下的茶坪村营销渠道提供坚强有力的组织保障。

（四）完善乡村基础建设

加大农村基础设施的资金投入力度，配套相应的服务体系，建设社会主义智慧新农村。农文旅融合发展中很多的问题根源并不在于产业本身，而是由于农村的基础设施建设落后，尤其是道路交通和环境卫生等方面。因此，茶坪村应该要进一步对村内主干道实行整体改造，加宽道路，优化村庄内部道路，以便于旅游大巴的顺畅通行。在村庄主干路两侧增加绿化带，在村内实施农村安全饮水工程，建生态污水处理池。根据实际需要增设变压器和通信设备，以满足村民、游客的用电和网络需求。同时，还要立足于乡村振兴战略，根据 2021～2025 年乡村振兴规划蓝图，加强休闲农业和现场旅游的顶层规划设计、建设智慧乡村，加快更新现有的软硬件基础建设资源，优化游客接待中心、产品展销中心、停车位、公共厕所、休息室等公共旅游服务。根据村内实际情况，合理规划教育设施和养老服务设施，这样可以有助于解决乡村振兴中普遍存在的空心化、老龄化问题。最后，一定要坚持绿色发展理念，兼顾经济、文化和社会效益，正确处理旅游发展与生态环境、社会治理的关系。农文旅深度融合发展，必须要牢固树立和践行绿水青山就是金山银山的理念，运用绿色发展理念和模式，坚持开发与保护并行，对现有乡村旅游和农业资源进行系统规划、生态开发，打造生态美丽、乡风文明的美丽乡村（陈剑宇，2021）。

总之，要采用先进规划理念和稳步推进策略，有效地促进"三产融合、三生一体"，逐步将茶坪村由原本以单一农业耕种为主的小山村建设成为农业种养现代化、乡村文化传承娱乐和乡村旅游多元发展的新时代美丽宜居乡村。乘着乡村振兴的春风，壮大乡村产业，提升人居环境，丰富文化生活，让农业成为有奔头的现代产业，让农民成为有吸引力的职业，让农村成为安居乐业的家园。

（执笔人：向家涛、张博涵、徐顺塔）

参考文献：

［1］汪本勤，王云鹤，王家祥，杨劲松，涂福磊，傅恬，毕毅，汪耀武，崔黎明．六安市"农文旅"产业融合发展的现状及对策研究［J］．皖西学院学报，2022，38（4）：46－50.

［2］罗先菊．以农文旅康深度融合推动民族地区乡村振兴：作用机理与推进策略［J］．价格理论与实践，2022（2）：188－191，203.

［3］章权莹，程梓茹，谢汪送，郭晓晓．普惠金融背景下产业融合助推乡村振兴的路径研究——基于江浙沪地区的成功案例［J］．产品可靠性报告，2022（6）：75－77.

［4］李田田，张小伟，程曼，敖敏，李雷，王莎，田雯，李伟．赴江浙地区考察巩固拓展脱贫成果与乡村振兴衔接的调研报告［J］．农业开发与装备，2022（1）：19－21.

［5］蒋好．浅谈无锡市滨湖区农文旅融合发展［J］．上海农业科技，2020（1）：8－9，11.

［6］陈剑宇．绿色发展视野下乡村旅游资源生态开发与整合策略［J］．农业经济，2021（8）：20－22.

访员手记（一）

水城慢生活，尘世幸福多

——走访江苏省泰州市姜堰区卞庄村、冯庄村

700 多年前，马可·波罗游历这里曾说："这城不是很大，但各种尘世的幸福极多"。①

700 年后的这里，依旧如此，人们都过着缓慢悠闲的生活。

横跨苏北、苏南，位于上海和南京中间，地处扬州边，长江旁，如此光环下的泰州，却没有那么起眼。"水城慢生活 尘世幸福多"虽然低调，可这里却是美食纪录片、影视剧最宠爱的地方。

携一身暑气，带满怀憧憬，实践队队员们走进了这座拥有 2100 年历史的古城。

一、姜堰卞庄：古村新貌，宜居水乡

我们首先来到江苏省泰州市姜堰区淤溪镇人民政府，请工作人员介绍本乡镇的基本情况，以及本镇有特色、有发展的乡村，以便深入开展调研。

在了解乡镇详细情况后，镇工作人员带领我们来到卞庄村，民房整齐干净，每户门前贴有"美丽庭院"标识。我们从村政府工作人员那里了解到：淤溪镇卞庄村是典型的里下河村庄，总人口 3800 人，全域面积 1.74 平方千米，水域面积占 7 成，基本农田 3000 亩。

---

① 资料来源：泰州市人民政府网站。

　　近年来，卞庄村逐步建成产业优势明显、村容村貌整洁、文明幸福安康、基础设施完善、服务配套齐全、管理民主规范的美丽乡村。卞庄村党总支书记、村委会主任陈春明说："卞庄村始终以建设生产、生活、生态和谐共生的美丽乡村为目标，着力改善城乡环境，治理面源污染，提升乡村品质。"为了让乡村生活环境得到改善，他们下了一番苦功夫。

　　公共服务升级方面，该村已经建成小游园、雨污管网，绿化亮化工程如期完工，党群服务中心、新时代文明实践站、村卫生室、文化广场、电商超市悉数配备。同时，还成功创建 5 个人居环境示范片，垃圾分类试点有序推进，环境卫生不断改善，群众环保意识显著增强。

　　卞庄村在环境改善的同时，经济发展也在续写新的篇章。为了改变粗放低效的经营方式，卞庄村大力开展土地复垦，新增耕地 251 亩。2022 年初，全村 377 亩耕地公开招投标，亩平租金 620 元，增长 50%；整治河沟放养环境，招投标水面 961.25 亩，亩平租金 775 元，增长 55%，两项共新增集体收益 20 万元。[1]

　　陈海军是卞庄村提水养殖第一个"吃螃蟹"的人。自 2013 年开始养殖四大家鱼，后鱼虾、鱼蚌混养。经过多年发展，现拥有养殖水面 80 多亩，实施菱鱼轮番种养，优化水体环境，每年获益 30 万元。陈海军说："我们这里外出务工的人很多，那些留在家里的村民以前大都是以农业为主。现在村里大力发展新的产业，包括像特色产业、乡村旅游等，许多青年回乡就业、创业。"[2]

　　古村新貌，吸引了不少人来此定居。"我和老伴去年在这里租了一个庭院，院子种菜，春有野花野草，夏有虫鸣花香，秋有硕果累累，冬有白雪村庄，大自然的景象尽收眼底。"泰州市民邱小平说，她退休后一直想找一处环境优美的庭院居住，当她和老伴来到卞庄村时，一下就被村里的环境吸引了。"村里不少院子都租出去了，城里人看中的正是新农村的人居环境。"卞庄村党总支书记、村委会主任陈春明表示，2021 年，村集体收入达到 133 万元[3]，今年村里准备规划建设水乡民宿发展乡村旅游，让村民的日子越过越红火。

---

　　[1][2][3]　资料来源：当地村支书提供。

二、溱潼冯庄：转型渔业，强村富民

第二天上午，我们来到溱潼镇的冯庄村。走进姜堰区溱潼镇冯庄村渔业园，农户们一早就忙于捕虾。村庄街道干净宽敞，特别的是，村口还立着附有村民签名的村规。

村主任吴亚东说："良好的'水生态'是该村发展之基。目前，冯庄已改造标准化蟹塘1900亩，实现池塘工程化循环水养殖100亩、稻田综合种养300亩、澳洲淡水小龙虾繁育基地30亩。"[①] 曾经的冯庄村庄环境差、邻里矛盾多、经济发展滞后，为彻底改变冯庄村落后的面貌，"两委"班子通过村规民约的自我约束，来实现村民的自治、法治与德治。在重新修订村规民约过程中，班子成员反复进组入户，收集群众的意见建议，经村支书与"两委"反复推敲，草拟初稿后又挨家挨户征求意见、多次召开座谈会，最终敲定冯庄"十七条"。

冯庄村水面资源丰富，但利用率十分低下，为此，冯庄村邀请专家学者设计规划现代渔业产业园，规划面积3000亩，包含蟹塘标准化改造等。散户的1900亩蟹塘都划入渔业园区，得到提档升级，每亩可增收200元，带动周边80多人就业。冯庄村还在园内建起了螃蟹批发市场，集聚了周边养殖户，吸引了上海、苏州等地的客户慕名而来批购水产品。位于冯庄的华驰塑料有限公司原来效益不景气，自2022年9月份以来，依靠渔业产业园的优势，生产的螃蟹泡沫包装盒供不应求，还扩招了10名低收入农户。[②]

2017年以来，冯庄村新增自主创业32户，其中与渔业养殖、销售创业相关的14户，带动近百人就业。"渔业产业园建成后，将会形成池塘养殖尾水生态化综合治理、池塘工程化循环水养殖、稻田综合种养、澳洲小龙虾繁育、质量安全追溯五大技术特色。"吴亚东说，"我们还将建立产学研合作基地和博士工作站，与泰州农科院、苏中公司合作，开展虾蟹稻新模式生产示范，投入澳洲淡水小龙虾苗20多万尾进行试验，与河蟹混养提

---

①② 资料来源：当地村支书提供。

高养殖效益，每亩约增加利润 3000 元。"①

如今的冯庄村，不仅村庄人气旺，产业振兴也有了力量，谱写了农业高质高效、乡村宜居宜业、农民富裕富足的新时代乡村全面振兴新篇章。它被评为江苏省"一村一品一店"示范村、省创业型示范村、省巾帼农家乐示范基地和泰州市"一村一品"示范村，冯庄村以实际行动诠释了特色田园乡村振兴之路。

三、结语

乡村振兴绝不能流于表面，要切切实实地听取群众意见，体察群众的不易，实现群众共同合理的利益诉求。通过为期三天的实地调研，我们看到了乡村的许多实际情况。在脱贫扶贫、乡村振兴的大环境中，乡村环境普遍好转，道路硬化程度高，垃圾桶、公厕等设施分布度较高，村民住房普遍较好。本次实地调研，给我们提供了一个锻炼沟通能力的机会，体验调研的整个过程，开阔了我们的视野，使我们更加坚定了努力学习，未来为人民服务的决心。

（执笔人：冯晟、韩丽静、朱昱、刘光轩、赵勤劳、陈晔、廖思洋、刘雨婷）

---

① 资料来源：当地村支书提供。

遇见回龙·践履于乡土

——走访江西省樟树市张家山街道回龙村

三县治城，四朝故郡。

千秋古韵，万里药香。

赣水之滨，屹立着一座城——曾经的清江县，如今的樟树市。

樟树市是江西省宜春市下辖的一个县级市，也是我阔别已久的老家。

盛夏七月，携一身暑气，带满怀憧憬，我来到了樟树市张家山街道回龙村。

一、走进农村——"乡村很美好，人口很稀少"

回龙村给我最直观的感受是缺乏年轻人。不仅很多村户已搬离，且在我采访的农户中，很多只有老人及孙辈留在家里，几乎没有青壮年留在本地工作。一位村民说："以前啊，我们可以种三季，现在人老了，留下来的人也少，大家也就种个一两季就是了。"她补充说："最近不忙，每天趁日头不那么晒的时候去地里做一点事，其余时间就没什么事，坐着。"老人们的子女几乎都在外面打工。很自然地，"农村空心化""土地利用率低""空巢老人""留守儿童"等名词浮现在我脑海中。我在回龙村感受到乡村的静美悠闲，而村子人口的冷清和农业生产活力的低下，只有村里人清楚。

二、对话村民——"技术不够普及，政策不够了解，但情况正在改善"

"老年人是网络时代的遗民"①。村里的老人看起来慢吞吞的，有些跟

---

① 从"数字遗民"到"数字移民"，"银发族"这样跨越鸿沟［EB/OL］．人民网，2021 - 10 - 14.

不上时代的节奏。回龙村虽说不发达，但也没到极度落后的程度，村里网线不是装不了，只是大部分人家不装；智能手机不是没有，只是大部分村民都不会用也不愿意学。在我问一位50多岁的村民是否会使用微信时，她有些赧然："就只会在视频打过来后接一下，发语音都还没学会"。在我拜访另一位奶奶时，她正在等待孙子与她通过监控视频聊天，因为她不会操作智能手机。

樟树地区其实是有农产品地理标志的，宜春大米和樟树花生在其范围内都有分布。但当我向村民们询问是否知道这些时，几乎所有人都表示不知道或者是隐约听过但不了解。在其他方面，例如，助农惠农的一些政策，他们也只是坚定地表示肯定有的，但具体内容搞不清楚。村民们熟练使用智能手机的比例不高，除却几个年轻些的，我见过最熟练的也只会使用微信、抖音。很多时候靠村干部挨家挨户上门宣传，才可获取外部信息。我去时，正赶上村干部们宣传脱贫人口小额信贷政策、防溺水安全和医保政策。可以看出，想让村民们充分了解自己可以享受的优惠政策或是清楚自家的具体情况，只靠村干部的宣传是远远不够。

在回龙村，不同的人家有着不同的苦恼，乡村振兴工作体现出不足和缺陷也是难免。但从最直观的角度来说，村居环境肉眼可见变好了；垃圾有了妥当的去处；危房得到了修缮；道路不算太宽阔，但至少也能让汽车顺顺利利驶入一个个村小组；村民生活也更便利了，小病小伤在不远处的卫生院就能解决，要是腿脚不便利或是年纪太大，还可请定点医生上门问诊；各项优惠政策也逐步落实。原来的贫困户与帮扶干部一对一结对帮扶，精准识别、不漏一人；现在的脱贫户家中都有年度收入公示表和家庭医生联系牌，建立防返贫监测系统……乡村振兴，让回龙村焕然一新，党和国家都在努力改善农村人口的生活条件，他们的生活条件正在越来越好。

在我走访的人家中，有一户是独居的老人，老伴早逝，两个女儿远嫁，几乎对她不闻不问。她已经74岁，劳动能力缺失，文化水平较低，不善与人交往。一位村干部陪我上门拜访，我们一坐下，她就掀起裤脚，说是被狗咬了四口（伤口已处理），问村干部她会不会死。事情已经过去很久，村干部只好不停安慰她。两人很熟，说话较随意，又或许想用轻松的口吻表明事情不大，于是他又说："你放心嘞，死不了。你要想想要是没有党的好政策，可能你都不一定能活到现在"。老人眼里闪了点泪光，点点头说是。对我而言，"扶贫"二字忽然间就有了沉甸甸的分量，党和国家的兜底政策兜住了多少人的生活保障。也多亏这些村干部不时地上门拜访和陪伴，老人才能有几个可以说话的人。

三、调研感悟——"不忘初心，为实现农业农村现代化而不懈奋斗"

习近平总书记说："幸福是奋斗出来的！"[①] 在回龙村走访的过程中，我也听到了很多村民在扶贫干部的帮助下通过自身努力奋斗步入小康的故事。一位村民患有高血压慢性病，双腿重度残疾，有编织竹篮的手艺却不懂吆喝宣传。扶贫干部帮助他四处推销竹篮、承接订单。如今，他的订单源源不断，虽然没有健全的双脚，但他用勤劳的双手编织出了幸福的生活。谈到收入，他曾高兴地说："现在收入足够我好好生活了。以前只能全靠政府的低保，现在做这些零工，自己能养活自己！"

今天的回龙村，仍然是一座不太发达的村庄。但我能感受到这片土地涌动着的生机，迸发出的活力。果蔬基地旅游产业的发展让更多年轻人留在了家乡，附近的张家山工业园也提供了更多的就业机会，教育补贴让所有适龄孩子都被送去学校，土地承包让闲置土地活起来，回龙村乡村振兴工作领导小组尽心服务着全体村民……在新冠疫情的冲击下，有些家庭的收入有所减少，但他们说，不怕，对国家和自己都充满信心！

从我个人的体会而言，这次"百村千户"调查不仅是对社会调研能力的试炼，更是践履乡土的路途。在访谈的间隙，一位村干部对我说："你是华中科技大学的学生，是以后建设国家的人才啊，希望下乡调研能让你们更加了解我们乡村！"这让我深感责任重大。我想，除了参与调研与实践，了解农村和村民的情况外，也会有越来越多的华中大学生走向农村，建设农村，为中国式农业农村现代化贡献"华中大"力量。

（执笔人：刘姝媛）

---

① 王永康. 国家习近平主席发表二〇一八年新年贺词［EB/OL］. 新华社，2017-12-31.

探寻美丽乡村建设之路[*]

——走访湖北省武汉市仓埠古镇丰乐村

走进村门，映入眼帘的是错落有致的徽州民居，清一色的白墙黑瓦，古香古色、端庄典雅。自然与人融合成广阔的图画，这里便是湖北省武汉市市级生态村、武汉市十大最美乡村——新洲区仓埠镇丰乐村。2022年7月28日，我们赴湖北武汉丰乐村"寻梦田园风光，情醉紫薇花海"暑期社会实践队开启了调研之旅。

2014年，丰乐村打响了仓埠街道建设美丽乡村的第一枪，开始全面整治人居环境，进行了村庄改造、厕所革命、污水治理、垃圾处理、村庄绿化、饮水安全和道路通畅等工作。在此基础上，引导村民将民居装修改建成乡村民宿，依靠紫薇都市田园和村域内得天独厚的自然资源优势，定位生态赏花游，通过现场采摘、花卉盆景移栽等方式有效吸引众多游客打卡。

"我是农民的儿子，一路从农村走向城市，再回到农村。我深知过去农民生活不易，农村发展之难。随着美丽乡村和田园综合体的建设，大片荒山荒地重新涂上绿色，乡亲们的生活水平越来越高，青山绿水真正成为了金山银山。"关于村民如何实现持续增收的具体细节，村主任娓娓道来。

首先，土地出租的收入大幅增加。从前农村分地的时候都是按照老一辈人开荒的耕地进行分配的，面积不多且分散，土地碎片化、分散化的问题根深蒂固。但是村子在与仓埠街道田地租赁合作社的配合协作下，村民的地统一集中流转到了村集体，分散的土地置换整合。随着土地集中度的提高，其边际成本递减。农户们的租金收入由300元每亩增长至500多元一亩。

＊ 本文资料均由笔者走访当地收集整理得出。

　　其次，通过旅游业带动附近农户的空闲房屋出租。修建美丽乡村前，农户们面临着出租空闲房屋价格低、出租难等问题。随着紫薇都市田园和美丽乡村的修建，附近房价开始逐渐上涨，租借需求也快速增加。与新洲其他地区农村相比，这里有都市田园开发形成的旅游业优势，使附近房屋都能轻松租出，充分利用村民们的闲置资源，为附近的农户增加一笔额外收入。

　　随着乡村振兴工作的推进，乡村不断发展、基础设施更加完善、乡村环境日益变好、村民教育水平提高……乡村已经有条件为年轻人搭建舞台，有能力提供资源，帮助敢闯敢拼的年轻人回到家乡开创新事业。年轻人走进农村，帮助村民直播带货、网络销售、创新产品等，也能为乡村发展添砖加瓦，双方共同促进发展，带动了村民就业增收。丰乐村将建设成为武汉市乡村振兴的样板、旅游行业的标杆。

　　随后，村主任邀请了一位当地的老村民跟我们聊聊近些年在丰乐村的切身体会。通过谈话得知，十年前村里"空心化"严重，年轻人大多选择了背井离乡，外出务工。但自从十年前紫薇都市田园开始建设，村里的土地以村集体的形式被统一流转给企业，以每亩四五百的年租金，或开发成景区，或培养苗木，村民靠流转土地获得了稳定的收入，免去了风吹日晒。不仅如此，土地承包商和景区还能吸收村里的老年劳动力，劳动强度低于田间劳作，而收入也有大幅提升。村里也建起了合作社，增加效率的同时也更好地保障了农民的权益，使得曾经留守在田地上的老人老有所养，老有所安。

　　此外，美丽乡村项目的推进，使村里的老房子焕然一新，基础建设也跟上了，人居环境美如画。村民住得安心，住得舒心。访谈结束后，热情的村民爷爷带着实践队去往最近的葡萄采摘园，实践队得知丰乐村通过采取"企业＋大户＋普通农户"的方式建设观光采摘园。企业助力引进良好的技术条件及新颖的旅游设施，大户及村户负责种植优质无公害的农产品。园内种植的阳光玫瑰葡萄正好成熟，实践队前往切身体验亲自采摘的乐趣，品尝到了农村生活的甜美。

　　在党群中心的访谈，激发了实践队对建设美丽乡村的意义思考。村民经济收入主要依靠哪些产业呢？随着生产力的提高，农闲时间的村民有什么事干呢？村里医疗、教育等公共服务设施完善吗？无法照顾自己又无子女陪伴的村民晚年生活有保障吗？带着这些问题，为获得更多真实的数据，深入了解村民的生活，体验特色乡村文旅，实践队走入紫薇都市田园，与在园区务工的多名村民以问卷的方式进行深入交流访问。

有关田园综合体的相关探索实际上已在丰乐村村建设中有所体现。作为统筹区域农业产业发展、城乡文化、自然资源、旅游资源，按城乡统筹、产"城"路径方式构建的综合活力发展单元是城乡统筹发展重要支撑，是构建可持续发展的重要载体和平台，是按照三产融合发展模式的具体实施路径。因此，田园综合体建设要发挥产业价值的乘数效应，恢复乡村独有的魅力与活力，使其真正成为农民安居乐业的美丽家乡，城市人们向往的世外桃源。

新时代的发展大路是由无数行进者的坚实足迹汇集而成。"道阻且长，行则将至；行而不辍，未来可期。"当今世界正处"百年未有之大变局"，新情况新问题新考验层出不穷。作为当代大学生，必须坚定走好脚下的路，多到实地，深入实际，掌握实情，解决实事，进行全面深入的调查研究。将调研报告写在祖国的大地上，写在民族复兴、华夏腾飞的征程中。

（执笔人：胡　蝶）

"三农"问题的现状和思考[*]

——走访河南省漯河市郾城区新店镇冯庄村

2022年初，我回到母亲的家乡——河南省漯河市郾城区新店镇冯庄村。根据项目指导和项目要求，我对十余家农户进行了走访调查，深入了解了区域农村农民生活情况及农业发展现状，对"三农问题"有了新的认识。

农业生产方面，冯庄村作为河南产粮大区——郾城区的下属村庄，十分重视农业生产技术投入，特别是在育种方面，路上可见有不少试验田的提示标语，冯庄村还成立了种植专业合作社，为成员采购农业生产资料，提供信息、技术培训服务，我的姥爷就曾与合作社合作，代销良种和优质化肥。调查的农户中以传统农业为主，小麦和玉米轮作。据了解，在过去，产成中会有一部分留给自家磨面吃，一部分留作种子用，剩余的才会出售。现而今，几乎所有农户选择把全部产成出售，种子和面粉另外购入，这其实体现了农户生活质量的提高及农业技术的普及，人们更愿意花钱购买精细加工的面粉和更高产的种子。此外，有小部分农户种植了大豆花生等经济作物，但仅留给自家食用。可以看到冯庄村的农户较为分散，虽然有逐渐集约化的趋势，但仍需推广粮食产业联合体模式，发展"订单农业"。^① 同时，农业种植结构不合理，过于集中在传统粮食作物，收益较低，而在不远处的龙城镇，就有十五里店桃花和大棚草莓采摘两大产业，其中的十五里店桃花还以桃花为主题开办桃花节，将农业和旅游业有机结合，截至2022年已开办二十多届，经验值得借鉴。

在调研中有一家养殖大户，也是调研中唯一做了养殖的农户，他们家

---

* 本文资料均由笔者走访当地收集整理得出。

① 以创新赋能千亿食品产业生态 夯实食品产业高质量发展的漯河支撑［EB/OL］. 漯河日报，2021 - 03 - 10.

除了种植的 30 亩地外，还有几十头猪，但由于 2022 年初猪肉价格回落，损失较大。在调查本地地理标志产品（漯河麻鸡）时，几乎所有农户都表示没有听说过，在询问不做养殖的原因时，农户表示并不了解相关政策，自身也没有意愿做养殖。根据所调研的养殖大户情况可以推测，养殖业成本比较高，除了畜禽种苗成本外，用地面积大，饲料支出庞大，劳动量投入大，此外还有病害及波动的市场价格，风险也较高。这就需要政府针对小规模个体养殖加强政策引导和支持，适时引入技术支持和保险补偿。

在农民就业与生活方面，随着城市化的不断推进，越来越多的农村人口朝着收入水平高、待遇好的环境寻求生存机遇，大多数青壮年劳动力选择以东南沿海地区为主的省外务工，从事建筑和运输等劳动密集型产业，平均月工资约为 7000 元，远超本县内就业为 2500～5000 元的平均月工资；少部分农户家庭成员通过自营店铺谋生，总体创业意识淡薄。首先，一方面，农村年轻劳动力外流，高素质人才不愿返乡，造成农村具备一定知识和技术水平的劳动力相对匮乏，创业环境差；另一方面，缺乏相关政策指引，农户普遍不了解返乡创业政策。此外还有一个重要因素，即新冠肺炎疫情给创业带来的不确定性，加剧了创业本身所具有的风险性，人们普遍创业意愿不强。

另外，农村"空心化"问题愈发严重。一方面，在调研中，多半农户选择将土地进行转让，从事第二、第三产业，剩余未转让的农户也多为留给家中老人耕种，造成农村土地无人耕种或耕种效率不高，对于土地耕种的劳动投入量和劳动强度都显著下降。另一方面，农村"人走房空"现象普遍，用地资源造成浪费，有很多房子由于外出务工或者举家迁移造成闲置，由此，耕地资源利用率下降和房屋闲置增多并存。据调查，在一家三代家庭结构的农户中，多数家庭在城中和村中各有一套房，但多数家庭里的老人由于生活习惯或者土地耕种选择留守农村，幼儿园和小学年龄阶段的小孩会跟随老人一起生活在农村，中学以上的小孩则多跟随父母在城中上学和生活。

在农村教育方面，村里设有幼儿园和小学，均设有校车接送学生，不存在无学可上的情况，周围村落也都设有幼儿园和小学，教育资源较为充足。

然而，教育资源的数量足够了，教育资源的质量仍需提高。目前，村里仅设有幼儿园和小学，校园规模较小，教师队伍建设不足，整体质量不高，但村内无初高中，适龄学生需要前往城镇就学，初高中普遍设有宿舍，可满足学生住宿需求。此外，许多孩子由爷爷奶奶监管，隔代教育，没有条件辅导。农村学生正逐年递减，大部分学生因为家长房子买到城区，随之也就跟随父母转入城镇学校就读，造成农村"校园空心化"，而相对应的，城镇中小学则出现了"大班额""择校热"等问题，一个班级80人以上随处可见，家长们挤破了头想送孩子进入重点中学，可见教育水平不均衡。

在农村生态环境方面，农户如今取暖和做饭燃料主要依靠电力、天然气等清洁能源，少部分使用罐装液化气，相较于早年焚烧作物秸秆的"灶火"污染较少；由于近些年"禁烧秸秆"的大力宣传和秸秆综合利用技术的推广，加上农业为主的产业结构，大气污染也较小；人们的环境保护意识也有所提高，往年老鼠在沟里啃食垃圾的场景早已不见，生活垃圾都被统一收集并投放，路面卫生状况良好；但近年由于气候异常，出现极端降雨天气，不同年份同期气候变化也较大，对农业生产造成不良影响。

党的二十大报告明确提出，全面建设社会主义现代化国家，最艰巨最繁重的任务仍然在农村。报告强调要全面推进乡村振兴，坚持农业农村优先发展、加快建设农业强国、扎实推动乡村产业、人才、文化、组织振兴。[①] 这为"三农"工作指明了前进方向，提供了根本遵循，也启示我们，在新征程中，"三农"工作仍然至关重要。各项助农政策实施至今，在新形势下，"三农"问题面临着新的机遇和挑战，如何进一步推动农村地区发展，值得深思。

这次调研活动丰富了我对现今农村发展状况的认知，也让我理解了"从群众中来，到群众中去"的真正含义，认识到只有到实践中去、到基层去，把个人的命运同社会、同国家的命运的发展联系起来，才是大学生成长成才的正确之路。

（执笔人：吴珂影）

---

① 习近平. 高举中国特色社会主义伟大旗帜为全面建设社会主义现代化国家而团结奋斗——在中国共产党第二十次全国代表大会上的报告 ［EB/OL］. 2022 – 10 – 16.

调研员名单

2022 年寒假调研员姓名（98 名）

柏陈芝、柏鸣峰、程博、成菊美、陈嘉怡、常佳怡、曹利、戴榕、代武君、代云冉、甘晓璐、黄慧林、黄汉民、黄令姝、胡娜、何朋羽、胡世满、何夏宇、廖犇、罗代洁、林慧云、李倩、刘前、刘蕊瑶、李珅驰、刘涛、刘兴泉、刘洋、李玉晗、李雨晴、刘亦婷、刘卓、毛宇婕、孟艺颖、潘汤泠、钱佳美、任坤、任翔宇、宋丹丹、师明威、孙小兵、宿小芋、史艺茹、施祖迪、汤何敏、谈嘉、谭佳、田鹏、童轶丹、王盛阳、王佳鸿、吴珂影、吴梦晓、王琦、王逸、王钰凌、王振、汪子康、徐晨宜、谢佳榕、夏士雄、徐婉茹、周愈轩、薛子涵、尹洁、余睿、殷亦璠、王佳、刘恬、王少华、杨雨婕、杨兆璞、苑子怡、周策、周宸阳、朱冯慧、张洪、李茂、李婧、张昊、周君、朱岚琳、赵琪琪、郑思博、郑始潮、张思思、郑彤、张旭、张鑫、朱茜、张妍、郑云荟、周怡休、钟意萱、张雨扬、赵智邦、周子楠、朱真仪

2022 年暑期调研员姓名（307 名）

刘琪、曾柳淇、陈嘉萱、黎书江、钟思宇、靳晓博、田泽世、侯怡聪、龙艳丹、艾合麦提江·麦麦提、罗一格、毛宇婕、杨卢欣宇、任翔宇、阿卜杜扎伊尔·图拉、古丽博斯坦·艾尼、伊木然·斯坎德尔、曾卓、王权、黄河、王燕燕、张露丹、郭滨华、马玥、刘晨煜、李文杰、潘昕悦、王盛阳、吴雅倩、曹心怡、王蕊、李雪茹、王凯旋、张志宇、牛欣悦、朱玥琳、宋路路、宁思怡、陈姝彤、张志成、苑子怡、朱宁、郭嘉桐、赵悦铭、张嘉伟、吐逊那依·吐鲁洪、王焱、何子骏、吕青原、

姑丽娜孜·阿里木、周策、袁松涛、李通、谢佳佳、张雨悦、钱应仙、丛兆源、范亚男、王诗骏、陈瑞昌、李锴锋、马嘉维、麻家田、邓晓燕、王基之、张佳辉、甘丹彤、单天旺、罗嘉韵、汪湛、程诺、秦晖、王超凡、甘晓璐、海珊娜、聂欣怡、阿勒马斯别克·哈德力别克、王文敏、吴扬威、戴双标、邓宇涵、冯馨叶、周怡佳、张雨馨、李汶窈、毕雅楠、谢睿丽、吴伟峰、王玉苗、陶家乐、卢天田、郑佩佩、王子丹、郝琳、彭成、刘佳琪、马建伟、虎菲艳、黄楚煜、王艺涵、胡蝶、何翔、吴翌星、徐骄阳、石展、杨壮壮、美尔江·马达尼亚提、鲁定刚、支昕宇、马凡星、王钰凌、黄希培、卢娇、杨永红、胡文东、李诗颖、潘羽、飘茵、张雨婕、朱元元、吕聪祥、朱元宇、孙凯运、叶逸茗、蔚海生、向依雯、廖思洋、冯晟、朱昱、施鑫辉、林心仪、赵勤劳、杨斌、王英杰、郝子纯、杨宇轩、杨紫琪、马嘉琦、罗代洁、刘光轩、韩丽静、陈晔、刘雨婷、刘雨婷、刘王伟、滕萌鸽、任雅楠、张飞扬、董淑慧、常梦成、禹洲、缪昭卓、斯琴其米格、玛合巴勒·江阿力甫、刘喆、热娜古丽·艾买尔、陈林钰、李佳、马瑞杰、熊锋、董星秀、霍家贝、韩巍巍、刘荣祥、秦博为、吴超、石彬瑶、刘琰玮、麦迪乃木·图来克、梁晨欣、王以诺、雷怡雯、徐盈欣、丁尚寒、何明杰、向家涛、刘姝媛、郁睿、孙冉、朱奕辉、董滢、彭佳捷、孙阳逸、张俊杰、热孜宛古丽·塔伊尔、刘冲、罗佳慧、迪力穆拉提·吐尔苏、穆合塔尔江·马木提、李怡庆、沙比热·吐尔逊塔依、木拉丁·阿布都瓦力、袁行健、叶宇豪、胡泽尹、张顺仪、张鑫、陈俊兵、雷昊璇、刘怡、何权、孜帕尔·穆合塔尔、桂绍枝、叶尔力克·沙力木、郑彤、刘卓、陈盈盈、陶梦雅、王思芮、候佳仪、梁亮、祁智惺、张同蔚、漆世昌、武思学、何朋羽、刘歆羽、丁磊、金振阳、吴佳美、谢汝欣、李坪洛、余祥蓉、陈丹仪、李晓川、李泽泉、卢奕鑫、胡静雯、刘雨涵、张诗曼、曹粤茗、刘锐奇、贾才鹏、崔雅倩、宋楷、邱欣悦、张杰、黄鹤、胡练羽、龚雪玮、何沐、董梦雪、万其昌、张聪、陈壮、但镇武、侯楚楚、胡涵情、王文卓、臧静、朱婉婉、黄谢涵、张迪、唐轲、周朗、赵毅炜、郭雯、周德智、刘琦、杨佳霖、黄玉婷、费婧、马艺冰、梁光琼、王晓雨、黄之涵、司昕姝、林晓宇、王惠、杨泽伟、苗淼、冷娇、瞿歌、吴秋凤、孟阳、韦力尔、白冰、廖衡越、王佳、程蕊、王振、高创、唐娜、张浩奇、宋欣怡、淦莉洛、李子璇、任佳杰、张悦、蔡墨、张业妍、张鑫、何以能、崔文飞、徐季、王德信、孙一真、戴云霞、温煦、李凯旭、何伟超、廖琦、蒋思琳、易可、方力、赵雪琪、刘敏

后　记

　　党的二十大报告指出："从现在起，中国共产党的中心任务就是团结带领全国各族人民全面建成社会主义现代化强国、实现第二个百年奋斗目标，以中国式现代化全面推进中华民族伟大复兴。"要实现中国式现代化，离不开农业农村现代化。中国式现代化的一个重要内涵就是要实现超大规模社会的共同富裕，而要实现共同富裕，乡村振兴是必经之路。回顾党和国家的战略变迁，从精准扶贫到乡村振兴，都在努力缩小地区之间、城乡之间和居民之间的收入差距。前者基本解决了绝对贫困问题，后者正在逐步缓解相对贫困问题。因此，乡村振兴作为国家战略，对于实现共同富裕和中国式现代化的重要性是不言而喻的。为此，我们决定从 2022 年起，持续开展"乡村振兴与共同富裕"百村千户调研，并在调研基础上形成《中国乡村振兴百村千户调查研究系列丛书》。

　　现在呈现给广大读者的这本《乡村振兴与中国式现代化道路探索(2022)》，是该丛书的第一本。本书从构思、组织调研、报告撰写到编辑出版，凝结了广大师生的心血。

　　首先，我要衷心感谢三百余位参与调研的老师和同学。在组织调研活动中，华中科技大学经济学院党委书记戴则健、副院长钱雪松和孔东民、副院长和副书记姚遂、副书记崔金涛（现为华科资产管理有限公司总经理）、团委书记李曼菁、辅导员李世昊，校团委和学工部研究生办公室多位老师给予了指导和帮助。在调研总结和交流过程中，经济学院多位老师如陈斌、左月华、杨进、张斯琦、秦妮、李阳琳、叶巾祁、孙雅给予了大力帮助。在问卷设计和寒假调研组织中，龚长安、周玉雯和郑宏远（华中农业大学）发挥了极其重要作用，在暑期调研、交流研讨和相关总结活动中，文艺瑾做了大量组织协调工作。特别需要说明的，在 2022 年寒假与暑假期间，各位访员在调研过程中克服了各种意想不到的困难，比如极寒或极热的气候变化、不太通畅的交通状况、与不同地域农户存在沟通方面的障碍，以及新冠疫情反复暴发显现的风险等。大家认真完成问卷调研和访谈任务，为本书提供了宝贵的基础资料。

其次，本书的构思和编写得到了广大老师、同学的通力合作。全书由我提出总体构想，然后分工合作、多次研讨，最终报告集成了课题组的集体智慧。参与本书有关章节写作的成员及分工情况是：第1章（龚长安、周玉雯、文艺瑾），第2章（文艺瑾、康昊、史宏博），第3章（晏琦、加吾哈），第4章（赵英、贾静、赵彦堃），第5章（周玉雯、胡锦澄），第6章（赵紫锦、周怡休、张博奕），第7章（詹闻喆、陈伯华）。第8章的结论与政策建议由以上各位编者共同汇总完成，访员报告和调研手记由贾静、胡锦澄等同学整理完善。对此，我们表示衷心感谢。

本项调研工作得到多个项目的经费资助。主要包括：国家社会科学基金重点项目"推动现代服务业同先进制造业深度融合研究"（21AZD018）、中宣部文化名家暨"四个一批"人才支持计划项目"创新驱动中国经济转型发展研究"，中央高校基本科研业务费专项资金（YCJJ202204001）与华中科技大学文科双一流建设基金（发展经济学团队）、创新发展研究中心建设等专项。

由于本次调查覆盖内容多、数据清理难度大，加上新冠疫情持续蔓延，部分地区实施管控，一些地方的数据收集还不够全面。因此，可能还存在一些需要完善的地方，报告中阐述的一些看法也仅代表作者个人观点，真诚地希望各位同仁提出宝贵意见，我们将在今后的调查中进一步完善调查问卷、优化调研实施，为乡村振兴和中国式现代化发展提供坚实的智力支撑。

张建华

2023 年 5 月 6 日